表层的真理
当代经济学与社会
THE TRUTH EXISTS ON THE SURFACE

梁捷 著

浙江人民出版社

图书在版编目（CIP）数据

表层的真理：当代经济学与社会 / 梁捷著. — 杭州：浙江人民出版社，2024.3
ISBN 978-7-213-11288-1

Ⅰ. ①表… Ⅱ. ①梁… Ⅲ. ①现代经济学－研究 Ⅳ. ①F091.3

中国国家版本馆CIP数据核字（2023）第244296号

表层的真理：当代经济学与社会
BIAOCENG DE ZHENLI: DANGDAI JINGJIXUE YU SHEHUI

梁 捷 著

出版发行：	浙江人民出版社（杭州市体育场路347号　邮编　310006）
	市场部电话：(0571) 85061682　85176516
责任编辑：	齐桃丽　胡佳莹
策划编辑：	陈世明
营销编辑：	陈雯怡　张紫懿　陈芊如
责任校对：	汪景芬
责任印务：	幸天骄
封面设计：	异一设计
电脑制版：	北京之江文化传媒有限公司
印　　刷：	杭州丰源印刷有限公司
开　　本：	710毫米×1000毫米　1/16
印　　张：	27
字　　数：	310千字
插　　页：	1
版　　次：	2024年3月第1版
印　　次：	2024年3月第1次印刷
书　　号：	ISBN 978-7-213-11288-1
定　　价：	88.00元

如发现印装质量问题，影响阅读，请与市场部联系调换。

前　言

开始写作本书的时候，正是2020年年中。如果过几十年再回头来看，毫无疑问，2020年是一个历史的转折点：全球新冠疫情暴发，美国黑人开展新一轮的平权运动，全球化"退潮"，全社会贫富差距增大……我们面对的生活越来越复杂，过去的经验仿佛失去了作用。所以，我想在这本书里放宽视野、放慢节奏，更全面地回顾经济学、探讨经济学，欣赏经济学的锐利分析，利用经济学的最新观点和最新研究来分析我们当下的生活。

说到底，经济学是一门比较新的学科。从亚当·斯密（Adam Smith）于1776年出版《国富论》开始算，到现在也不过250年左右。相比之下，数学、物理学都有两三千年的历史，文学更是从有人类文明开始就已经出现了。在这200多年里，科学技术在不断进步，经济学也在不断变化，这个变化仍然在进行之中。

主流经济学借鉴吸收了大量最新发展起来的技术，比如高速计算机的模拟计算、各种来源的大数据、更精准的计量模型、数字化的历史档案、异想天开的田野实验，还有心理学、政治学、法学的最新研究，可以说是日新月异。所有的学者都必须不断学习才能赶上这些潮流。

我学习经济学已经许多年，目前还在不断学习。但也只有在年纪大了以后，我才对学术和思想的变化有了一点体会。我刚进大学时学到的很多经济学知识，今天看起来已经完全过时。而今天很多经济学家正在做的工作，又是20年前的经济学家想都不敢想的事。我们必须不断学习。

很多读者一看到或者听到"经济学"三个字，就会发怵，非常畏惧。因为在我们的印象中，经济学是一种充满数学公式、统计图表的研究学科。这种印象倒也不完全错。今天的经济学研究，确实会运用大量的数学工具，甚至有时候比物理学家所用到的数学工具还要复杂。

但是，这并不表示经济学就会被数学统治。正好相反，我们常说一句话，数学是好的仆人、坏的主人。我们不是为了学数学而学数学。经济学家使用数学工具，只是为了能更清楚地解释一些问题。只要问题得到解决，我们的目的也就达到了。

我举一个例子，前些年美国的一个保守派团体"学生公平录取促进会"起诉哈佛大学，控告哈佛大学在本科招生时对亚裔申请者有歧视。那么，哈佛大学在招生时是否真的存在歧视？这是一个不容易分辨的问题，因为歧视行为是观察不到的。假设一个女生投简历找工作，HR（人力资源）不想招女生，但他不会直接跟应聘者说，而是会找很多其他理由，比如专业不对口、实习经验不足等来拒绝她。这就是性别歧视，我们心知肚明，只是苦于没有证据。

哈佛大学有没有对亚裔申请者歧视呢？哈佛大学公开了一批申请人的数据，双方各自聘请了一位权威的经济学教授对此进行分析。原告聘请的是杜克大学的经济学教授彼得·阿西迪亚科诺（Peter Arcidiacono），哈佛大学聘请的是加州大学伯克利分校的经济学家戴维·卡德（David Card），两位都是非常有成就的经济学家。

哈佛大学有没有对亚裔申请者歧视完全是一个经济学问题，所以，双方请经济学家来研究是最合适的。两位经济学家利用哈佛大学提供的数据，运用"回归分析"的统计方法进行研究。他们的回归模型都差不多，数据也都是哈佛大学提供的，但结论正好相反。原告的分析结果显示存在歧视，被告的分析结果显示不存在歧视。为什么会这样呢？

阿西迪亚科诺在其模型中添加的自变量包括：申请人的基本信息，哈佛大学招生人员给出的学术、课外活动、体育能力评分，校友面试官、高中教师和辅导员给出的评分，申请人的SAT（美国高中毕业生学术能力水平考试）成绩、高中成绩。这样的回归结果显示亚裔身份显著影响到录取的概率。

相比之下，卡德在其模型中额外添加了不少新的自变量，比如申请人是否在国外长大、将来计划从事何种职业以及高中学术质量（用整个高中的平均SAT成绩来表示），还有一个关键自变量是招生人员对申请人打的一个"性格分"。当然，经济学家每加入一个自变量都需要阐明原因，卡德也确实都找到了文献来支持这些做法。最后，卡德认为，阿西迪亚科诺的模型收录的信息太少，模型拟合的效果较差。在添加额外自变量之后，卡德模型中的一个重要统计指标R^2从0.62提高到了0.65，增强了解释力。

两个人的说法似乎都有道理，你来我往，争得不可开交。这时，如果我们对经济学和统计方法有一些更深刻的认识的话，就能根据他们的言论做出自己的判断。比如，在我看来，卡德认为自己更复杂的模型把 R^2 从 0.62 提高到了 0.65，这是一种无聊的做法，并不能说明新模型比旧模型有非常大的提高。他引用文献来支持自己的做法不能说明任何问题。而他新加入的自变量，可能模糊焦点，把原先显著的自变量折腾得不显著了。我们也可以怀疑，招生人员故意把亚裔学生的"性格分"打得很低，从而影响亚裔学生录取的概率。

这个问题最终也没争出什么结果，官司不了了之。但这个问题是非常典型的经济学问题，也是经济学家一直致力解决的问题。如果有哪个经济学家能在歧视问题上研究出更好的识别方法，这位经济学家就可以在经济学领域的顶级期刊上发表论文。

那么，有没有更好的办法呢？哈佛大学塞德希尔·穆来纳森（Sendhil Mullainathan）教授有一项著名的研究：名叫埃米莉（Emily）或者格雷格（Greg）的人是否比名叫莱基莎（Lakisha）或者贾马尔（Jamal）的人更容易找到工作？当时，穆来纳森制作了几千份假简历，其中一半的简历用了典型的黑人名字，另一半则用了典型的白人名字，结果发现白人要比黑人收到多得多的面试邀约，最后证明了劳动力市场上存在种族歧视。

我再举一个例子。我们从小都被要求好好练字，老师在阅卷评分时都有所谓的"卷面分"。作文尤其如此，它的主观性最强，阅卷老师会根据学生写字的好坏来评价其作文成绩。在这种环境下，很多孩子会拼命练字。可这种说法是否有道理呢？孩子有没有必要如此努力地练字呢？

一位我认识的青年经济学家，就在他的博士论文里专辟一章来研究这个问题。他与某地方教育部门合作，调阅了一批某地初中生临近中考时的某次模拟考试卷。他很细致地做了两类比较。

第一，他找一些初中生重新抄写了这些作文，每篇作文都有两份，被不同的人抄写。然后，他请一批有中考阅卷经验的语文老师来对这些作文打分。结果显示，那些写字较好的同学所抄写的作文成绩偏高。

第二，他找人把这些作文录入电脑，然后请另一批语文老师对打印体作文进行打分，打印体作文当然不受书法好坏的影响。他再把手写体的成绩与之相比，结果显示，写字较好的同学的作文确实获得了更高的成绩。所以，一些同学练字是有道理的。

这些都是经济学家在做的工作，都不折不扣地属于经济学的范畴。但是，本书并不想直接讨论微观经济学和宏观经济学的核心架构，而是从发展经济学、行为经济学、劳动经济学、东西方经济学等不同维度，针对具体问题展开讨论。在讨论过程中，本书渗透了新古典经济学的各种研究方法和大量新的研究结论。

经济学研究的核心问题应该与人有关，与人的终极福祉有关。比如，对货币、消费的研究，毫无疑问属于经济学；对人的幸福的研究，也属于经济学。对失业问题的研究属于经济学研究范畴，因为失业会影响收入，从而影响个人福祉。对环境问题的研究也属于经济学研究范畴，因为环境问题会影响人的预期寿命，也会影响个人福祉。那么，研究字写得好坏呢？写字好坏可能影响一个人的读书命运，影响以后的工作和生活，所以这也属于经济学研究范畴。我希望大家能接受广义的经济学定义，看重研究方法、研究思路，而不是研究主题。

本书也会涉及金融、证券的问题，但也许不是以大家所设想的方式涉及。举个例子，有一项研究的主题是"上市公司领导的脸长得比较宽,与公司业绩之间是否存在关联"。很多人觉得这是笑话。可这是一篇很严肃的论文,发表在很严肃的国际期刊上,经过了业内专家的认真审稿和肯定。这项研究的结论可以商榷,但它提出了一种新颖可靠的方法,逻辑上经得起推敲,我们需要认真思考和对待。

在本书中,有些知识是我很多年前就已经明白的,不知当下是否过时;有些知识可能是我最近才学到的,让我觉得非常有趣,我希望分享给大家;有些知识可能被归入经济史;还有些知识可能被归入发展经济学、劳动经济学、行为经济学或者我也不清楚怎么命名的经济学。

谢谢你!下面就让我们开始经济学的探讨吧。

目 录

前言　　　　　　　　　　　　　　　　　　　　　　Ⅰ

第一部分　经济学家在研究什么

第 01 讲　如何不害怕经济学　　　　　　　　　　　002
第 02 讲　为什么要研究因果关系　　　　　　　　　007
第 03 讲　如何研究经济政策　　　　　　　　　　　013
第 04 讲　经济学家有多少种不同类型　　　　　　　023
第 05 讲　书斋内外经济学家有什么不一样　　　　　031
第 06 讲　经济学的边界在哪里　　　　　　　　　　039
第 07 讲　竟然有人对诺贝尔经济学奖不感兴趣　　　047
第 08 讲　为什么这些人也能获得诺贝尔经济学奖　　056
第 09 讲　诺贝尔经济学奖得主在研究什么　　　　　065
第 10 讲　如何看待街谈巷议的时髦经济理论　　　　074

第二部分　人类社会：发展经济学

第11讲	气候变化会对人民生活产生什么影响	084
第12讲	你是"隐形贫困人口"吗	092
第13讲	什么是零工经济	099
第14讲	贫困线是如何划定的	108
第15讲	疫情会导致粮食危机吗	114
第16讲	为什么大家不喜欢种地	120
第17讲	印度农民为什么要反对农产品市场化	126
第18讲	增产技术为什么没有让农民赚到更多钱	135
第19讲	离开家乡的打工人有多么不易	144
第20讲	经济学家为什么要去研究蚊帐	153

第三部分　个人抉择：行为经济学

第21讲	为什么个人行为受社会规范影响	164
第22讲	员工会怎样对待自己的老板	172
第23讲	合作还是背叛，这是一个问题	179
第24讲	我们如何测量风险偏好	187

第 25 讲	为什么我们总在事后要后悔	196
第 26 讲	我们如何对付拖延症	203
第 27 讲	为什么我们害怕模糊性	212
第 28 讲	为什么我们那么讨厌不公平	220
第 29 讲	为什么我们要测量信任水平	229
第 30 讲	为什么社会身份认同如此重要	237

第四部分 打工人：劳动经济学

第 31 讲	你的工作是如何找到的	246
第 32 讲	如今还存在种族隔离吗	255
第 33 讲	什么是同群效应	264
第 34 讲	两个人为什么要结婚	271
第 35 讲	要不要结婚生娃	280
第 36 讲	父母该如何教养孩子	288
第 37 讲	怎样提高人力资本投资	294
第 38 讲	你的收入在当地处于什么水平	301
第 39 讲	退休以后是否会更健康	309
第 40 讲	我们如何保持心理健康	316

第五部分　经济史：东西方经济学

第41讲	古代人都拿什么当钱	326
第42讲	以前人们是如何应对通货膨胀的	335
第43讲	白银如何成为世界重要货币	344
第44讲	鸦片是清代中国白银外流的主要原因吗	353
第45讲	山西票号是如何产生的	363
第46讲	现代银行是如何诞生的	372
第47讲	为什么金本位是金镣铐	382
第48讲	为什么金本位会导致美国大萧条	392
第49讲	什么是"废两改元"和法币改革	401
第50讲	为什么金圆券臭名昭著	409

第一部分

经济学家在研究什么

第 01 讲
如何不害怕经济学

很多人问我：经济学家的工作常态是什么样的？据我所知，经济学家都很忙。绝大多数经济学家一定要做的事情就是读论文。

一篇论文要从工作论文变成正式发表的论文，需要修改几十遍，发表周期短则三五年，多则八年、十年，很多论文甚至没有机会发表。大多数经济学家只关注自己领域的最新论文。由于经济学家数量太多，经济学论文的生产速度已经远远超过人们的学习速度。

经济学又细分成无数个领域，我也不知道经济学到底有多少个分支。我特意登录了我常用的工作论文网站看了一下。这个网站能根据用户的不同偏好，每周向用户发送不同的论文汇编。冷门领域可能每周产生三五篇论文，热门领域可能每周产生几十篇论文，每篇论文都有几十页。上周的论文还没看完，新一周的论文又来了。

这个网站界定的经济学分支领域大概有100个。

所以，经济学家看不完所有的经济学论文，也不可能随时了解各个领域的最新进展。最终能汇聚大家共识、聚焦大家眼球的，只是少数几本学术杂志。所有工作论文的目标都是发表，学术期刊则帮助经济学家做了一轮最重要的筛选，帮助大家建立一些共识。

在所有经济学杂志里，最著名的三本杂志是美国经济协会主办的《美国经济评论》（The American Economic Review）、芝加哥大学主办的《政治经济学杂志》（Journal of Political Economy）和哈佛大学主办的《经济学季刊》（The Quarterly Journal of Economics），它们都有百年以上的历史。

由于经济学很复杂，大量使用数学公式和图表，而这几本杂志又是顶级杂志，里面所使用的数据工具也必定是最复杂的，所以没有学过经济学的读者怎么可能读懂？

但是，大家不必着急。第一，经济学家也不见得都能看懂其中每一篇论文。一个领域的学者未必能掌握另一个领域学者主要使用的工具。第二，编辑和作者也会考虑读者的情况，把最复杂的技术细节放在附录里，不是每个读者都有必要了解所有细节。第三，这几本杂志上的很多论文确实使用了精彩的数学分析，但这些杂志毕竟是经济学杂志，不是数学杂志，数学公式和图表都是用来说明经济学逻辑的。这些论文既然能够发表，就说明它们的数学推导都经过了严格检验。对于一般读者来说，看看论文导言和结论，单纯地思考其中的逻辑，享受经济学家所叙述的故事就可以了。

所以，我想和大家一起读一篇发表在经济学顶级杂志上的论文，让大家感受一下经济学家的工作。

2019年，《美国经济评论》上发表了一篇论文——《快速互联网的到来与非洲的就业》（The Arrival of Fast Internet and Employment in Africa）。

如今，我们的生活已经离不开互联网，但在很多发展中国家和地区，互联网基础设施不够完善，互联网远没有那么普及，这也被称为"数字鸿沟"。近年来，我们可以观察到非洲互联网覆盖范围不断扩大，互联网使用人数不断增长，非洲经济也在不断发展。那么，互联网对于非洲经济发展到底有没有用？

这篇论文的作者找到了一组非常冷门的数据，根据2000—2010年海底互联网电缆逐渐到达非洲海岸各个登陆点的地理位置和时间，可以判断其他城市的地面网络与这些登陆点城市的网络是否连接。通过这种方法，作者就可以从硬件角度出发，画出非洲大陆整个互联网结构是如何一块一块形成，并最终覆盖整个非洲大陆的。

同时，作者也搜集了12个非洲国家的有代表性的家庭就业数据和6个非洲国家的公司数据。非洲国家是不发达国家，家庭层面的调查数据是不太容易获得的。最后，作者还想研究互联网对非洲各国整体经济的影响。这又是一个难题。好在近年来经济学家发明了一种神奇的估算方法，就是调用卫星拍摄的世界各地夜晚照片，计算各个城市夜晚灯光亮度。经济学家反复检验过，城市夜晚灯光亮度与经济发展水平高度相关。所以，在那些缺乏可靠经济统计的地方，夜晚灯光亮度比官方公布的GDP（国内生产总值）数据更能准确地反映当地经济发展水平。

在完成这些准备工作以后，作者做了一系列精巧的回归检验，得出以下结论：互联网的普及，对非洲的就业模式产生了影响，促进了非洲就业率大幅度增加。作者还从企业、产业、国家、区域等不同角度做了大量的检验，结果都证明互联网有助于经济发展。我们发现,这篇论文的结论并不稀奇,与我们的直觉一致。但仔细体会作者搜集数据的技巧,我们还是可以看到很多独到之处。

我们再来看2020年春季《美国经济评论》刊登的一篇论文《通过分享经验来建设国家:来自非洲足球队的研究》(Building Nations through Shared Experiences: Evidence from African Football)。看到题目,我有些呆住,因为我平时对足球不够关心,对非洲足球更是缺乏了解。但是不用怕,只要是发表在经济学期刊上的论文,我们就有信心读下去。

这篇论文主要想讨论"国家认同"的问题。我们都知道,非洲很多国家是由非常多的族群、部落组成的。虽然这些国家建国已经几十年了,但"国家认同"观念还很弱。大家更认同自己的部落,而不是现代社会强加的国家,部落历史要比国家历史悠久得多。所以,很多国家内部经常发生部落冲突,死伤惨重。

如何才能让一盘散沙的非洲各国的部落群体认同自己的国家,并且为自己的国家身份而感到骄傲?作者一定读过英国已故马克思主义历史学家埃里克·J.霍布斯鲍姆(Eric J. Hobsbawm)的巨著《民族与民族主义》(Nations and Nationalism Since 1780: Programme, Myth, Reality)。霍布斯鲍姆认为,英国民族主义的兴起与19世纪英国的体育竞技密不可分。我们知道,如今大多数球类竞技项目起源于英国,就是因为大众十分喜欢这些运动。所以,几位经济学家决定对撒哈拉以南非洲国家的足球队的竞技表现考察一番,研究足球队的胜利是否有助于民众建立"国家认同"观念。

他们搜集了大量个人调查数据,主要就是询问当地人一系列问题:你是否认为你是某国的人?你是否认为你是某部落的人?你是否信任其他部落?一些调查发生在某届非洲杯足球赛之前,另一些调查则刚好发生在某届非洲杯足球赛之后。

结果显示：在足球队取得重大胜利后，将自己的主要身份界定为部落而非国家的人减少了37%，同时，信任其他部落的人增加了30%。这是一个了不起的进步。

同等重要的是，如果自己国家的足球队能取得好成绩，这将有助于减少国内暴力冲突。作者的数据表明，有资格参加非洲杯的国家的国内冲突，要比没有资格参加非洲杯的国家少9%。也就是说，一个非洲国家的足球成绩越好，民众就越团结，也就越爱国。

当然，这篇论文还运用了很多统计学的技巧，但核心观点一目了然，引人深思。这篇论文探讨的是非洲的经济研究问题，可它没有发表在《非洲经济杂志》（*Journal of African Economies*）上，而是发表在《美国经济评论》上。我们发现，这些顶级的经济学杂志并没有对来稿的内容进行限定，既可以是非洲问题，也可以是亚洲问题，还可以是历史问题。很多论文也没有运用复杂的数学手段，只是别出心裁地讲了一个有趣的故事，并且用富有创造性的方法来验证它。

这就是现在前沿的经济学研究。我们可以放下包袱，进一步去看看经济学家在做什么。

参考文献

[1] Hjort J, Poulsen J. The Arrival of Fast Internet and Employment in Africa[J]. The American Economic Review, 2019, 109(3): 1032-1079.

[2] Depetris-Chauvin E, Durante R, Campante F. Building Nations through Shared Experiences: Evidence from African Football[J]. The American Economic Review, 2020, 110(5): 1572-1602.

第02讲
为什么要研究因果关系

一般而言,经济学可以分为微观经济学和宏观经济学,经济学家也就此两分,类似于厨师可以分成红案和白案,横跨两界的人才非常罕见。当然,还有一部分经济学家在研究更为高深的数学理论,为微观经济学家和宏观经济学家提供新的武器,他们的数量就更少一些。大多数经济学家在研究微观经济学或宏观经济学。

这两类经济学家的数量也不对等,微观经济学家的数量更多。微观经济学家的数量和宏观经济学家相比,可能是七三开,甚至八二开。我可以负责地说,除了少数微观经济学家在进行理论研究之外,大多数微观经济学家在研究因果关系。

随手打开一本经济学杂志,我们看到的论文题目大多数是这样的:《看电视会导致孩子学习能力下降吗?》《更好的公司治理结构是否能够改善公司价值、公司创新或者股利政策?》《紧缩财政一定会阻碍经济复苏吗？》这些论文都是在讨论A因素是否影响B因素。这些论文作者深知这些研究未必是普遍适用的真理，所以一般会加上限定条件，比如源于印度证据、基于中国家庭金融调查数据等。

这是一类最典型的经济学八股文，但它讨论问题的方式非常重要，也是我们积累经验性知识的一种重要方式。

我们从最简单的例子开始讨论。比如，看电视会导致孩子学习能力下降吗？孩子的学习能力与其考上大学的概率相关，与其积累人力资本的方式有关，所以这是典型的经济学命题。我们可以用随机抽样的方式，比如搜集1000个孩子的统一考试成绩，同时了解他们每天在家里看电视的时间。我们把这两组数据放在一起，就可以进行回归分析。

确实有一些经济学家这么做了。他们发现，每天看电视超过3小时的孩子的成绩，比看电视少于1小时的孩子的成绩要低。结论似乎很清楚：看电视会影响孩子的学习成绩。但是，我们要进一步讨论，到底是"孩子看电视导致学习能力下降"，还是"学习能力差的孩子看电视时间更长"。这是两种完全不同的解释，前者是一种因果关系，而后者只是一种相关性。我们不能说因为孩子学习能力差，所以他喜欢看电视，这种逻辑说不通。所以，后者只能说明两者之间具有相关性，而相关性不能说明任何问题。两个独立事件看似有关，其实只是"纯属巧合"，这样的例子有很多。

两个变量的变化趋势碰巧相似，这种现象在统计学上称作"伪相关"。有些无聊的经济学家搜集过不少伪相关的例子，比如"美国某影星一年参演电影的部数"与"美国每年在游泳池溺死的人数"之间的相关性。

除了伪相关，还有一种影响我们分析因果关系的情形，叫作遗漏变量。举个例子，有经济学家发现，人们家中打火机的数量与个人罹患肺癌的概率之间存在显著的相关关系。如果这种逻辑关系成立，那将是一个重要发现。我们可以建议大家把家里的打火机都扔掉，这样就能提高健康水平。但是，这在逻辑上说不通。

我们在这个例子里很容易想到，打火机主要用来点烟。像我不抽烟，所以家里可能连打火机都找不到。而经常抽烟的人，可能有好几个打火机，家里放一个，办公室里放一个，包里再放一个。所以，最终影响罹患肺癌概率的因素应该是抽烟数量，而不是打火机数量。

这个例子还比较简单，我们很容易从打火机联想到抽烟，从而找到真正影响肺癌的变量。但在更多复杂研究中，要找到这些遗漏变量就没那么容易，这样会导致我们错误地判断因果关系。

我们再来讨论第三种情形，也是最复杂的情形，叫作逆向因果关系或反向因果关系。有些研究发现，一个地区警察数量与罪犯数量之间存在高度的相关性，这一点非常令人困扰。表面上看，我们可以简单得到一个结论：警察越多，罪犯越多，警察治理成为孕育罪犯的温床。可仔细想想，这个结论非常荒唐。

我们之所以会根据数据得到这个结论，是因为我们忽略了一种非常可能的反向因果关系：如果一个地区的罪犯多，犯罪活动猖獗，就会引起地方政府的担忧，从而招募或者安排更多警察。所以，罪犯越多是警察越多的原因，而不是结果。这个例子非常有名，被很多经济学教科书引用。

在经济学家严肃的实证研究中，警察数量和罪犯数量之间的关系远比我们想象的复杂。犯罪经济学有一个基本假设：警察应该具有威慑作用，也就是警察越多，罪犯越害怕。罪犯担心自己犯罪被抓住，所以会减少犯罪次数，最终抓获的罪犯数量或犯罪次数会减少。但现实是，美国很多地区警察数量和罪犯数量不断增多，这是一个不正常的现象。

这里我们需要讨论一下芝加哥大学史蒂芬·D. 列维特（Steven D. Levitt）教授的研究工作。他写过一本畅销书——《魔鬼经济学》（*Freakonomics*），这是一本非常好看、值得一读的经济学科普著作。

列维特是研究犯罪经济学的大师。研究犯罪经济学的最大困难，就是罪犯数量和警察数量之间相互影响的关系，人们不容易分清楚到底谁影响谁，两者有点像"鸡生蛋"和"蛋生鸡"的关系。经济学家给这种鸡和蛋的关系起了一个专业名称，即"内生性"。微观经济学家在研究中的一项重要任务，就是消除这种内生性。

最常用的消除内生性的方法是工具变量法。工具变量就是找到一种只与内生的解释变量相关而与被解释变量不直接相关的变量，把原先两者纠缠不清的内在关系一刀切断。工具变量只可能通过影响解释变量来影响被解释变量。所以，通过回归估计被解释变量与工具变量的关系，我们就能有效推断两者之间的因果关系。

简单来说，工具变量就是一种过滤器，只能筛选一个方向的因果关系，而把反向的因果关系隔离在外。回到我们关心的犯罪经济学，列维特认为，警察数量毫无疑问与美国的政治选举周期有关。大选之年，执政的地方政府为了拉选票，一定会把更多资源投向警察。但是我们不能说，犯罪数量与政治选举年份有关。所以，工具变量就成立了。列维特设计了一系列精巧的工具变量，主要运用选举年份消除罪犯数量和警察数量之间的内生性。消除内生性以后，列维特证明，警察对罪犯确实存在威慑效应。

列维特的这项研究于1997年发表在《美国经济评论》上。但是，有人重新验算了列维特的结果，发现他的运算存在一些小的瑕疵。列维特不得不重新算一遍，并发文章回应。他首先承认错误，其次表明改正错误以后，警察对罪犯的威慑效应还是存在的，自己的这种工具变量研究法仍然可行。

双方你来我往，各有道理，但大家始终觉得列维特的这项研究没有那么可靠。2009年，几位意大利经济学家在另一份顶级学刊——芝加哥大学的《政治经济学杂志》上发表了一篇论文，利用一次机会难得的自然实验研究了犯罪经济学中的威慑效应，引来学界一片喝彩。

2006年，在教皇保罗二世的不断敦促下，意大利的法律制定者通过了一项法律，那就是释放全部剩余刑期不到三年的罪犯，大约有40%的在押罪犯被释放。但是他们被告知，如果再次因犯罪被抓获，那么他们的刑期中需要加上这次没有服完的刑期。

如此一来，每个被释放罪犯就面临不同程度的"威慑效应"。更重要的是，这些威慑是外生的，或者说对于罪犯是偶然的，他们并不可能预料到这项措施。

作者研究了这些罪犯被释放后重新犯罪的概率与他们所面临的"潜在刑期"的关系，发现罪犯对此十分敏感。潜在刑期长的人，犯罪的概率明显低。所以，这就证明威慑效应确实存在。

这种研究不存在内生性问题，不存在反向因果关系，比之前的工具变量方法更有说服力。但是，这种"自然实验"的机会是可遇不可求的，在没有自然实验的时候，经济学家只能从现有数据里分析挖掘因果关系。

参考文献

[1] Levitt S D. Using Electoral Cycles in Police Hiring to Estimate the Effect of Police on Crime[J]. The American Economic Review, 1997, 87(3): 270-290.

[2] Drago F, Galbiati R, Vertova P. The Deterrent Effects of Prison: Evidence from a Natural Experiment[J]. Journal of Political Economy, 2009, 117(2): 257-280.

第03讲
如何研究经济政策

宏观经济学是不是很难懂？从某种意义上说，是的。如今的宏观经济学的论文里充满了数学，借用一位极有名的宏观经济学家的话，如今的宏观经济学论文通常遵循"严格的、类似俳句一样的规则"。

当听到"经济学"三个字的时候，人们脑海里的第一反应多半是宏观经济学。人们要是想问"黄金价格会如何波动""最近是不是应该换美元""房价或者猪肉价格会发生什么变化"等问题，普遍都会去问经济学家。

当然，很多经济学家愿意侃侃而谈，甚至上电视接受采访，对未来的股市、房价做出评论。但是，他们是如何根据现有的信息和自己的知识做出未来预测的？这一点，绝大多数读者并不关心。

其实，这多半是一点江湖诀。如果所有人都知道某件事情未来会怎么样，那么经济学家自然也知道，其中没有任何神秘之处。如果没有人知道未来会怎样，那么经济学家肯定也不知道。如果经济学家对自己的理论能预测未来深信不疑，他们就应该像物理学家一样，把理论拿出来，经受证伪性检验。同时，经济学家也应该依据理论去投资，用自己的投资回报来证明这些理论的有效性。

经济学家迪尔德丽·N.麦克洛斯基（Deirdre N. McCloskey）嘲笑说："在电视上评论房价的经济学家中，看来并没有什么人凭借这些知识让自己成为地产大亨。所以，经济学家既然没有那么富裕，也就没有那么聪明。"

"先知"还是"神棍"

在面对大众时，宏观经济学家有意无意地使用了大量的修辞术，比如"中国的货币供应量在去年有所增加，生产力有所提升，从而在过去30年的经济周期里达到了顶峰"。这样的叙述，听起来是不是很耳熟？

可是问题在于，货币供应量与生产力有什么关系？生产力与经济周期又有什么关系？叙述者就像一个讲故事的人，精心剪裁相互映衬的故事情节，最终让人们觉得收获了一个完整全面的景象。

当然，这个故事本身充满隐喻。生产力是什么？经济周期是什么？我们并不清楚。无论使用哪种经济模型进行衡量，我们最终得到的必定是一个不真实存在的东西。英国经济学家约翰·梅纳德·凯恩斯（John Maynard Keynes）最初发明这些概念的目的，只是想通过这些概念来阐释我们真实生活里发生的变化。我们却把这些隐喻不假思索地融入故事中，使得故事更加丰富动人。

如今，宏观经济学家之间的分歧非常小，并且越来越小，研究者都使用一套"黑话"。但是，这套方法与大众的分歧越来越大，门槛很高，技术性很强，大众很难在闲谈中讨论经济学。

这种技术性强的科目往往会吸引那些兴趣点集中于学科技术层面的人，他们其实对学科本身的研究对象不太感兴趣。专业的宏观经济学家并不喜欢面对公众讨论宏观经济。那些在电视节目中侃侃而谈的人，大多不是专业的宏观经济学家，他们所讨论的内容也与学界内部的发言不同。诺贝尔经济学奖得主罗伯特·默顿·索洛（Robert Merton Solow）认为："这样虽然很不好，但是无法避免。"

那么，这个分歧来自哪里呢？我们要从宏观经济学的起源说起。

宏观经济学的起源

如果说亚当·斯密于1776年出版的《国富论》开创了经济学这个学科的话，那么到了1890年，英国经济学家阿尔弗雷德·马歇尔（Alfred Marshall）出版的《经济学原理》（*Principles of Economics*）已经基本勾勒出现代微观经济学的雏形。当时的经济学家认为，微观经济学足以解释一切经济现象。

但是到了1929年，美国经济大萧条，当时各种微观经济学理论都无法解释大萧条，相关的经济政策也都无效。一些经济学家开始思考：我们是否有必要发展出一套新的理论，用于解决现实的经济危机？

凯恩斯在1936年出版了一本书，即《就业、利息和货币通论》（*The General Theory of Employment, Interest and Money*）。毫无疑问，这本书是宏观经济学的奠基之作。

纵观整个20世纪30年代，经济学家首先想到的就是美国大萧条和《就业、利息和货币通论》的出版。可以说,《就业、利息和货币通论》是一个参照系,直到今天都无法彻底摆脱。

宏观经济学发展演变三阶段

在凯恩斯出版《就业、利息和货币通论》以前,古典经济理论信奉的是自由市场。20世纪30年代初,经济大衰退,社会出现了大量失业现象。按照古典经济理论,当时的很多经济学家预测,企业会趁机通过降低工资来吸收失业人员,从而缓解失业。

但事实上,这种情况并没有出现。背后的原因很复杂:一方面是因为大萧条期间大量企业倒闭,这些倒闭的企业不可能再吸收失业人员;另一方面,人们的消费能力急剧萎缩,在全家都陷入危机的时刻,必然存在一个"工资下限"来保证全家人的基本生活,人们不可能接受特别低的工资。

大萧条毫无疑问阻碍了物质需求的满足。凯恩斯认为,当市场调整特别缓慢或者失灵时,就需要政府实施积极的财政政策和货币政策来逆周期地调节经济,政府不能像古典经济理论所说的那样无所作为。

在《就业、利息和货币通论》出版后,大批学者跟进研究。在1937年的一场研讨会上,牛津大学的约翰·R. 希克斯(John R. Hicks)、罗伊·F. 哈罗德(Roy F. Harrod)等学者分别汇报了他们对《就业、利息和货币通论》的理解。他们都重构了古典经济理论,尝试将凯恩斯经济学与古典经济学相比较、相融合。希克斯做得最好,他跟阿尔文·H. 汉森(Alvin H. Hansen)把凯恩斯的观点提炼成了一套简化的联立方程,将产品市场与货币市场这两个不同市场的结果整合进一个统一的框架,即IS-LM模型。在以后的数十年里，IS-LM模型成为凯恩斯主义经济学的基石。

到了1939年，荷兰计量经济学家简·丁伯根（Jan Tinbergen）将这些宏观经济观点的理论分析转换成了定量的经验分析。丁伯根整理了美国1919—1932年的经济数据，将其与凯恩斯主义模型的结果相比较。从此以后，各个国家才有了统计整理GDP、失业率、通货膨胀率的意识。

经过演变发展，凯恩斯主义经济学终于变成宏观经济学，宏观经济学作为经济学的一门独立学科才真正地建立起来。

经济学界"大乱斗"

1947年，保罗·A.萨缪尔森（Paul A. Samuelson）与威廉·D.诺德豪斯（William D. Nordhaus）合著的《经济学》（*Economics*）教科书出版，分成上、下两册：上册是古典经济理论，命名为"微观经济学"；下册是凯恩斯主义经济学，命名为"宏观经济学"。自此以后，宏观经济学与微观经济学正式开始分庭抗礼。

从罗斯福总统开始，几乎每一届美国总统都是凯恩斯主义的信徒。1965年12月，《时代》（*Time*）杂志将凯恩斯放在了封面上，甚至加上了被认为是反对凯恩斯主义代表性学者、芝加哥大学米尔顿·弗里德曼（Milton Friedman）教授的背书："我们现在都是凯恩斯主义者。"弗里德曼马上表示抗议。他表示，自己只是含糊地发出一种声明："在某种意义上，我们现在都是凯恩斯主义者；在另一种意义上，没有人再是凯恩斯主义者。"

这种对凯恩斯主义的追捧一直持续到20世纪70年代，美国经济再一次陷入停滞。大家突然发现，凯恩斯主义似乎失灵了，照搬20世纪30年代的药方，用财政政策刺激经济好像再也没有效果了。

这时候，大家才想起米尔顿·弗里德曼、弗里德里希·冯·哈耶克（Friedrich von Hayek）等自由主义经济学家的论述：不能总想着刺激经济，应该适时住手，让市场自发地恢复。

20世纪70年代，宏观经济学内部发生了一场革命，有人将其称为"卢卡斯革命"。以芝加哥大学的罗伯特·E.卢卡斯（Robert E. Lucas）教授为代表的经济学家，发明了一种新的数学语言，可用于更为精准地构建宏观经济学模型。这套语言具有很大的灵活性，可以根据需要在里面随意添加各种经济结构。与之相比，IS-LM模型就显得粗糙了。

"卢卡斯革命"在宏观经济学圈内的意义重大，如今每个宏观经济学家都必须使用这套分析模型。但是，这场革命在圈外没有产生多大影响，因为大众并不关心经济学家到底用的是什么方法来得到那些结论的。

卢卡斯及其追随者都是纯正的自由主义者，他们的理论可以推导出市场自发达到均衡的结果。所以，他们把自己这一套称为新古典宏观经济学或新古典经济学。在他们看来，凯恩斯主义经济学依赖的信条存在根本性缺陷：凯恩斯主义经济学只是一些简单的事实归纳，甚至算不上真正的经济理论。当然，凯恩斯主义经济学也并非全无可取之处，当代宏观经济学家所面对的任务，就是通过残骸来进行分类整理的，并决定哪些凯恩斯主义经济学的内容可以被修正和较好地利用，而哪些应该被丢弃。

"卢卡斯革命"在宏观经济学中意义深远，以至现在我们仍处于这场革命的余波中。

1995年，卢卡斯获得了诺贝尔经济学奖，新古典宏观经济学家中已有十多人获得诺贝尔经济学奖，未来可能还有更多。如今，经济系学生所研习的教材，基本上都是用新古典经济学语言书写的。卢卡斯甚至骄傲地说："我的学生已经不知道凯恩斯是谁了。"

新古典经济学与新凯恩斯主义者

"卢卡斯革命"距今已有几十年，凯恩斯主义是否已被彻底扫除出经济学教科书了呢？答案是，并没有。新古典经济学固然已形成一套逻辑完美、数据严密的描绘现实经济的理论系统，但有一个致命缺陷：它的理论预测结果与真实情形不符。

原先的大量凯恩斯主义者也并没有坐以待毙。他们在发展自己的经济学语言，甚至开始借鉴新古典经济学的方法，为凯恩斯主义构建更精致的理论基础。他们自称"新凯恩斯主义者"。他们坚持：宏观模型必须从现实出发，必须依据现实情况来设定自己的模型。为了接近现实，他们的理论模型始终不如新古典经济学完美。

现实经济如此复杂，新古典经济学如此精妙，两者却难以完美契合，这真是"卢卡斯革命"之后经济学家所面对的最尴尬情形。经济学毕竟不是哲学，不符合真实情况的经济学模型不可能获得大众的认可。于是，各种意义上的凯恩斯主义经济学出现，介于两者之间，既希望解释现实，又希望推进理论。

总体而言，新闻记者与政策制定者在思考宏观经济问题时，所使用的仍然是那个基本过时了的20世纪70年代前的凯恩斯主义分析框架。当代宏观经济学家并没有将他们的新发现与新认识传达给政策制定者以及整个世界。这是一个值得我们反思的方法论问题。早已被宏观经济学家抛弃的IS-LM模型，竟然在各种语境下广泛使用。虽然大家对宏观经济学的分析结果常常表示不满，但似乎并没有引入最新工具的打算，何况最新工具还不如IS-LM

模型好用。

学院里的新古典宏观经济学家并不是很在乎大众怎么想。宏观经济学家在乎的是，他们在处理各种复杂的现实问题时，使用了一整套内在逻辑一致的处理方法。这套现代宏观经济学分析框架可以视作脚手架，由它搭建出的宏观经济叙事逻辑，能够经得起数学与数据的检验，能够保证内在逻辑的一致性。这套分析框架也可以称为宏观经济学者的世界观。只有接受这种世界观的读者，才可以理解宏观经济学家的工作。

新古典经济学与现实困境

近年来，新古典宏观经济学突飞猛进，但批评声不绝于耳。

早在2008年美国金融危机之后，就有很多人批评经济学家没有对这场经济灾难做出预测。但是，几位新古典宏观经济学的领军人物都对这类批评不屑一顾，因为批评者没有接受宏观经济学家的世界观。

新古典经济学理论本身确实不会错，但问题在于：宏观经济学家的工作，应该是尽力构建完美的理论模型，还是回应现实的经济问题，从而提出针对性的宏观经济政策？如果说类似于预测2008年金融危机这样的工作，并不是宏观经济学家应当承担的工作，那么这应该是谁的工作？经济学家如果不能运用最新的宏观经济工具来预测，那么应该运用什么样的工具来预测？

2020年，终于又有重量级的经济学家"开炮"了。诺贝尔经济学奖得主、加州大学伯克利分校教授乔治·A. 阿克洛夫（George A. Akerlof）在《经济学文献杂志》（*Journal of Economic Literature*）上发表了《遗漏之罪与经济学的实践》（Sins of Omission and the

Practice of Economics）一文。

阿克洛夫认为，现代经济学越来越"硬"，只有理论精致、数据完备的研究才能发表在好的经济学学刊上。但是，"硬"的研究未必是重要的研究。经济学家往往在追求"硬"的过程中忽略了"重要性"。

与凯恩斯主义经济学相比，新古典经济学显然更"硬"。但是，过硬的新古典经济学并不能预测和解释2008年金融危机这样的重要现实问题。阿克洛夫提醒我们：未来的经济学要在"硬"和"重要性"两个维度上寻求平衡。不同的学者会做出不同的选择。

我总是会想，如果凯恩斯活到今天，他会是一个怎样的经济学者呢？凯恩斯生前就表示过，他不是一个"凯恩斯主义者"。我想，他也不会是一个新古典主义的宏观经济学者。很显然，他是一个追求"重要性"的学者。

结　语

最后，我讲一个故事：哈耶克在凯恩斯的晚年见过凯恩斯一面。当时，凯恩斯的各类门徒不断扩展、形式化他的理论，哈耶克对此表示忧虑，凯恩斯却不以为然。凯恩斯说："这些人都是傻瓜。你知道，我的思想在20世纪30年代是非常重要的，那时候压根没有通货膨胀问题。你也可以相信我，哈耶克，我的思想已经过时了。不过，我打算把公共舆论彻底扭转过来。"

六个星期以后，凯恩斯不幸去世，没来得及实现这个"公共舆论彻底扭转过来"的工作。未来，这个舆论会不会扭转呢？我真不知道，宏观经济学也许还需要一次革命，还需要经济学界的同人共同努力。

参考文献

[1] 约翰·梅纳德·凯恩斯. 就业、利息和货币通论[M]. 高鸿业，译. 北京：商务印书馆，1999.

[2] 米歇尔·德弗洛埃. 宏观经济学史[M]. 房誉，李雨纱，译. 北京：北京大学出版社，2019.

[3] Akerlof G. Sins of Omission and the Practice of Economics[J]. Journal of Economic Literature，2020，58(2)：405–418.

第04讲
经济学家有多少种不同类型

在我的经验中，不同类型、不同研究方向的经济学家的工作方式是不同的。不同的人用不同的方式进行工作，最后都对经济学做出了很重要的贡献。这在经济学里很常见。

哲学家熊十力说过："读书的时候，要用全副生命体验去撞击文字，方可迸发出思想火花。这才是读书！"从生命体验的角度来谈学问，在人文科学里很常见，在社会科学里有争议，而在自然科学里非常少见。比如，你去采访一群优秀的物理学家，问他们"个人经历对于物理学研究有什么重要影响"，得到的答案大概会是"没什么影响"。物理学已经是一个非常专业的领域，研究者必须连续多年经受严格训练，然后尽可能在高水准的大学里学习和工作，接触最新的研究领域和研究方法，与优秀科学家合作，才可能做出比较好的成绩。

经济学没有那么严格,许多体制外的杰出人才,对经济学乃至整个社会发展都有重大影响。比如管理学之父彼得·F. 德鲁克(Peter F. Drucker),他在美国当过很多年的教授,但他对自己的定位一直是"作家",而非"学者"。

1950年,德鲁克去探望哈佛大学经济学教授约瑟夫·熊彼特(Joseph Schumpeter)。病床上的熊彼特对德鲁克说:"我现在已经到了这样的年龄,知道仅仅凭借自己的书和理论流芳百世是不够的,除非能改变人们的生活,否则就没有任何重大的意义。"八天之后,熊彼特与世长辞。但这次见面彻底改变了德鲁克的人生。他不再追求用论文改变世界,而是试图用通俗著作和管理实践来改变世界。德鲁克的很多管理思想对后来的经济学产生了重要影响。在学科分工日益严密的当下,像德鲁克这样,著作还能被体制内学者阅读的作者必定很少了。

经济学界非常信奉一点:要想有效地与人沟通,就需要使用对方熟悉的语言。所以,基于不同类型经济学家的工作语言,我对经济学家进行了分类。

数理经济学家

第一类经济学家是数理经济学家,也可以称作数学家。事实上,很多经济学家是数学家转行来的。数学有很多分支领域。经济学所遇到的大量具体技术问题,对于数学家而言也许并不难,但以前没有人做过。所以,数理经济学家就在为经济学家提供急需的数学工具。我非常佩服这一类学者,但有些望而生畏。对于他们正在进行的工作,我最多能够模模糊糊理解,而他们所遇到的研究困难一般会超出我的理解。

理论经济学家

第二类经济学家是理论经济学家,他们的工作比数理经济学家容易理解一些。我读书的时候主要学习的就是经济学理论。那时,经济学的进步主要是通过理论创新来实现的。但是现在,理论工作越来越难,重大理论的突破很不容易。

比如,博弈论是微观经济学领域近半个世纪最重要的理论突破。而且,博弈论有扩散效应,基于博弈论工具,产业组织、公司金融、拍卖理论、委托代理理论等都发生了巨大的变化。博弈论可以说彻底改写了微观经济学。这就是20年前大家所看重的理论创新。但是现在,博弈论扩散到整个经济学的过程已经逐渐完成。我们目前可以预见的理论创新要么太难,要么不太重要。所以,如今从事经济学理论研究的学者,比20年前少得多。当然,为了实现理论突破,如今的理论经济学家必须使用更多、更复杂的数学工具。这一点也增加了沟通的困难。

实证经济学家

第三类经济学家是实证经济学家,这类经济学家现在比较多见。绝大多数经济学家必然会做一些实证研究。目前,实证研究是对经济学研究的一般要求,入门似乎不太难,但要做好绝不容易。同一类主题会有很多人一拥而上去研究,如果我们把大家的论文拿来比较一下,优劣就很明显了。

所谓实证研究,就是搜集数据,运用统计学模型加以分析检验,从而验证过去的一些理论。实证研究至少分成三个阶段。第一阶段是搜集整理数据,第二阶段是运用模型分析数据,第三阶段是整理结果，撰写论文。每个阶段都不容易。比如，我想知道北京市民每个家庭的储蓄金额，这个数据怎么获得？企业不会告诉我，银行也不会告诉我。即使我挨家挨户去调查，人家也不会告诉我。这个工作本身就是巨大的挑战。

经济学专业的本科生做作业时，老师会告诉他们从各类"统计年鉴"上摘录数据。但是，对于专业研究者而言，统计年鉴上的数据恐怕难以满足研究需求。现在经济学家普遍都会使用Python（计算机编程语言）写爬虫软件，从互联网上爬取数据已经成为经济学家搜集数据的主要手段之一。另外，经济学家也极关注地理分布，所以GIS（地理信息系统）也是经济学的基本工具。

所以，如今很多经济学家的日常工作是写代码、搜集数据、整理数据、分析数据。宏观经济学家基本都是"编程狂人"。他们日常的最重要工作之一就是用计算机模拟经济系统，通过调整参数或者模型的运行方法来观察结果会发生怎样的变化，这种模拟需要计算机具备比较强的性能。至于金融学者，他们的工作状态也差不多。金融学数据的获得倒没有那么困难，每天股市、汇市都在产生大量数据，而且很多是所谓的"高频数据"——每分钟甚至每秒钟都在发生变化的数据。所以，金融学者需要用高级的计算机、高级的数学模型来分析这些数据。

实验经济学家

第四类经济学家是实验经济学家。实验经济学家与实证经济学家的工作语言比较接近，但是二者获取数据的方法不同。实验经济学家既不是挨家挨户做社会调查，也不是在写爬虫软件，而是希望通过精密控制的实验方法来获得所需要的数据。实验经济学的历史不长，但它的发展很快，它现在是经济学界最热门的领域之一。

实验经济学家分为两类：实验室实验经济学家和田野实验经济学家。

实验室实验经济学家需要在实验室的电脑上写好精心设计的程序，然后通过规范的方法招募被试者到实验室参加实验。所谓的实验室，一般就是有几十台相互联网的电脑但又能隔绝视线的机房。现在实验室也在不断引入新设备，比如"眼动仪"，就是可以记录眼球在屏幕各个位置停留时间的仪器。很多商学院学者对这种设备感兴趣，比如他们关心"设计一个饮料瓶标签的时候，广告语的字号、颜色、位置如何既能引起大家的注意又不引起情绪上的反感"。这对于经济决策具有重大意义。但是，这种设备很贵，机器一开就是上千元，目前只有极少数一流大学有能力用它来做实验和搜集数据。

田野实验经济学家也被人称为实地实验（field experiment）经济学家。很多经济学家不喜欢把"field"翻译成"田野"，觉得这么做好像沾了人类学的光，将其翻译成"实地"，但我还是习惯将其翻译成"田野"。田野实验经济学家与人类学家的工作方式很接近，就是要跑到农村田野，跟真实的人打交道，做实验，记录数据。在他们看来，实验室的环境与现实环境有差距，未必能反映人们真实的决策选择。当然，田野实验经济学家所需要的技能，与实验室实验经济学家有一点不同。田野实验经济学家必须学会人类学家那一套，与不同背景、不同文化的人打交道。为了实验，他们必须把实验规则转变成简单规则，这也是重大的挑战。但好处是，田野实验经济学家经常能找到实验室里难以复原的场景，比如母系社会、渔民群体等，利用特殊环境来检验一些重要的经济学理论。2019年诺贝尔经济学奖获得者阿比吉特·班纳吉（Abhijit Banerjee）、埃斯特·迪弗洛（Esther Duflo）夫妇就是田野实验经济学家。

经济史学家

第五类经济学家是最边缘的一群经济学家，可以称作经济史学家。他们的兴趣不在于数学，而在于历史、哲学或者经济思想。当然，这并不意味着他们不需要写代码。近年来，在经济史领域中，方兴未艾的就是"量化经济史"，就是把过去史料、档案中能够量化的数据加以量化，并运用现代经济学家最擅长的计量统计方法加以验算。

经济史学家发现，可以量化的东西还真不少。比如，中国历史上有名有姓的658个皇帝分别是怎么死的？有多少是非正常死亡？有经济史学家专门研究过这些问题，最后发现皇帝的非正常死亡率比老百姓高1000倍。当然，经济史主要还是研究老百姓生活的，比如有人研究明代各地考上进士的概率有多大，有人研究清代刑科题本里记录的犯罪有多少和高利贷有关，等等。不少研究虽然争议很大，但给人的启发也很大。

经济史学家有时会用到奇怪的数据。比如，有一门学问叫"北极冰芯学"。北极的冰块是一年一年冻结的，每年结一层，而每一层包含当年微量的空气、粉尘、杂质。所以，如果我们取到一块北极冰芯，那就等于获取了一段时间的序列数据，它能告诉我们每一年的很多信息。再比如，国外某些地区有"湖底淤泥学"，因为淤泥也是一年一年累积的。而在我国，我听说有人在研究"黄土学"，因为黄土也是这样累积的。

当然，还有少数极边缘的经济学家（比如我）做不了那些研究，但是对历史、哲学和经济思想感兴趣，只能用最传统的文献方法来研究经济学相关问题。

结　语

不同工作类型的经济学家所使用的工作语言不尽相同，一个人能精通某一套方法就很不容易了。

不过，现在全能型的经济学家越来越多，很多知名经济学家精力充沛，能够不断学习，并且能够自如地在多个领域穿梭。那么，这些不同类型的经济学家是否会相互承认呢？虽然经济学家相互尊重，但分歧很大。经济学界似乎流行一种"功利主义原则"，如果别人认为你的观点很重要，值得去抨击或推翻，这实际上是一种成功。

经济学家很少会改变自己的立场。19世纪初，英国经济学家大卫·李嘉图（David Ricardo）与托马斯·罗伯特·马尔萨斯（Thomas Robert Malthus）的关系就是很好的例子。他们是密友，但观点截然对立，终身也没有改变。李嘉图有一封很有名的信，是写给马尔萨斯的，信中是这样写的：

> 我亲爱的马尔萨斯，和其他辩论者一样，经过很多次争论，我们仍然坚信自己的观点。然而，这些争论对于我们的友谊没有丝毫的影响。事实上，如果你都同意了我的观点，我反倒不会像现在这样敬爱你了。

参考文献

[1] 罗伯特·L. 海尔布罗纳. 几位著名经济思想家的生平、时代和思想[M]. 蔡受百，马建堂，马君潞，译. 北京：商务印书馆，1994.

[2] 西尔维娅·娜萨. 推手：改变世界的经济学天才[M]. 马韧，译. 北京：人民文学出版社，2013.

第 05 讲
书斋内外经济学家有什么不一样

人们平时接触到的经济学家，都是书斋外的经济学家。有的是证券业的研究型经济学家，有的是专栏作家，有的是学者出身的政府官员。当然，有些职业经济学家面向大众讨论经济学。

而书斋内的经济学家普遍很忙。每个人都有很大的抱负，都努力在国际顶级期刊发表论文。

中国有多少经济学家？我们不妨参考一下美国的指标：世界上规模最大的经济学会议是每年 1 月份召开的美国经济年会，大多数美国经济学家会去，还有很多人从世界各地过去，参会人数在 1 万人以上。我想，中国的经济学家数量不会比这个少。

我们如何快速判断一个经济学家的观点是否"靠谱"？这是一个让人困惑的问题，我从成为经济系的学生开始就感到困惑。如今，作为大学里的经济学教师，我仍然不敢说我可以给出明确的结论。

经济学毕竟是一门有明确分析框架的学科，所以接受正规经济学训练是必要的。我并不认为经济学必须要通过科班训练才能学会，但是科班训练确实有用。同时，经济学又是一门飞速发展的学科。对于经济学来说，无论是分析框架，还是主流观点，都在与时俱进。我们在教科书上学到的东西，往往是数十年前的东西。如果知识没有及时更新，我们就有可能造成重大的误判。

那么，经济学家是怎么分析具体问题的？

《劳动法》是否会降低就业率

很多经济学家担心《劳动法》会影响就业率？可是，为什么《劳动法》会跟"就业"扯上关系呢？根据经济学基本原理，《劳动法》的初衷是保障劳工权益，给雇主增添大量的约束。但是这样的话，《劳动法》一定会提高雇主用工成本，从而减少工人数量。

雇主都是这样算账的：每个月我准备50万元给员工发工资，平均每个员工5000元，我可以雇100人。现在，雇主必须跟临时工签正式合同，给每个人缴纳"五险一金"。如果要辞退工人，那么雇主必须给双倍赔偿金。这些约束使得雇主雇一个工人的成本变得更高，原来平均每个工人的成本为5000元，现在变成8000元，雇主准备发工资的预算没变，现在只能雇60多人，那么雇主只能大规模裁员。

各个行业都是如此，结果必定是就业率显著降低，造成大规模失业。失业又是非常严重的经济现象，影响社会福利，甚至可能影响社会稳定。所以，《劳动法》是非常典型的"好心办坏事"，试图维护底层劳工权益，却砸了一大批底层劳工的饭碗。在《劳动法》出台前后，经济学界一片反对声，尤其是知名经济学家张五常教授，在无数场合批评《劳动法》。

"《劳动法》会导致严重的社会后果"是我们根据最简单的经济学原理推导出来的。还有一些学者，比如奥地利学派的经济学家，也都支持这一结论。奥地利学派有一套非常有意思的理论，目前主要在学院以外流行。奥地利学派代表人物亨利·黑兹利特（Henry Hazlitt）在经典教科书《一课经济学》（*Economics in One Lesson*）里讨论过这个问题。他的观点是，要提高底层工人的工资，唯一的办法是提高他们创造的市场价值，而现在通过这种法律，我们只是在进行"拆东墙补西墙"的财富转移。负担如果转嫁到雇主头上，最终只会导致产量降低和失业，对于市场扩展没有任何的好处，长期看，雇员也会受害。

我基本同意奥地利学派学者的最终结论，但不太同意他们过于简单粗暴的分析过程。如果要对这个问题进行更深入的分析，我们必须引入其他分析工具。奥地利学派缺乏现代分析工具，而且从学理上看，奥地利学派是反对这些工具的。这是奥地利学派难以对大量现实问题进行更深入讨论的原因。

那么，《劳动法》是否真的产生了严重的后果？有没有实证研究支持呢？十多年过去了，对于这个问题，经济学家还是不太敢表态。我发现至今还没有一篇像样的中文论文对此问题进行过讨论，主要是因为经济学家在研究中必然遭遇大量困难。

第一个困难是，失业率难以统计。有人觉得，失业率有什么难统计的？失业人数除以劳动人数不就得到失业率了吗？可在现实中，我们只能获得城镇登记的失业人口，大量待在家里的年轻人不会去登记。而且，待在家里的年轻人也未必是失业人口，有些人可能以在家打游戏、做直播、连载网络小说的方式赚钱，他们可能比普通上班的人赚得多。这是劳动经济学领域的经典难题。

第二个困难是，假设我们获得了有效的失业人口数据，又如何推断它是《劳动法》导致的呢？影响失业率的因素有很多，比如宏观经济周期的影响，中小型企业融资困难从而减少雇员，一些劳动密集型产业的结构性调整，以及过去大量用人的产业现在被机器人取代，等等。

有关这个命题，我找到了一篇英文论文。这篇论文发表在一份学报上，研究了《劳动法》的一种后果。

《劳动法》规定，如果一个企业连续雇用一个员工十年，员工就会自动获得长期雇佣的资格，雇主很难随意终止合同。我们可以据此推断，自《劳动法》颁布以后，很多企业可能会在第九年解除老员工的合同。雇主并不见得不喜欢这个雇员，但是长期合同会成为雇主的沉重包袱。为了避免如此，雇主可能会选择在第九年终止与干得还不错的员工的合同。

此外，研究者还发现，为了以后还能经常雇用新人，一些雇主会在《劳动法》通过之前强行解雇一批工作十年以上的老员工，为以后的新员工留出岗位。研究者还调查了他们的生活状况，发现他们都深受《劳动法》导致的失业的影响，情绪长期陷于沮丧。

当然，这只是对《劳动法》的一项研究。我们还需要更多层面、更多角度的研究，交叉验证。张五常教授凭借他的敏锐直觉，很早就意识到这些法律的严重后果。但是，当代主流经济学家还是希望用更多的、扎实的实证研究来验证自己的判断。这些研究比我们预想的困难许多。

移民是否会影响本地居民的就业率

我们不妨再来看一项困扰经济学家30年之久的争论：移民是否会影响本地居民的就业率？

这个命题非常直接，人们对此也很关心。很多地方正在尝试放开户籍。有一种常见的反对放开户籍的论述：如果放开户籍，大量外地移民就会无阻碍地进入城市，影响城市本地居民的就业率。

这种论述是否属实？过去，经济学家一直无法有效回答这个问题，直到他们偶然找到了一次自然实验。

1980年4月20日，古巴领导人卡斯特罗出人意料地发表了一次讲话，表示古巴会放开对马列尔港的控制，允许国人按照自己的意愿离开古巴。演讲之后，人们反应迅速，同年4月底就有人开始离开。1980年4月到9月，总共有12.5万名古巴人离开马列尔港，抵达美国迈阿密，其中大部分人没有接受过教育。最终，他们中的绝大部分永久定居迈阿密，导致迈阿密的劳动力数量增长了7%。这就是著名的"马列尔偷渡事件"。

美国加州大学伯克利分校教授卡德站出来研究这个问题。我们之前说过，哈佛大学面对招生歧视的指控时，找了一位左翼经济学家来帮自己辩护，这个人就是卡德。卡德在1990年发表了一篇论文，以"马列尔偷渡事件"为例，研究外来移民和本地就业的关系。

卡德统计了迈阿密原本居民工资和就业率在移民到达前后的变化，再与美国其他四个"相似"城市（亚特兰大、休斯敦、洛杉矶和坦帕）居民的变化进行对比。他的研究问题是：古巴人出现时，迈阿密原本居民的工资和工作机会的增加是否落后于其他四个城市。

卡德发现，无论是在移民到达后不久还是几年以后，迈阿密与其他几个城市的对比没有不同，古巴人的到来没有影响当地人的工资水平。卡德还特地比较了在"马列尔偷渡事件"之前就来到美国的古巴移民的工资。他们和新来的古巴移民很相似，两者之间没有明显差异。

这项研究很重要，因为它是一次绝佳的自然实验，可以检验"外来移民对当地居民影响"这个重要命题。迈阿密之所以被移民选中，不是因为这里就业机会多，而是因为这里是离古巴最近的登陆点。偷渡绝对是突发的意外事件，迈阿密的工人和企业在短期内都没有机会对此做出反应。

所以，卡德的研究，从方法到结论，产生了巨大的影响。他第一次证明了简单的经济学经典模型无法直接适用于移民问题。

卡德的研究自然也引起了很多人的批评，其中最有名的一位是哈佛大学教授乔治·J. 鲍尔斯（George J. Borjas）。他是一位直言不讳、支持排斥低技能移民政策的右翼经济学家。鲍尔斯重新分析了"马列尔偷渡事件"的经过，选择了更多城市进行比较，尤其甄选出非西班牙裔的高中辍学男性进行研究，因为他们是我们最应该关心的底层群体。

鲍尔斯发现，在偷渡者抵达后，相比对照城市，迈阿密的工资水平急剧下降。所以，他认为卡德的结论站不住脚。但在这之后，也有经济学家进一步分析鲍尔斯的样本，当他们纳入西班牙裔高中辍学者和妇女的数据后，鲍尔斯的研究结果也被推翻了。此外，鲍尔斯选择的对比城市也有问题。其他经济学家选择在偷渡事件发生前与迈阿密拥有相似的工资和就业情况的城市做对比，发现两者的工资或就业变化并没有受到移民影响。

卡德与鲍尔斯还有很多回合的争论,至今仍然各执一词。受到他们的启发,许多学者开始寻找类似的场景。比如,有人研究1962年阿尔及利亚独立,并将拥有欧洲血统的阿尔及利亚人遣返回法国的情况。

这样的研究还有很多,而几乎所有研究表明,低技术移民通常不会损害本地人的工资和就业。这就是目前主流经济学界的认识。不敢说所有人都认同这一观点,但认同的学者占多数。

然而,在公共讨论中,这些研究结论显得过于复杂,不见得能压倒那些诉诸地域情感的论述。对此,经济学家确实负有一定责任,因为他们研究的速度太慢了。这些案例只是公共讨论中的普通命题,无数经济学家耗费了多年心血,也只是得到初步的结论。

目前有一个趋势,就是很多企业在招募职业经济学家,尝试把最新的经济学工具运用到企业实践中。受过专业训练的人,结合行业知识,可能会做出更准确的判断。

结　语

书斋内外的经济学家的工作方式有所不同。书斋外的经济学家想到的更多是实践问题,可操作,但不够全面;书斋内的经济学家可能会想得更深一点、更全面一些,却不大了解操作问题。

我一直认为,书斋内的经济学家很有必要走出书斋,去承担更多的社会责任,将自己的专业知识与分析工具运用到现实问题的解决中,帮助政策制定者制定真正有效的政策。而具体执行的人士,也有必要多听听书斋内学者的分析意见。

参考文献

[1] Card D. The Impact of the Mariel Boatlift on the Miami Labour Market[J]. Industrial and Labor Relations Review,1990,43(2): 245-257.

[2] Card D, Peri G. Immigration Economics by George J. Borjas: A Review Essay[J]. Journal of Economic Literature,2016,54(4): 1333-1349.

第06讲
经济学的边界在哪里

什么是经济学？如果说把1776年亚当·斯密出版《国富论》作为经济学正式诞生标志的话，经济学发展到今天也不过200多年。在最初的100多年里，经济学的名称还没有正式定下来。而在最近的100年里，经济学的名称算是固定下来了，但经济学的含义一直在变。

我希望大家可以接受一个最广泛的关于经济学的定义。英国经济学家莱昂内尔·罗宾斯（Lionel Robbins）说过，经济学是研究人类行为的一门科学，它主要处理目的与具有多种用途的稀缺手段之间的关系。简单来说，只要与人类行为有关的问题，都属于经济学的研究范畴。

你也许听说过"经济学帝国主义"这种说法，这是30多年前一些人形容芝加哥学派经济学家加里·S. 贝克尔（Gary S. Becker）

的研究方法，因为他把理性选择理论广泛运用到各个领域。在我看来，"经济学帝国主义"也有新旧之分。现在的经济学还是表现出帝国主义的特征，什么问题都涉及，但背后的理论已经不再完全是理性选择理论。与贝克尔的经济学有所不同，现在的经济学已经是一种"新帝国主义"了。

我们不妨先来看看经济学的边界在哪里。

经济学家如何看待生命的价值

生命的价值原本是经典的哲学命题，那么经济学家是如何看待生命的价值的呢？每个人的生命都是同等价值的吗？

我们在直觉上会认为，是的，人人生而平等。那么，我想问：一个濒死的老人与一个青年人的生命是同等价值的吗？一个身患残疾、卧病在床的人与一个身体健康的人的生命是同等价值的吗？一个重要科学家与一个文盲的生命是同等价值的吗？

大家可能都听说过哈佛大学哲学家迈克尔·J. 桑德尔（Michael J. Sandel）的"火车困境"。假设一个火车驾驶员在驾驶一辆火车，在火车运行过程中，突然发现前方铁轨上有5个不知情的人。这时候，如果他不改变轨道，就会把这5个人撞死。此时，他发现旁边岔路的铁轨上有1个不知情的人，如果他改变轨道，就会把这个人撞死。问题是：火车驾驶员应该维持轨道不变（撞死5个人），还是应该改变轨道（撞死1个人）？

这是一个很有趣的"思想游戏"，火车驾驶员的选择背后就暗含着对"生命价值"的判断。不过，在新冠疫情暴发的期间，我们面对的往往并不是"思想游戏"，而是实实在在的现实问题。疫情暴发得措手不及，很多国家、地区的医疗资源遭到挤兑。当一家医院只有3台呼吸机,却有10个等待救助的病人时,作为医生,你会去救谁?

意大利等很多欧洲国家的医生表示会优先抢救年轻人,而不是老年人,因为年轻人被抢救回来的概率更大。

当然,这些举措马上就引发了热烈的讨论。这也是一次难得的自然实验。不过,我想借此谈一下泰坦尼克号沉船事件。

沉船事件里的生与死

1912年4月15日,当时世界上体积最庞大、内部设施最豪华的客运轮船泰坦尼克号在大西洋沉没,总共2207名船员及乘客在船上,其中乘客1316人,船员891人,最终有1517人丧生。这是人类历史上最著名的海难之一,多次被翻拍成电影。现在,人们可以在加拿大圣约翰市启程的潜艇旅游项目中近距离观看这艘世界史上最有名的沉船。

经济学家一直对这艘船感兴趣,不是对那些浪漫爱情故事感兴趣,而是关心哪些人死去以及哪些人活了下来。

2011年,苏黎世大学的著名经济学家布鲁诺·S. 弗雷(Bruno S. Frey)与两位合作者发表了一篇论文,利用我们事后获得的泰坦尼克号幸存者名单来研究生与死的问题。他们把重点放在五个研究议题上。

第一个问题:在泰坦尼克号上,如果你是一个壮年男性,或者拥有更高的社会地位,这是否有助于提高你的生存率?

第二个问题:到底是有同伴的人更容易存活,还是单独旅行的人更容易存活?

第三个问题:根据惯例,船员应该优先让乘客逃生,级别最高的船长应该最后一个离开，乘客是否真的比船员有更高存活率？

第四个问题：普遍公认的社会规律是妇孺优先，泰坦尼克号是从英国南安普敦开出来的，英国乘客居多，那么这艘船上是否真的出现过电影里所展示的妇孺优先的骑士精神？

第五个问题：泰坦尼克号是一艘国际邮轮，各个国家的乘客都有，国籍是否会影响乘客的生存率呢？

这五个问题很重要，都是大家关心的问题。我们相信"行胜于言"。只有在真实场景的生死关头，最终表现出来的行为模式才是真正有意义的行为模式。

泰坦尼克号的幸存者

我们先来看看泰坦尼克号最后幸存者的数据。当时泰坦尼克号的总人数是2207人，最终死亡人数是1517人，死亡人数约占68.7%，幸存者人数约占31.3%，很多死者的信息已无法搞清楚，我们只能用可以找到的那部分幸存者数据来推断检验。

在船上所有人中，78%是男性，22%是女性。如果把船员排除出去只看乘客的话，那么35%是女性，但总体而言还是男性多于女性。在最后的幸存者里，女性幸存比例达到72%，男性幸存比例只有20%，两者差距很大，因此泰坦尼克号上发生了"女性优先"的事。

我们再来看与儿童有关的数据。船上带着儿童的女性不多，只占总人数的1.7%，而她们的幸存率竟然高达94.7%。相比没有带孩子的女性（幸存率是70%），两者有一定的差距。船上有5%左右的16岁以下的儿童，他们的幸存率是48%，而成年人的幸存率只有30%。所以，船上的人在逃难时的确遵循了"妇孺优先"的原则。

我们来看与经济水平有关的问题。头等舱、二等舱乘客的存活率明显较高，而三等舱乘客的存活率低于平均水平，这表明有钱人比较容易幸存。可能是因为穷人让富人先走，也可能是因为富人提前了解情况，还有可能是因为富人离救生艇更近。

在国籍方面，英国人、爱尔兰人的幸存率都和平均幸存率差不多，但美国人的幸存率特别高，可能是因为美国人买头等舱、二等舱的比例比较高。

这个研究结果和电影里反映的结果比较一致，令人感动。但弗雷等人会继续追问：这是不是一种普遍性的规律呢？

路西塔尼亚号的幸存者

弗雷等人的研究非常谨慎。他们知道，如果只用泰坦尼克这个案例，肯定有人会批评他们以偏概全。现在实证经济学家都喜欢寻找对照组，做虚拟的"对比实验"。于是，几位经济学家就找到1915年沉没的路西塔尼亚号。

弗雷等人将路西塔尼亚号的结果与泰坦尼克号做了一番对比研究。路西塔尼亚号上的船员加乘客有1959人，与泰坦尼克号差不多；路西塔尼亚号的幸存率是32%，与泰坦尼克号也很相似。但是，根据路西塔尼亚号最终幸存者的数据，我们有几个惊讶的发现。

第一，女性和儿童的幸存率显著低于成年男性的幸存率，男人并没有把机会让给妇孺。第二，三等舱乘客的幸存率反而高于头等舱和二等舱，唯一的解释就是三等舱都是劳动阶层，他们的身体更为强壮，所以逃生时的幸存率更高。第三，路西塔尼亚号上的船员幸存率要高于乘客，这意味着船员抢在乘客之前逃走了。

这些情况表明，路西塔尼亚号上的人是依据"丛林法则"来逃生的，力气最大、最强壮的人优先逃走。

弗雷等人总结了这两艘沉船的差异：泰坦尼克号沉没的时间比较长，有两个多小时，大家有一定的思考时间和选择时间，所以表现出一定的骑士精神，让妇孺先走；而路西塔尼亚号的沉没时间太短，大家凭借本能逃生。

"沉船时间"这种解释似乎很有说服力，但也有人推测：泰坦尼克号的船票比较贵，有钱人比较多，乘客的教育水平也比较高，所以更有骑士精神；而路西塔尼亚号上载的几乎是平民百姓，没有那么多"文化教条"。

另外，还有一种说法是"英国人独有的绅士风度"：泰坦尼克号上的英国人特别多，而路西塔尼亚号上都是美国人。更何况，弗雷等人的这篇论文只研究了两个案例。

扩大样本容量后的沉船研究

于是，两位瑞典的经济学家在2012年进一步研究了这个问题。他们花力气把样本扩大，搜集了1852—2011年世界各个海域发生的总共18场沉船灾难。在这18场海难里，载客总量多达1.5万人，涉及超过30个国家的乘客。这个研究就比较有说服力。

研究的基本结论是：在绝大多数情况下，男性比女性拥有更大的生存优势，成年男性活下来的机会更大。"妇孺优先"的情况发生的次数很少，泰坦尼克号上确实出现了这种情况，但这是一种人性奇迹。而路西塔尼亚号上的"丛林法则"是更为常见和更为普遍的情形。

两位作者通过对这些海难的研究，倒是对船员及船长的行为有了一些新发现。他们总结了所有数据，发现船员与船长的存活率要显著高于乘客。当然，船员会游泳，船员体能可能更好，这是事实。但显著的结果差异表明，在大多数海难中，船员和船长都抛弃了乘客优先逃走，这是他们幸存率高的根本原因。

他们又发现，船长的行为对所有人的逃难行为模式具有重大的影响。在所有出现骑士精神奇迹的案例中，船长都明确发出让妇女和儿童先走的指示。船长如果发出这个指示，就能让妇孺的幸存率提高30%。据一个后来幸存的船员回忆，泰坦尼克号船长爱德华·约翰·史密斯（Edward John Smith）曾明确下令让妇女和儿童先走，还下令船员对那些抢先登上救生艇的男子开枪。正是史密斯船长的严厉命令，才促使产生泰坦尼克号上的人性奇迹。

研究表明，虽然海难极为惨烈，对当时的社会造成巨大的震撼，但在灾后，罹难家属被社会迅速遗忘，很少真正得到了有效的社会救济。

沉船还会引致很多其他社会问题。比如泰坦尼克号的幸存者中有六位华人与一位日籍乘客，这些华人都是船上的锅炉工，非常侥幸地遇到了救生艇。他们获救以后，因为美国正在推行"排华法案"而不能进入美国，后来又去了古巴，最后不知所终。有很多人关心此事，中国社科院文学所的程巍老师写过一本书，叫《泰坦尼克号上的"中国佬"：种族主义想象力》。

考古学家可以从沉船里看到瓷器的历史、茶叶的历史、国际贸易的历史，而经济学家从沉船里看到了人性的选择，总结出"人性卑劣"的普遍特征。泰坦尼克号的史密斯船长保护妇孺的选择，只是很偶然的人性光辉。

结　语

在一般读者看来，"沉船"似乎并不属于经济学应该关心的范畴，但是经济学把边界拓展到这里，用统计的方法加深了我们对于人性的理解。我们说了这么久沉船的例子，并非只是想得出"人性卑劣"的结论，而是想说明经济学方法的灵活性和普适性。正是因为这些有趣实用的研究方法，被各个学科广泛运用到各种问题的研究中，才帮助我们更好、更全面地认识世界。

▍参考文献

[1] Frey B S, Savage D A, Torgler B. Who Perished on the Titanic? The Importance of Social Norms[J]. Rationality & Society, 2011, 23(1): 35-49.

[2] Elinder M, Erixson O. Gender, Social Norms, and Survival in Maritime Disasters[J]. Proceedings of the National Academy of Sciences, 2012, 109(33), 13220-13224.

第07讲
竟然有人对诺贝尔经济学奖不感兴趣

诺贝尔经济学奖是表彰对经济学做出突出贡献的经济学家的，自1969年开始颁发，到现在有50多年的历史了。通过回顾这些重要经济学家的工作，我们可以对过去几十年经济学的发展历程有一个初步的了解。

需要指出，诺贝尔经济学奖并不是根据诺贝尔遗嘱设立的。1895年，瑞典炸药大王诺贝尔希望挑选五个颁奖领域，奖励那些"给人类带来重大利益"的个人。1901年，诺贝尔物理学奖、诺贝尔化学奖、诺贝尔和平奖、诺贝尔生理学或医学奖和诺贝尔文学奖成立，每年评选一次。诺贝尔奖委员会一般在每年秋天陆续公布得奖名单，12月10日，在瑞典和挪威分别举行隆重的颁发仪式，国王会出席并颁奖，获奖者也会发表精心准备的获奖致辞。诺贝尔的遗嘱里没有涉及经济学领域。据说，一般均衡理论发明者瓦尔拉斯在晚年曾被提名诺贝尔和平奖，这和丘吉尔获得诺贝尔文学奖一样，只是一个意外。

1968年，瑞典国家银行在成立300年之际，捐出大额资金给诺贝尔基金，增设诺贝尔经济学奖。该奖项于1969年开始颁发，比其他奖的设立晚了近70年。现在诺贝尔经济学奖已经融入诺贝尔奖的整体体系，颁发的流程以及奖金金额都与其他诺贝尔奖一致。目前每个诺贝尔奖的奖金是900万克朗（约人民币740万元）。如果几个人共同获奖，那么奖金平分。虽然这些钱不算少，但与它所象征的荣誉相比，实在算不上什么。

对于这个奖项，经济学界内部和外部都会有一些争议，甚至连1974年的诺贝尔经济学奖得主哈耶克都说过，如果当年事先征询他的意见，他会建议不要设这个奖。但是，我们必须看到，绝大多数经济学家都承认这个奖项的权威性和科学性。诺贝尔经济学奖不是十全十美，不是毫无争议，但它的确表彰了经济学界内部普遍认可的做出最了不起贡献的学者，具有相当高的权威性。诺贝尔经济学奖在经济学圈内的争议，恐怕比诺贝尔文学奖和诺贝尔和平奖的争议要小得多。

诺贝尔经济学奖的获得者名单上，包含了大量我们熟悉的名字，如萨缪尔森、哈耶克、希克斯、阿罗、弗里德曼、托宾、索洛、贝克尔、科斯、纳什、卢卡斯、阿马蒂亚·森等，这些学者的研究构成了当下的主流经济学。当然，诺贝尔经济学奖也遗漏了不少人，例如罗宾逊夫人。早期诺贝尔经济学奖有一定的意识形态偏见，随着近年来意识形态对抗的减弱，这份名单已不再敏感。

但是，人们对诺贝尔经济学奖的批评声仍然不绝于耳。第一，诺贝尔经济学奖一般奖励学者过去的成就。为了保险起见，诺贝尔经济学奖委员会一般会表彰学者几十年前的贡献,这样才能有效判断这些工作对当下研究的意义,但是这无助于判断当下研究对于未来的意义。所以,很多学者对诺贝尔经济学奖兴趣不大。

第二,诺贝尔经济学奖希望寻求在思想上有突破的学术贡献,但是学界对思想突破并没有多少共识。所以,诺贝尔经济学奖逐渐变得趋向于表彰那些在重要学术期刊发表大量论文的学者,把自己的评价标准转移给学术期刊,这样也减少了诺贝尔经济学奖本身的吸引力。

第三,诺贝尔经济学奖主要表彰在美国工作的经济学家。美国的经济学家数量在20世纪60年代就已超过英国。几十年来,美国毫无疑问是世界经济学中心,美国的经济学期刊也成为世界最高水平的经济学期刊,全世界的经济学趋于美国化了。大多数诺贝尔经济学奖颁发给在美国工作的经济学家,也算是与这个趋势相一致。

下面我来具体介绍几位经济学家,重点讨论萨缪尔森、弗里德曼以及哈耶克。

萨缪尔森

现在的很多年轻人可能没听说过萨缪尔森的名字,可在二三十年前,这个名字可谓无人不知。我的老师最初就是通过萨缪尔森和诺德豪斯的《经济学》教材开始学习经济学的。这本教科书从20世纪50年代火到21世纪,更新过19版,这绝对是前无古人的成绩。

萨缪尔森出生于美国印第安纳的一个波兰犹太裔移民家庭,1935年毕业于芝加哥大学,随后获得哈佛大学的硕士学位和博士学位,并一直在麻省理工学院任经济学教授,是麻省理工学院研究生部的创始人。他发展了数理经济学和动态经济理论,将经济学的科学程度提高到新的水平，也是凯恩斯主义的集大成者。他所研究的内容十分广泛，涉及经济学的各个领域，是当今世界罕见的通才型学者。

1936年，萨缪尔森获得了硕士学位，也读到了凯恩斯的《就业、利息和货币通论》，很快就成为凯恩斯主义的信徒。凯恩斯主义是从1929年4月的美国华尔街股票暴跌开始到1933年基本停止这一遍及资本主义世界的经济危机的历史背景下产生的。因此，萨缪尔森决定从当时社会上亟待解决的难题（投资与就业）入手来研究凯恩斯主义。他很快成为凯恩斯主义在美国的主要代表人物，其影响力甚至超过了他的老师阿尔文·H. 汉森。

1940年，萨缪尔森受聘到麻省理工学院任教。1947年，萨缪尔森为纪念凯恩斯逝世一周年出版了《经济分析基础》（*Foundation of Economics Analysis*）。萨缪尔森完全以物理和数学的方法来分析经济系统，所以这本书被认为是具有划时代意义的数理经济学著作。萨缪尔森认为，各种不同理论的主要特征之间的相似性的存在，意味着一般理论的存在。一般理论是各种特殊理论的基础，并且将各种特殊理论的主要特征统一起来。《经济分析基础》的目的就在于详细论述这种一般化原理对理论经济学和应用经济学的意义。

1948年，萨缪尔森和诺德豪斯合著出版了教科书《经济学》。这本书一出版就脱销。许多国家的出版商不惜重金抢购它的出版权，它很快被翻译成日、德、意、匈、葡、俄等多种文字。萨缪尔森曾说："假如我能够为这个国家写作经济学教科书的话，我才不关心是谁起草一个国家的法律。"这成为他的一个为人所熟知的口号，也成为他辉煌人生中的一个注脚。

《经济学》教科书综合了新古典经济学和凯恩斯主义，形成了完整的微观经济学和宏观经济学体系，真正体现出萨缪尔森所追求的"新古典综合"特征。我们今天仍然必须从微观经济学和宏观经济学两个方面来学习经济学，这就是萨缪尔森留下的遗产。萨缪尔森一生中发表了不计其数的学术论文，涉及微观经济学、宏观经济学、金融学、国际贸易等各个领域，经济学各个领域几乎都有"萨缪尔森定理"。

1970年，早年出版的《经济分析基础》帮助萨缪尔森赢得诺贝尔经济学奖，他也是获得诺贝尔经济学奖的第一个美国人。评奖委员会说："在提升经济学家理论的科学分析水平上，萨缪尔森的贡献要超过当代其他任何一位经济学家，他事实上以简单语言重写了经济学理论的相当部分。"

萨缪尔森既是现代经济学的奠基者，也是第二次世界大战以后最重要的凯恩斯主义者，他在政策上主张国家对经济积极干预，多利用财政政策，等等。我们再来看一个学术观点与萨缪尔森截然对立的学者，即自由主义者弗里德曼。

弗里德曼

弗里德曼曾被誉为20世纪最伟大的辩论家、学者和巨人，在经济学界内部和外部都享有极高的声誉。弗里德曼从1946年开始在芝加哥大学任教，任教31年后退休。他与施蒂格勒、贝克尔被誉为芝加哥大学经济系的三巨头。在弗里德曼的不懈努力下，芝加哥大学经济系成为世界上最出名的经济系，并形成了所谓"芝加哥学派"这样的经济学学术传统。

弗里德曼一直是一个自由主义者，主张经济放任，反对国家干预,并且从学理上对凯恩斯主义展开激烈批评。早期,凯恩斯主义风靡美国,弗里德曼的自由主义立场显得偏激和异端。但是到了20世纪70年代,经济形势发生变化,学界开始重视弗里德曼的研究成果。他的影响力在学界不断扩大,并且透过公共媒体对大众产生影响,最终使得自由主义重新回归经济研究的主流位置。

弗里德曼与萨缪尔森一样高产,但是他并不像萨缪尔森那样涉猎各种不同主题,而是反复宣扬他的核心观点:货币是重要的,自由是重要的。他坚持认为,中央银行管理货币不当时,就有可能对宏观经济造成极大的负面影响。

弗里德曼的研究生涯大致可以分为三个阶段,每一阶段都有精彩表现。

第一阶段是20世纪40年代到20世纪50年代中期,他的研究主要集中在统计学和消费函数领域。他在这个时期最出名的研究有两项:一项是1957年出版的《消费函数理论》(*A Theory of the Consumption Function*),对凯恩斯的边际消费倾向理论提出了挑战;另一项是1953年发表的论文《实证经济学方法论》(*The Methodology of Positive Economics*),讨论了实证主义的研究方法。

第二阶段是20世纪60年代到20世纪70年代中期,这也是弗里德曼最有创造力的时期。他与安娜·J.施瓦茨(Anna J. Schwartz)一起研究美国历史上每一次经济周期中的货币因素,耗费十多年的时间,完成了《美国货币史:1867—1960》(*A Monetary History of the United States, 1867—1960*)。这是货币史研究的丰碑,对所有重大的货币制度变化都进行了深入且一致的分析,并且对历史数据进行了实证分析。在这个过程中,弗里德曼发表了大量货币理论经典论文,将宏观经济学带入货币主义时期。弗里德曼在讨论美国大萧条时,对凯恩斯的解释进行了批评。他认为凯恩斯主张的大量无效投资以及对经济失去信心导致大规模市场失灵的观点是错误的。大萧条的根本原因是,美联储在那个时期错误地采用了紧缩性货币政策,从而加速而非缓解了经济衰退,把普通的经济衰退转变成了大萧条。

1976年,弗里德曼获得了诺贝尔经济学奖,从此进入人生的另一个阶段,转变成一名有影响力的公共知识分子。他在电视、广播等各种媒体上,用各种手段传播自由主义的理念,维护自己的货币主义理论。这一时期,他最有代表性的著作当属《资本主义与自由》(*Capitalism and Freedom*)。弗里德曼后期的这些著作,不仅在美国广为人知,也传播到很多国家,甚至对很多国家的经济体制改革起到了巨大作用。

弗里德曼于1953年发表的《实证经济学方法论》论文是芝加哥学派方法论的宣言。在很长一段时间,实证经济学方法论都是新古典经济学所承认的主流方法论。这套方法论的影响很大,但也存在一些问题,给经济学招来众多批评。

弗里德曼承认:"我认为不存在所谓的纯粹理论,只存在针对不同问题或不同研究目的的理论。我们基于固定或变动的实际利率来分别分析名义收入或实际收入的波动,并没有任何错误或者说前后不一致。一种理论可能最适合于某一研究目的,而另一种理论可能适合于别的研究目的。由此,我们的理论虽然丧失了一般性,却收获了简洁和精确。"

弗里德曼认为,追求经济学理论假设一致性是没有必要的。为了实现简洁和精确这个富有美学特征的理论目标,经济学应当考虑的问题不再是某种理论"假设"本身是否精确地刻画了"客观现实",这是永远不可能也不必要的。经济学应当注意的是,就我们现有的研究目的而言,这些假设是不是对现实有足够近似。

哈耶克

哈耶克与弗里德曼一样主张自由主义,反对政府干预,但是哈耶克利用完全不同的方法得到了相似的结论。哈耶克于1899年出生在维也纳,先后在英国伦敦政治经济学院和美国芝加哥大学任教,是所谓奥地利学派的代表人物,于1974年获得诺贝尔经济学奖,也是公认的20世纪最有影响力的思想家之一。

现在的主流经济学家很少讨论哈耶克。如果不是他获得过诺贝尔经济学奖,恐怕很多人都不愿意承认他是经济学家。这种说法也没错,哈耶克早年确实研究过货币理论、商业周期等,也与凯恩斯有过著名的争论,但是第二次世界大战以后,哈耶克的兴趣完全转向政治哲学和道德哲学。他后期的力作如《自由宪章》(*The Constitution of Liberty*)、《法律、立法与自由》(*Law, Legislation and Liberty*)等,很难再归入经济学。

不过,哈耶克的思想,不管是早期经济学研究,还是后期政治哲学研究,都对经济学产生了深远的影响。1945年,哈耶克在《美国经济评论》杂志上发表了一篇《知识在社会中的运用》(*The Use of Knowledge in Society*)的论文。哈耶克提出,我们的行为决策自然要依据个人所掌握的知识。但知识总是分立的。你掌握一部分知识,我掌握一部分知识,我们掌握的知识有重叠部分,也有完全不同的部分。而且,知识中有相当部分是"默会知识",只可意会,不可言传。所以,每个人总是拥有大量别人所不掌握的知识。

市场是处理这些分立知识的最好的机制,它提供一个平台,让每个人根据自己的知识做决策,商品价格则是协调知识的最重要指标。市场一旦停止运作,不仅会失去准确的价格,还会失去处理分散知识的最优机制,这会对整个社会造成巨大的影响。

哈耶克的这套知识论极为精彩,他就是在这套知识论基础上建立了他的自由主义理论,并在后期拓展成为他的政治哲学理论。但是,经济学家一直不知道如何借鉴和利用他的知识理论。我们似乎没有办法准确描绘或者测量知识,甚至哈耶克的知识论本身就反对测量。所以,哈耶克与奥地利学派在经济学中就逐渐变得边缘了。

■ 参考文献

[1] 保罗·萨缪尔森,威廉·诺德豪斯. 经济学:第19版:教材版[M]. 萧琛,主译. 北京:商务印书馆,2013.

[2] Friedman M. The Methodology of Positive Economics[M]. In:Friedman M, editor. Essays in Positive Economic. Chicago:University of Chicago Press,1953:3–43.

[3] Hayek F. The Use of Knowledge in Society[J]. The American Economic Review,1945,35(4):519–530.

第 08 讲
为什么这些人也能获得诺贝尔经济学奖

有几位经济学家在20世纪90年代获得了诺贝尔经济学奖,但他们的很多研究是在20世纪五六十年代进行的。他们当年的工作直接影响了经济学的发展方向,对于当下的经济学仍然至关重要。

纳什的博弈论

对于约翰·福布斯·纳什(John Forbes Nash),我们可以这样评价:没有纳什,就没有博弈论;而没有博弈论,今天的经济学就绝不是这副面貌。饮水思源,我们对经济学的讨论是绝对绕不开纳什的。有一部关于纳什经历的精彩传记,叫《美丽心灵:纳什传》(A Beautiful Mind, Genius, Schizophrenia and Recovery in the Life of a Nobel Laureate)——后来被改编成了电影,还获得了奥斯卡奖。这本书记录了纳什一生的经历。改编的电影虽然很精彩，但是对纳什经历的描述不完全准确，有兴趣的朋友可以去读书。

20世纪40年代，美国正和日本打得不可开交。美籍匈牙利裔的天才数学家约翰·冯·诺依曼（John von Neumann）开始把精力转向应用数学，研究诸如导弹弹道、气象预测、密码破解、计算机等问题。冯·诺依曼在研究这些问题的间歇，也开始琢磨战争中各方实际可能的策略选择。1944年，冯·诺依曼与经济学家奥斯卡·摩根斯坦（Oskar Morgenstern）合作出版了一本书，即《博弈论与经济行为》（*Theory of Game and Economic Behavior*）。他敏锐地将策略行为的局面抽象出来，称之为"博弈"（game）。

两个人下棋，这是博弈；两个人谈生意，这也是博弈。在我们的日常生活中，人与人之间的大量互动行为都可以用"博弈"来表示。冯·诺依曼发现，在两个人的零和博弈中，博弈中的任何一方，如果对每种可能的博弈策略都考虑可能遭到的最大损失，从而选择"最大损失"中损失最小的一种策略，那就是最优策略。从统计学的角度来看，这种策略是全局最优的。冯·诺依曼的这个发现被称作"最小最大定理"，也是当代博弈论的出发点。

不过，冯·诺依曼只解决了两个人零和博弈的问题，就是"你得就是我失，你失就是我得"。如果参与博弈的不止两个人，博弈就不是简单的零和博弈。

对此，冯·诺依曼的解决方案是，假定多方会互相结盟，最终就把局势简化成两个人的零和博弈。但是，这里又存在一些困难：当你作为群体的一部分与对方群体博弈时，你既要考虑对方群体的策略，又要考虑与己方队员的协调。两者会相互影响，未必能找到最优策略。

就是在这样的背景下，纳什进入了"博弈论"这个新领域。纳什在读本科时写了一篇论文，其中就涉及后来被称为"合作博弈"或者"纳什讨价还价博弈"的基本思想。合作博弈与非合作博弈现在是博弈论的两大分支，纳什在这两方面都做出了奠基性的贡献。

举个例子，"讨价还价"显然不是零和博弈。讨价还价的双方有着共同目标，就是达成协议，这是"双赢"的结果，双方需要"讨价还价"的是利益分配问题。如果双方没法达成协议，那就是"双输"。"讨价还价"是个很重要又很难的领域，目前仍在发展之中。

1948年，纳什来到博弈论的研究重镇普林斯顿大学，开始思考一个问题：如果玩家之间不存在联盟或者合作，每个玩家都绝对自私，追求最大化自身利益，那么是否存在一种策略能使博弈达到稳定状态，此时每个玩家都已选择了最优策略呢？

两年后，纳什提交的博士论文就主要讨论了这个问题。纳什提出了一个新的均衡概念，这个概念后来被称作"纳什均衡"。

冯·诺依曼意识到，纳什的这一发现会把博弈论引向另一个方向，也就是"非合作博弈"。1951年，纳什的这篇《非合作博弈》（Non-Cooperative Games）论文发表，同时，他在普林斯顿的老师阿尔伯特·W. 塔克（Albert W. Tucker）提出了一个"囚徒困境"案例。这个案例成为描述博弈论和纳什均衡的最佳示例，被无数报刊转载。

对于"囚徒困境"，大家可能已经很熟悉了，我简单介绍一下。

有两个共谋的囚徒被关入监狱，分开关押，不能互相沟通。审讯时，这两个囚徒会面临三种情况：第一种情况，如果两个人互相揭发，那么两个人都会被判刑8年；第二种情况，如果其中一人揭发，而另一人沉默，揭发者就会因为立功而立即获释，沉默者则会因拒不配合而被判刑10年；第三种情况，如果两个人都不揭发对方，那么两个人都被判刑1年。如果你是其中一名囚徒，那么你会选择揭发对方还是保持沉默？

对于囚徒来说，他深知最优解就是两个人都保持沉默、互不揭发，这样两个人都只会坐牢一年。但是，由于囚徒是分开关押的，他们不能互相沟通情况，所以无法确定对方会不会同样保持沉默。正是由于囚徒之间相互不信任，他们会倾向于互相揭发，而不是同时沉默。这个结果就是"纳什均衡"。

纳什的这个发现非常重要，后来的经济学基本就是沿着纳什均衡的思想发展下去的。现在几乎所有经济学家都承认，纳什均衡是经济学基础的基础。

1994年，纳什获得了诺贝尔经济学奖。其实，他早就应该获奖，但评奖委员会要确保纳什精神清醒，并且能够对获奖致辞。因为在早年提出了"纳什均衡"后，纳什很快就陷入了精神分裂的疾病中，无法继续工作，直接到20世纪90年代才逐渐恢复。获奖后，纳什继续在普林斯顿大学工作，并且与照顾他多年的前妻复婚。2015年，纳什夫妇遭遇车祸，双双遇难。

科斯与科斯定理

芝加哥大学法学院的教授罗纳德·H.科斯（Ronald H. Coase）是一个非常谨慎的学者，一辈子写作极少，最终能被大家记住的只剩两篇论文。但是，这两篇论文分别开创了一个领域，并让他获得了1991年的诺贝尔经济学奖。

第一篇论文是科斯25岁读大学时写的,叫作《企业的性质》(The Nature of the Firm)。科斯在文中提问:为什么会有企业?为什么企业的规模是有限的?比如,我们看到阿里、腾讯这些大企业在成长的过程中并购了无数企业,那么它们为什么不合并成一家超级大企业呢?这样,我们的生活只需要一家企业就够了。

我们以后再来讨论这些问题。本文主要想谈的,是科斯于1960年发表的另一篇著名论文《社会成本问题》(The Problem of Social Cost)。科斯在这篇文章里通过一些案例归纳出一个重要的分析方法,后人把科斯的这套观点称为"科斯定理"。

早期,火车都是要烧煤的。但是,烧煤常常会溅出火星,引燃铁轨两侧的农田,造成很大的危害。为了防止火灾,农民和铁路部门双方都能采取一些预防措施,以减少火灾可能带来的损失。比如,农民可以不在铁轨两侧种植或堆积农作物,把土地空出来,但这样做会浪费土地;铁路部门也可以加装一些装置,防止火星溅出,或者干脆减少火车通行次数,但这样做需要费用或减少收益。

初看起来,这是一个典型的法律问题,政府可以通过立法来解决,比如制定禁令(禁令是各种财产法中制止妨害行为发生的经典手段)。假如农民有权利,他们就可以要求铁路部门加装装置,保证不溅出火星,再允许铁路通车,火星就不会引起火灾损失。反过来,假如铁路部门拥有营运权利,想开就开,火灾似乎就难以避免。

在科斯看来,问题的关键绝不是权利的最初分配。设想一下:假如农民有权利禁止铁路部门运营,铁路部门就可以想办法向农民购买这种权利。具体就是,铁路部门支付一大笔钱给农民,以换取具有法律约束力的承诺,农民就不会禁止铁路运营。反过来,如果铁路部门有权利，即使引发火灾也不会受到惩罚，那么农民可以想办法向铁路部门购买这种权利。具体就是，农民支付一笔钱给铁路部门，以换取具有法律约束力的承诺（农民自己出钱来帮铁路部门加装装置）。

不管谁拥有这种权利，最终的结果都是有效率的，双方会愉快地达成一致意见，避免火星引发火灾。而法官在这里的工作，就是要判断哪一方拥有这种权利。

科斯指出，这里的关键是双方交涉的成本，也就是达成有效经济协议的成本。科斯把这个成本称为"交易费用"。如果交易费用极低，那么法官不用判决如何来实施经济活动，他只需要判决谁来付钱就可以。如果交易费用为零，整个问题就很容易解决。科斯在这一点上很坦率："当然，这是一个十分不切实际的假设。"

科斯的这个发现非常重要。有了科斯定理这个参照系，法学就可以运用个人理性的方法，对法律安排的社会价值做出准确的评估。在现实中，交易费用不太可能为零，但我们至少有了目标。只要努力减少交易费用，我们就有机会提升最终的效率。因此，科斯定理引发了一个经济学研究领域的崛起，这个领域叫"新制度经济学"。

阿马蒂亚·森的不可能定理

孟加拉裔学者阿马蒂亚·森（Amartya Sen）是剑桥大学三一学院的院长，于1998年获得诺贝尔经济学奖。

阿马蒂亚·森的研究非常非常广泛，涉及经济学的多个领域。我们重点讨论一下他在1970年发表的一篇论文《帕累托自由的不可能性》（The Impossibility of a Paretian Liberal）。在这篇文章里，阿马蒂亚·森通过一个简单案例，精彩地阐释了"自由"与"福利改进"在逻辑上不能两全的结果。

对一个社会来说，保障每个人的基本自由是政府的一项职责。比如，你想把家里的墙壁涂成粉红色，而这又不会对社会上的其他人造成任何影响，政府就应该同意让你把家里墙壁涂成粉红色。

帕累托改进原则是政府的另一个重要目标。帕累托是一个经济学家的名字，他最早提出这个概念。比如，一种商品在A这里没有任何用处，还占用地方造成不便，而B正好可以有效利用这种商品，政府就应该把商品分配给B，这对双方的福利都是一种改进。如果这个社会的资源分配结果已经是最优了，它就不应该存在任何帕累托改进的可能性，这种情况被称为"帕累托最优"。

现在的故事是这样的：社会上出现了一本道德伦理上值得商榷的小说，阿马蒂亚·森举的例子是《查泰莱夫人的情人》（*Lady Chatterley's Lover*）。尽管多数人没有读过这本书，但大家对它的内容有所耳闻。现在，社会上有两个人，我们就称之为甲和乙。甲是道学先生，比较保守，痛恨社会风气不端，把这种诲淫诲盗的书看作洪水猛兽；乙是秉持现代思想的年轻人，追求思想解放，认为最好全社会都可以无限制地讨论这个问题。

在甲看来，政府需要明确宣布《查泰莱夫人的情人》是禁书，谁都不许看。如果政府做不到就退一步，允许甲看而不允许乙看，因为甲年纪大，即使接触有害书籍也没什么大碍。而最糟糕的情况是让乙看而不让甲看，因为乙是年轻人，容易受毒害，这样会进一步败坏社会的风气。

乙的想法则正好相反。乙觉得每个人都要看这本书，而且最好是甲看乙不看。因为乙的思想足够开明，所以自己看不看都不影响。如果不行就退一步，乙看甲不看，虽然甲不能看，但乙自己看也是好的。最差的结果就是，政府宣布这是禁书，这样大家都没法看。

现在，政府分别来征求两个人对这本书的意见，然后决定最后阅读权利的分配。甲说，我不要看，看了对我没有任何好处。乙说自己要看。政府综合两个人的意见，安排"乙看甲不看"。

这个选择尊重了两个人的个人意见，而且互不干涉，应该是皆大欢喜。但是，这个结果正好违反了前面所说的"帕累托改进"原则。如果政府调整一下，安排"甲看乙不看"，那么无论对甲还是对乙而言，都比"乙看甲不看"更好。甲会觉得"甲看乙不看"会减少对社会的危害，乙会觉得"甲看乙不看"教育了道学先生，双方各有收获。而像现在的"乙看甲不看"，大家都不满意，这是一个比较糟糕的结果。

之所以出现这个结果，就是因为政府在征求双方意见之后，为了保障最低程度自由而做出的决策，却与帕累托改进原则发生了冲突。也就是说，我们保障了自由，就不能达到帕累托最优的有效分配，自由与效率在根本上发生了冲突。阿马蒂亚·森把它称为自由与效率不能两全的"不可能定理"。

阿马蒂亚·森的这个结论一提出，就在学界引起了轩然大波。帕累托改进是经济学的基本标准，所有经济学家开展研究的终极目标，就是要追求帕累托最优。而个人自由是西方社会千百年来的传统价值观，这个根基是绝对不允许动摇的。现在，阿马蒂亚·森发现了"不可能定理"，自由与效率竟然相悖，遵循自由就没有效率，追求效率就必须违背自由，那么众多社会理论和政治科学学者千百年来不懈追求的目标，就只是镜花水月吗？

这个问题非常值得我们反思。当然，很多学者，包括阿马蒂亚·森本人都没有止步于此，他们围绕自由和效率的约束条件展开讨论，研究附加何种条件后，"不可能定理"就能转化成为"可能定理"。从这个意义上说，阿马蒂亚·森的"不可能定理"成了当代经济学和政治科学中的重要里程碑。

参考文献

[1] Nash J. Two-person Cooperative Games[J]. Econometrica, 1951(21): 128-40.

[2] Coase R H. The Problem of Social Cost[J]. Journal of Law and Economics, 1960(3): 1-44.

[3] Sen A. The Impossibility of a Paretian Liberal[J]. The Journal of Political Economy, 1970, 78(1): 152-157.

第09讲
诺贝尔经济学奖得主在研究什么

最近20年诺贝尔经济学奖可以说令人眼花缭乱，涉及太多重要的学者。这次我单独挑出乔治·A.阿克洛夫、保罗·R.克鲁格曼（Paul R. Krugman）和理查德·塞勒（Richard Thaler）三位学者，并不意味着他们比其他人重要，只是我觉得他们的个性都很有趣，值得讨论。

阿克洛夫：柠檬市场与身份认同

最近学界流传着一篇批评主流经济学的"檄文"，这篇文章批评现在主流经济学太注重"硬"这个特征，而忽略了"重要性"这个特征，这对经济学的发展不利。而这篇文章的作者就是加州大学伯克利分校的阿克洛夫教授。

要知道，如果一般人说这种挑战整个学界的话，那么可能没什么说服力。但是，阿克洛夫表态了，学界就必须慎重对待了。因为50多年前，经济学界就流传着一篇非常"另类"的论文，就是阿克洛夫写的《柠檬市场：质量的不确定性和市场机制》（The Market for Lemons：Quality Uncertainty and the Market Mechanism）。

这篇论文绝对是经济学历史上最有影响的论文之一。阿克洛夫当年写完这篇论文，曾先后向三家权威的经济学刊物投稿，但这篇论文被认为"非常肤浅"而被拒稿。几经周折，最终这篇论文被哈佛大学的《经济学季刊》发表，立即在学术界引起了巨大反响。这篇论文开创了"信息经济学"这个全新领域，也帮助阿克洛夫在2001年获得了诺贝尔经济学奖。

在《柠檬市场：质量的不确定性和市场机制》里，"柠檬"其实是一个美国俗语，指残次品、二等品，"柠檬市场"是指二手市场。阿克洛夫主要以"二手车市场"为例，展开他的分析。

我们都知道，二手车是一种非常复杂的商品，一辆车开了多久，到底好不好开，有什么毛病，只有卖家自己清楚，而买家在短时间内很难查清楚。

当卖家把车放在市场里卖的时候，他绝不会把车的所有毛病都告诉买家，因为那会影响二手车的售价。

可买家也不傻，他看到市面上有十辆看起来差不多的二手车，质量最差的只值1000美元，质量最好的可以值1万美元。但买家深知二手车"贵不代表好"——究竟是好是坏只有卖家知道，谁知道卖家会不会以次充好呢？所以，在买家看来，所有车都是一样的，他只愿意出平均价格（比如5000美元）或者更低的价格来买车。这对买家来说是最理性的方案。

可是，对于卖家而言，他知道自己的车是好车，价值1万美元，所以他肯定不愿意接受平均价格贱卖。但是，买家不相信车是好车，只愿意出平均价格。这样一来，质量好的车就纷纷离开这个市场了。

现在，市场里就只剩下质量等于或者低于平均水平的二手车了。买家明白这一点，一定会进一步压低价格。这样一来，相对质量好一点的卖家又要离开市场了。这样几次循环下来，质量好一点的二手车卖家都陆续离开市场，最终，市场就只剩下质量差的二手车，二手车市场也就没法存在了。

由于二手车存在买卖双方的信息不对称，于是就发生了这种"劣币驱逐良币"的悲惨状况，最终导致市场崩溃。

阿克洛夫从"买卖二手车"这样一个日常生活中的普通事件里，归纳出了"信息不对称"这个重要特征。而且，阿克洛夫精力旺盛，还在不断开拓经济学的新领域。最近几年，他还有另一项引人瞩目的研究，那就是有关社会身份认同的研究。

我们知道，一个人每天都要扮演很多种角色，在家里是父亲，在公司是雇员，在路上是行人，在商场是顾客……一个心智健康的人，对自己每个场景下所扮演的角色、应表现出的行为规范和外界的评价标准等都很清楚，不会发生错乱。

但是，不同的身份认同对人的影响力不同。比如，人们在公共汽车上对车上其他乘客的信任水平，就一定会显著低于人们在公司里对同事的信任水平。因为我们和其他乘客同车的时间很短，几乎没有可能再次相遇，而同事关系要保持很久，同事之间的联系也多得多。所以，我们很少因为自己每天坐哪辆车、哪班地铁而对彼此产生认同，进而影响我们的行为，但是，对于我们在哪个公司上班就不一样，这个影响要大得多。

传统上，经济学是研究个人效用最大化的理论。但阿克洛夫指出，随着研究的深入，经济学家已经普遍承认"身份认同"会直接影响个人效用。以抽烟为例，大量研究表明抽烟行为在人群中的分布很不均衡。

为什么呢？因为在一个普遍抽烟的群体中，比如工厂车间，"抽烟"这种外显的行为演变成了一种社会规范。凡是认同这个社会身份的人，就应该遵循规范，也就是"应该抽烟"。如果你坚持不抽烟，你就会感受到有形无形的"群体压力"，甚至被群体排斥。路内的小说《少年巴比伦》（*Young Babylon*）就有这类描写。

阿克洛夫试图用学术的方法把这种心理感受表现出来，并加以分析。阿克洛夫说："身份认同研究就像社会科学中的罗塞塔石碑一样，经济学、社会学、政治学者都在用不同的方法做研究。"

这个比喻很有意思，要知道很多年前，罗塞塔石碑很偶然地把多种语言汇聚在一起，而很多年后，罗塞塔石碑又变成了我们理解多种语言的钥匙。阿克洛夫觉得，现在方兴未艾的身份认同理论，也有这样的潜质。

克鲁格曼：新贸易理论与经济地理学

克鲁格曼是一个我很喜欢又充满争议的学者，经济学界对他的看法存在很大的分歧。

克鲁格曼是个典型的美国大城市的孩子，他的童年几乎没有值得一提的经历。所以，他一直很羡慕那些在七八个国家生活过、会五六种外语、曾探险亚马孙丛林、游历过撒哈拉沙漠的人。克鲁格曼只能躲在屋子里读艾萨克·阿西莫夫（Isaac Asimov）的科幻小说，进行精神上的旅行，所以后来变成一个科幻迷。克鲁格曼还写过一篇具有科幻主题意味的学术论文《星际贸易理论》（The Theory of Interstellar Trade），并将其发表在了严肃的经济学期刊上。

克鲁格曼在麻省理工学院读博士期间就崭露头角，深受萨缪尔森、索洛等教授的赏识，大家都对他寄予厚望。1983年，埃尔赫南·赫尔普曼（Elhanan Helpman）访问麻省理工学院，他与克鲁格曼一见如故、一拍即合，两个人便开始合作研究"新贸易理论"。随后，另一个年轻人G. M. 格罗斯曼（G. M. Grossman）也加入了他们的研究队伍。他们合作撰写了大量重要论文，将克鲁格曼思考的"新贸易理论"体系完整树立了起来。

他们开始讨论根本问题：自由贸易和全球化被何种力量驱使？又被何种力量限制？亚当·斯密与李嘉图早已论述过，自由的国际贸易可以促进效率和社会福利，这是国际贸易理论的基本框架。可是，国际贸易中虽然存在规模经济，但也存在不完全竞争，前者会内在地导向垄断，后者会外在地导向垄断。这两方面的因素导致完全自由贸易的理论在现实中很有可能行不通，因此，他们认为李嘉图的理论有很大局限性，需要补充修订。

产业集聚导致的规模效应在当下的经济生活中越来越重要，这一点是人们在李嘉图时代很难感受到的。克鲁格曼举了一个"造飞机"的例子，飞机制造领域所需要的规模经济如此之大，以至于世界市场最多只可能容纳为数不多的制造者。在这个世界上，最终一定有且仅有少数几个飞机制造中心。虽然飞机发明不过百年，但美国和欧洲少数国家率先进入，有力地支撑并垄断了这个产业，现在的产业结构和市场结构几乎已经固定，很难发生动摇。

国际分工在很大程度上是由"固有优势"造成的。这种固有优势的来源可能是历史、地理、文化，存在许多偶然因素。某些报酬递增行业中的随机事件，可能引发产业先期建立和市场先期进入，帮助厂商迅速赢得比较优势。报酬递增优势所产生的进一步聚集，极大地巩固了这些优势，最终导致目前的分工状况路径依旧会持续下去。

此外，克鲁格曼复兴了几乎已经消亡的"经济地理学"。他认为，经济地理中存在着两种方向相反的张力：一种是使得经济活动、社会活动聚集在一起的"向心力"，另一种是打破或限制这种聚集的"离心力"。任何有意义的经济地理学模型，都必须反映这两种张力的相互抗衡。克鲁格曼延续他研究国际贸易时的思路，建立模型，分析地理空间内集聚程度的变化，总结出经济活动的空间聚集的核心线索：报酬递增、空间聚集和路径依赖。

近年来，很多学者都致力于探讨应该如何规划城市的产业结构，如何设定城市的规模目标，这些研究都与克鲁格曼的基础性工作有关。

但是，克鲁格曼对学术界产生了厌烦情绪，渐渐与同事断了联系，躲在家里写博客、专栏。他说自己"像个拥有特技的演员，必须敷衍着表演给大家看，自身却很少获得真正的快乐"。2008年，他获得了诺贝尔经济学奖，但仍很少露面，继续躲起来不断撰写批评共和党经济政策的檄文。他的罕见天才和孤僻人格，都为他的人生蒙上一层神秘的色彩。

克鲁格曼一直生活在争议中。诺贝尔经济学奖所表彰的贡献几乎是他40岁以前就完成的。很多人对此不屑，认为作为学者的克鲁格曼早已死去，更有报纸鄙夷地说，诺贝尔经济学奖颁给了一个专栏作家。但"专栏作家"对克鲁格曼来说并非污名,克鲁格曼认为,专栏作家并不比经济学家丢人,而且常常有趣,也有意义得多。

塞勒:行为经济学

芝加哥大学塞勒教授是行为经济学的先驱,他的著作《"错误"的行为:行为经济学的形成》(*Misbehaving: The Making of Behavioral Economics*)已被译成中文,有兴趣的朋友可以找来读一下。

当塞勒在20世纪70年代刚刚从事经济学研究的时候,行为经济学根本不存在。塞勒接受的是主流经济学的训练,但是他很早就在主流经济学里发现,有很多现象都难以用理性选择解释。他决心寻找其他更直观、更有效的理论,找不到的话,就发明它。

塞勒最早的一些行为研究大多与自我控制有关。经济学家很早就意识到,人虽然是理性的,但往往经不起诱惑。比如,父母总要教育孩子抵御电视和游戏的诱惑,把时间精力投入长期更有价值的"学习"中,但这种教育经常失败。又比如,所有自助餐厅都会提供美味而又廉价的面包,诱惑你吃大量这类食物,从而吃不下更多昂贵的食物。

现代人都有拖延症,经济学家也不例外。阿克洛夫也承认自己有严重的拖延症。所谓"拖延症",就是在面临重要事情或压力时经不起诱惑,把时间分配给了其他短期就能获得快乐的事情。这种内在矛盾和分裂普遍存在。

对此,塞勒提出一个"双重自我"的模型来解释这类现象:每个人内心都有一个理性前瞻的"计划者",同时又有一个短视盲目的"行动者"，这两个自我相互争夺主导权，最终决定了我们的行为。这个模型非常精彩，虽然一部分经济学家并不认同，但很多人从这套理论中获得启发。

在研究自我控制问题的同时，塞勒又进入一个全新的领域，并提出一个重要概念，即"心理账户"。生活中有不少这类例子，比如，你花200元买了一张音乐会门票，出门后突然发现，自己不小心丢了200元，这时你会去音乐厅把门票卖给黄牛换回200元吗？大多数人的回答是"不会"。

我们再设想另一种情形：你花了200元买了一张音乐会门票，但出门后发现门票丢了，这时你会去音乐厅门口再花200元从黄牛手里买一张门票吗？大多数人的答案仍然是"不会"。可是，这两个答案相互矛盾。前一种情况是你去听了音乐会，就是你认为音乐会的价值超过200元；而后一种情况是，你没有去听音乐会。

事实上，消费者不仅关心消费的结果，也关心消费的过程。人是短视的，并不总是只从结果中获得快乐。塞勒早早地注意到这一点，把"效用"（utility）分为"获得效用"与"交易效用"，后者是交易本身所带来的快乐，对人的行为决策有着重大影响。

消费者在做决策时常常把过去已经投入的成本（沉没成本）也考虑在内。比如，我们会穿一双更贵的鞋子，我们会在一顿既定价格的自助餐里吃更多食物，我们会不惜淋雨去看一场已经买票的球赛……这些都是"心理账户"的作用。

更重要的是，即使在做财务决策时，我们依然会受心理账户的影响。比如，很多人会每月固定存一笔钱，这笔钱可以作为养老金，或者供孩子读书、结婚。时间长了，这就会成为一种难以改变的习惯，这个账户也就具有了"神圣性"。在个人财务状况发生变动时，人们普遍不会动用这个账户，即使过去的储蓄模式与目前最新的财务状况不再匹配。

这是一种非理性的行为，但是从另一个角度来看，它是避免陷入泡沫的一种有效心理机制。事实上，当整整一代人都不再觉得住房贷款必须尽快还清，开始允许自己长期背负高额贷款时，大规模的金融危机就有可能爆发。

▌参考文献

[1] Akerlof G. The Market for Lemons：Quality Uncertainty and the Market Mechanism[J]. Quarterly Journal of Economics，1970(84)：488-500.

[2] Krugman P. The Theory of Interstellar Trade[J]. Economic Inquiry，2010(48)：1119-1123.

[3] 乔治·阿克洛夫，瑞秋·克兰顿. 身份经济学：身份如何影响我们的工作、薪酬和幸福感[M]. 颜超凡，汪潇潇，译. 北京：中信出版社，2013.

[4] 理查德·塞勒. "错误"的行为：行为经济学的形成：第2版[M]. 王晋，译. 北京：中信出版社，2018.

第10讲

如何看待街谈巷议的时髦经济理论

这一讲,我们尝试探讨如何看待一些街谈巷议的时髦经济理论。比如,"全民基本收入"是什么?又比如,"财政赤字货币化"是什么政策?为什么会引起那么多人的关注?在民众看来,这些都是非常重要的经济学理论,但很少看到严肃的经济学家参与讨论。那么,这些理论是不是真正严肃的经济学理论呢?

在我看来,这些网红经济学概念大多是"非常激进"的经济政策,虽然激进的方向不一样,但都和现有的经济政策距离很远。主流经济学家不太愿意讨论距离现实太远的东西。我并不是要简单否定这些政策,而是要提醒大家,激进政策看起来很美,但是风险很大。激进政策所提供的设想看起来越美好,距离我们的现实就越遥远,执行这些政策所要承受的风险就越大。高收益伴随着高风险,这是永恒不变的规则。

全民基本收入：直升机撒钱

我们先来讨论一个网红概念，即"全民基本收入"（universal basic income），也叫"无条件基本收入"（unconditional basic income），缩写是UBI。盖伊·斯坦丁（Guy Standing）的《基本收入》（Basic Income）应该是全民基本收入理论最重要的综述著作之一。

那么，现在有哪些人支持全民基本收入呢？比如比尔·盖茨、马斯克、扎克伯格，这些亿万富翁全力支持全民基本收入。

全民基本收入最直白、最简单的理解就是：一个向全民永续发放足够维持正常生活的资金的一种福利制度。它也被称作"直升机撒钱"，定时定量而且无条件地向所有人撒钱，撒的数量就是保障一个国民维持最基本的正常生活的资金。这种想法非常激进，在人类历史上从未有过。

现代社会存在各种福利制度、补贴、补助等，但所有补助一般只针对某一类人，有各种限制条件。比如，我们对在抗疫过程中做出贡献的医生、护士给予补助；我们对为国防做出牺牲的军人及家属给予补助；在扶贫过程中，我们可以纯粹因为某些扶贫对象生活困难而予以补助。这些补助都是我们可以理解的，但我们很难理解对所有国民一视同仁地补助。

这种做法听起来是不是十分违反直觉？为什么要这样补贴呢？

我们应当把这种福利制度与税收制度联系起来。政府部门不是生产性的，它本身不会创造经济价值，所有政府支出的钱全都来自税收。所以，税收的基本理念就是从全民那里收取一部分资金，然后再公平公正地分配到每个人的头上。每个人的劳动收入和资产都不一样，所以在全民基本收入支持者看来，收入最低的穷人免于征税而获得这些补贴，收入中等的人交一部分税能获得这些补贴，而收入很高的人交很高的税也能得到这些补贴。所以，全民基本收入理论认为，定额的全民补贴是很公正的，也有效起到财富再分配的作用。

而且，全民基本收入理论强调，补贴的是真正的钱，不能是定向消费券，更不能以"打折优惠券"的形式出现，因为只要跟其他因素挂钩，补贴就可能被扭曲。

这种看似激进的倡议，其实获得了不少经济学家的支持。比如，弗里德曼就提出过类似的倡议，当时还没有"全民基本收入"这种说法，他的倡议也被认为奇谈怪论，大家都没有被认真对待。而最近几年，在"全民基本收入"话题火了以后，哈佛大学经济学教授N. 格里高利·曼昆（N. Gregory Mankiw）也表示自己是这个倡议的支持者。要知道，弗里德曼是右翼经济学家，而曼昆是左翼经济学家。所以，不管是左翼还是右翼，都有学者支持这个观点，这是非常值得我们思考的。

全民基本收入也有优点，每个人都能够更自由地追求自己想做的事情。但是，大家很容易会想到一些问题：很多人本来应该出去打工的，但现在有了这笔钱，会不会就不去工作了？全民基本收入政策最终会不会变成"养懒汉政策"？

对此，政策支持者有如下回答。第一，从现有研究来看，绝大部分人不会因为每个月有这样一笔钱而不去工作。工作态度与拥有钱的数量没有直接关系，很多亿万富翁还在努力工作。第二，现有的福利制度对于个人是否去工作的决策存在更大扭曲。比如，一个人失业在家每月可以拿到1500元的救济金，而出门工作一个月也就赚3000元，还要付出辛苦劳动，所以很多人情愿选择失业。而全民基本收入反而能消除这种扭曲，每人每月的基本收入是无条件发放的，跟你是否工作完全无关。

在我看来，全民基本收入政策对现代社会最大的挑战在于，它需要向老百姓收取很高的税，才能满足向所有人定期支付这样一笔基本收入。而老百姓在普遍拥有基本收入的情况下自由选择工作，这需要社会本身具备高度的文明素质。对于一些危险或脏累的工作，比如高空作业、垃圾回收等，绝大多数人不愿意主动选择。在拥有全民基本收入的情况下，这些基础工作会不会受到影响？这是个非常复杂的问题，不能想当然。

所以，全民基本收入理论听起来很美好，也确实有一定的可操作性，甚至一些欧洲国家开始局部试点，但距离普及还很遥远。绝大多数经济学家对这类激进的经济政策还是采取观望态度。不过，在新冠疫情期间，很多国家已经采用了对全民无差别地一次性发放现金的政策。这就是全民基本收入的某种变形。所以，这些政策可能距离我们也没那么远。

现代货币理论

新冠疫情对世界各国经济的冲击实在太大，所以一些并不成熟的经济理论和经济政策也都被摆到了桌面上，称得上"病急乱投医"。接下来，我想介绍另一种比较热门的经济政策，即"财政赤字货币化"，它背后的理论依据是一种非主流经济学理论——现代货币理论（MMT）。

根据国际货币基金组织的估计，美国应对新冠疫情的援助、救济和刺激政策估计有2.3万亿美元，占GDP的11%；德国政府通过了1560亿美元的补充预算，占GDP的5%；世界各国应对新冠疫情的财政支出平均在GDP的8%左右。

这些钱从哪里来呢？我们刚刚讲过，一个国家的财政收入都是通过税收得来的。一个国家每年都要做财政预算，保证财政透明。民众作为纳税人，有权知道政府怎么用这笔钱。到了每年年底，政府会统计当年的花销，有结余叫财政盈余，花多了叫财政赤字。财政赤字的情况可能更多，但长期来看，政府应该努力保持财政平衡。

财政部的财政支出是有纪律的，面对突如其来的新冠疫情，政府一下子拿不出那么多钱怎么办？一些非主流经济学家就提出，办法很简单，可以直接向中央银行拿钱：纸币就是符号，先印钞票，以后用国债慢慢还。

但问题在于，中央银行是独立的，而且经济学家普遍认为，中央银行的独立性至关重要。中央银行不应该简单听从行政命令，否则它就沦为政府的提款机了。美国的中央银行行长，也就是美联储主席，虽然由总统提名，但需要参议院批准。很多美联储主席都经历了好几任总统。他们独立地制定货币政策，不受干扰，能够保持货币政策的一致性。

而现在，一些非主流经济学家主张，国家需要紧急财政支出时，可以直接从中央银行拿钱，也就是"财政政策货币化"，这自然引起了广泛的争论。这批学者并非信口开河，他们有一整套理论支持，也就是现代货币理论。

现代货币理论的主要倡导者、密苏里州立大学的L.兰德尔·雷（L. Randall Wray）教授所著的《现代货币理论》（*Modern Money Theory*）是经典书。我们如何来评价现代货币理论呢？我看到一位作者这样说，现代货币理论既不现代，也不货币，更非理论。我很赞同这个评语。这显然是模仿伏尔泰的名言。伏尔泰曾说，神圣罗马帝国既不神圣，也不罗马，更非帝国。所以，现代货币理论不是一种现代的货币理论。凯恩斯当年提出"现代货币"这个概念，希望我们换一种视角来看待货币，而现代货币理论就是阐释"现代货币"这个概念的一种理论，也有人把它归入后凯恩斯主义。

现代货币理论认为，我们换一个视角来看货币，也就是从税收视角来看货币，货币就只是一个记账单位。现代国家总是要先释放货币，让大家清偿债务，然后再通过税收的方式把货币收回来。从这个逻辑来看，国家把财政货币化是合情合理的。

现代货币理论还直接挑战了我们前面说的两个教条。第一个教条是，国家应当追求长期预算平衡，也就是长期地消除财政赤字，不能每年都赤字。第二个教条是，中央银行应该保证独立性，不受行政干扰。而现代货币理论认为，这些是迂腐的教条，政府完全可以长期赤字下去——美国就是这么干的，赤字不过是记账符号，没什么大不了。现代货币理论还认为，中央银行原本就没那么独立，货币政策通过利率间接干预经济的效果并不明确。而财政政策是政府直接主导花钱，将钱用在哪里由政府说了算。

所以，现代货币理论成为各国政府最喜欢的理论，它赋予政府极大权力，政府可以几乎不受约束地发债，而且把中央银行的权力也夺过来辅助发债。但是，老问题依然存在：谁来约束政府操作财政政策之手呢？那两个教条（预算平衡和中央银行的独立性）正是为了约束政府，避免潜在的危险。因此，很多学者对国家采用现代货币理论深感忧虑，尤其是在制度还不健全的发展中国家，现代货币理论有可能成为危害性巨大的毒药。

激进市场

激进市场理论的倡导者是法律经济学家埃里克·A.波斯纳（Eric A. Posner）和著名的经济学神童E.格伦·韦尔（E. Glen Weyl）。埃里克·A.波斯纳的父亲是法律经济学的奠基者、美国大法官理查德·A.波斯纳（Richard A. Posner）。与父亲相比，埃里克·A.波斯纳不甘寂寞，提出了"激进市场"这种理论。

波斯纳和韦尔的著作《激进市场》（*Radical Markets*）的影响不小。这种理论的主要特点就是把一种叫作"机制设计"的经济学理论运用到极致，把它推广到我们身边的各个领域。经济学家已经从数学角度严格证明了这套机制设计的有效性，所以只要每个人认真运用自己的理性来为生活进行评估，就可以实现公平和效率。

波斯纳和韦尔提出一系列奇思妙想。他们认为，政府应该只征收一种税，就叫作"税"。每个人将自己的财产估价，并每年支付这个估价的7%为持有该财产的税费。同时，当买方开出的价格与持有人财产估价相等的时候，持有人必须将财产出售给买方。

这样的机制就可以避免财产权成为对财产的绝对垄断。所有财产持有人必须真实地评估自己拥有的每一样东西的价值。如果你估价太高，你就需要支付更高的税费；如果你估价太低，这就会导致自己的财产轻易地被买方买走。而在这个过程中，收取的税费将被再分配给所有居民。

再举一个例子，在美国，民主投票导致选民激烈对立。波斯纳和韦尔认为，这是因为现在的选举"太简单"。对于投票给同一个政党的人来说，不同的人对各种议题的重视程度是不一样的。你可能并不关心移民问题，也不关心医保问题，只是关心孩子的教育问题，而另一个人可能就只关心医保问题，对教育问题毫不关心。所以，一人一票过于简单，并不能充分体现人们所关心的内容。

波斯纳和韦尔建议，给每个选民100点投票积分，然后根据话题来分配投票积分。选民可以自由选择分配100点投票积分，而在同一个议题下的投票成本和投票数成平方关系，比如投1票将花去1点投票积分，投2票将花去4点投票积分，以此类推。这样一来，你可以把100点投票积分都投在你关心的教育问题上，但一共只能投6票。你也可以把这100点投票积分分散投在多个不同议题上，每个议题都可以投两三票。这样一来，投票最终结果就能更准确地反映选民的心声。

这些想法非常精彩，尤其受到一些精英的青睐。但是，这套激进市场理论要想运用到现实中，还存在很多困难，因为这相当于要彻底重建现有的政治、经济、法律秩序。

■ 参考文献

[1] 盖伊·斯坦丁. 基本收入[M]. 陈仪, 译. 上海: 上海文艺出版社, 2020.

[2] L. 兰德尔·雷. 现代货币理论[M]. 张慧玉, 王佳楠, 马爽, 译. 北京: 中信出版社, 2017.

[3] 埃里克·A. 波斯纳, E. 格伦·韦尔. 激进市场[M]. 胡雨青, 译. 北京: 机械工业出版社, 2019.

第二部分

人类社会：发展经济学

第 11 讲

气候变化会对人民生活产生什么影响

哲学家布鲁诺·拉图尔（Bruno Latour）教授认为，当下全世界面临的最根本问题就是气候变化问题，这是一个致命的问题，不应该被新冠疫情掩盖。

在环境研究中，一种常用的数据采集方法是问卷调查法。比如，研究者在路边随机拦住路人询问："你觉得气候变化严重不严重？""你觉得空气污染严重不严重？"这种方法非常好，灵活简便。但是，有一个前提条件，那就是我们不能在极端天气的情况下问大家这类问题。

如何评估全球变暖

不是说全球变暖吗？天气应该变得越来越热才对，为什么很多城市的冬天越来越冷？那些鼓吹全球变暖的专家学者难道都是骗子？这是一个有趣的问题。美国前总统特朗普就多次提出这样的疑问。我随手翻出他的一条推特："寒潮从得克萨斯州到田纳西州。我现在人在洛杉矶，快要被冻死了。全球变暖是一个彻底的、成本高昂的骗局。"在谴责他之前，我们有必要对这个问题进行更深入的思考。

气温具有周期性，这是自然规律。每年1月和7月，气温自然趋向极端，北半球最冷，南半球最热，用某个地区的极端气温来评估是否存在全球变暖趋势是不正确的。我在澳大利亚读书时，听过很多有关气候主题的会议。有些学者的工作就是用统计学模型来预测森林火灾发生的地点。后来我才明白，原来森林火灾是不可避免的，我们只能早预警、早发现，减少损失。

在新冠疫情暴发之前，很多人是"世界公民"，常年去世界各地，恐怕对天气有更深的感受。一个地点的气温，每年都有周期性的变化，而且每天都有周期性的变化。当我们说"昨天比今天更冷"的时候，从统计学的角度来看，我们要么比较昨天的最低温度和今天的最低温度，要么比较昨天的平均温度和今天的平均温度。但是，我们要算出一天的平均温度是不容易的。在习惯上，冬天时，我们只关心最低温度；夏天时，我们只关心最高温度。我们不太清楚每天的平均温度是多少。

而在进行年度之间的温度比较时，问题就更麻烦。对我们来说，比较极端温度的意义不大，比较平均温度更为合适。也许我们可以凭借短期记忆说，北京前年的冬天比去年的冬天要冷。但是，前年一整年的平均温度是否比去年一整年的平均温度更低？这不好说，我们还是得看统计数据。所以，对于全球气候变化，我们不能单纯凭借身体感觉来评判，而是要看科学数据。

可惜科学数据也是不完整、不全面的。中国气象学历史上有一位大师，就是浙江大学原校长竺可桢。他的最后一篇论文是于1972年在《考古学报》上发表的《中国近五千年来气候变迁的初步研究》。这篇经典论文是每个关心气象学的学生必须阅读的。竺可桢先生结合史学、物候学、方志学和仪器观测记录，将过去5000年的气候变化大致划分为4个温暖期和4个寒冷期。目前，我们处于寒冷期向温暖期转变的过程中，所以，我们未来的气温会越来越高。但是，气温上升到峰值又会掉头向下，开始向下一个寒冷期转变。

竺可桢先生的研究是一个里程碑，但后人要对他的数据、方法和结论重新进行审视。1900年以前，中国并没有完整的仪器记录的数据，竺可桢都是用史学、物候学和方志学的方法推测估算。物候学和方志学只可能提供一些我们判断气候的线索，并不包含具体的数据，所以竺可桢先生的很多判断细节还需要进一步推敲。

我们要有一个意识，那就是气候是一个复杂系统，它不仅受局部环境的影响，也受区域环境的影响，还受全球环境的影响。比如1815年，印尼的坦博拉火山爆发，大量火山灰散布到空气之中，导致1816年全球气温显著降低。这一年，在很多国家的历史上被称为"无夏之年"。火山爆发虽是偶然的地壳运动，但是会导致全球短期气候的变化。

气象系统的复杂性和经济系统有类似之处。我们的经济活动既与当地的经济环境有关，也与更大范围内的经济活动有关。所以，长期的全球经济趋势很难预测，长期的全球气象趋势也很难预测。虽然有很多证据表明全球平均气温正处于一个上升通道，但是这个数据受太多因素干扰，包括很多我们难以估计的因素，所以我们仍然不能百分百地肯定全球变暖趋势。我们只能说，目前大多数科学家都认为地球有很大可能在变暖，这是一个较大概率会发生的事件。

气候与经济发展

气候是否会对一个国家的经济和物质生活产生影响？这个命题看起来就是我们经常批评的"地理环境决定论"。200多年前，孟德斯鸠（Montesquieu）在巨著《论法的精神》里，花费了很大的篇幅讨论气候环境、自然地理等对一个国家的法律的影响。后来，孟德斯鸠的这番讨论被很多学者批评。

现在大家都承认，虽然不同国家的地理位置、地形地貌、国土面积、人口数量等千差万别，但是任何国家都有可能变成经济发达、人民生活富裕的国家。比如，挪威寒冷，新加坡炎热，美国地势平坦，瑞士全境都是山区，但这些并不妨碍它们处于世界上最成功国家的行列。在讨论一个国家经济问题的时候，我们更应该关注它的制度，而不是它的地理条件。

近年来，有学者重新反思气候和环境因素对于经济发展的影响，因为气候会直接或者间接影响经济活动。不同国家地理位置差异导致的气候差异，必然影响农业生产、淡水供应、旅游业发展，同时也会影响死亡率、犯罪率和冲突发生率等，这些又间接地影响经济发展。

所有维度的影响都是不同的。对于山地国家而言，山地既有可能是重要的旅游资源，也有可能是阻碍交通的致命因素。同样是雪山，瑞士成为全世界人民狂热追求的滑雪胜地，而尼泊尔就做不到。比如靠近热带的国家，泰国可以把旅游业变成整个国家的支柱产业，而尼日利亚就做不到。

那么，气温差异对农业有什么样的影响？这要看种植的是什么作物，温带国家的农业与热带国家的农业有本质不同。就中国的情况而言，农业专家普遍认为低温对于粮食增产比较有利。平均气温每上升1℃，粮食产量将减少10%，因为在高温条件下，作物生育期缩短，生长量减少。不管冬小麦还是水稻、玉米，产量都会随着温度升高而下降。中国是农业大国，如果保持目前全球逐渐升温趋势的话，中国农业就会遭到打击。

如果我们把旅游、农业、水利等各个方面都考虑在内，那么温度与经济发展之间是否有相关性？以梅莉萨·戴尔（Melissa Dell）为首的几位学者在2008年发表过一篇论文，讨论了这个问题。他们搜集整理了136个国家从1950年至2003年的温度、降水量以及GDP增长率数据并进行分析。研究结果很简单：高温国家趋向贫穷，寒冷国家趋向富裕。这个结论与我们的日常经验相符。寒冷的国家，不管是北欧国家还是加拿大，似乎都很富裕。而在赤道附近，除了新加坡以外，我们好像很难找到比较发达的国家。

有一部分机制是我们比较熟悉的，累积气温增加对农业和工业生产都很不利。所有热带地区，不仅天气热，往往还很潮湿。因为气温高导致蒸发量大，空气中含水量高，也就是湿度高。湿度高会对人体产生很大的影响，很容易导致疲惫、困倦、缺乏动力。如此一来，热带地区的农业、工业发展也会进一步受到影响。

除此之外，戴尔等人还找到一个经常被经济学家忽略的变量，即政治变量。他们发现，气温每升高1℃，穷国出现政治变化的可能性就增加2.3%，"政变"的可能性也会上升3.9%。所以，热带国家的政治总是不稳定，而寒带国家的政治相对稳定。

既然气候对一国的经济水平会有比较大的影响，那么气候变化对不同的国家又会产生怎样的影响？戴尔等人用同样的模型进行了预测。其中涉及一个重要变量，就是人们需要花费多少时间来适应全球变暖这种气候变化。适应越快，人们付出的代价就越小；适应越慢或者难以适应，人们付出的代价就越大。最重要的是，代价基本上是由那些热带地区或者本身就比较贫困的国家承担的，而发达国家所受的影响较小。

最终，全球变暖将使穷国更穷，使富国保持原状，导致不同国家之间的收入差距进一步拉大。这是一件令人感到非常无奈的事。

斯特恩报告导致的分歧

2006年10月，英国经济学家尼古拉斯·斯特恩（Nicholas Stern）完成了一项评估气候变化对英国影响的研究。这份报告一经发表，就在国际上引起巨大反响，现在大家一般称之为《斯特恩报告》。《斯特恩报告》的结论很直接：如果全世界继续忽视全球气候变暖所造成的环境影响，全人类将面临类似20世纪30年代美国大萧条的全球性经济危机和经济衰退。

斯特恩呼吁世界各国迅速采取行动，尽快落实《京都议定书》提出的各国减排二氧化碳的目标。因为他用多种手段评估了减排二氧化碳的收益和不减排二氧化碳可能导致的成本。根据斯特恩的模型计算结果，如果全世界不采取减排行动，未来气候变化所导致的直接损失大约相当于每年全世界GDP的5%。这是一个惊人的数字。如果将间接损失和更大范围的风险考虑进来，那么损失可能要上升至全世界GDP的20%，甚至更多。但各国如果现在采取行动，很快就会将温室气体浓度控制在目标范围内，行动成本大约是每年全世界GDP的1%，并且随着技术进步，以后的成本还会降低。

但《斯特恩报告》遭到很多知名经济学者的反对，反对派的代表人物是耶鲁大学的威廉·D. 诺德豪斯以及哈佛大学的马丁·韦茨曼（Martin Weitzman）。在他们看来，斯特恩的方案过于激进，夸大了气候变化所导致的风险。

诺德豪斯之前已经开发出两种计算气候风险的复杂模型，一种叫DICE模型，另一种叫RICE模型。虽然这两种模型的细节比较复杂，不过模型计算的结果很简单：各国当前并不需要立即采用斯特恩式的激进减排政策，完全可以渐进减排，先推动温和的、缓慢的减排政策，在中长期逐渐加大力度，最后把温室气体浓度控制在一个较高水平。

2018年，诺德豪斯因为DICE模型和RICE模型在环境评估方面的广泛应用，最终获得了诺贝尔经济学奖。这也是诺贝尔经济学奖第一次表彰环境经济学，具有非常重大的意义。而韦茨曼教授不幸在2019年自杀身亡，这是环境经济学的重大损失。

自《斯特恩报告》提出以后，学术界对减排温室气体的态度基本就分成两派。斯特恩是一派，可以称为激进派；诺德豪斯是另一派，可以称为温和派。激进派认为，减排的压力迫在眉睫，政府必须现在就开始行动，多管齐下，用各种方法强行把碳排放降下来，也不应该支持碳排放交易。而诺德豪斯认为，情势根本没有斯特恩所描述的那么紧张，各国现在确实应该开始减排，但完全可以温和地执行，更多地利用碳税等市场方式加以调节，等到人们逐渐适应了，政府再加大力度。

两派学者各有各的道理。他们最根本的分歧，就是模型对时间贴现因子的设定。他们对这个参数做出了不同的设定，最后就得到了截然不同的结果。这个贴现因子是个主观参数，到底哪一派的时间贴现因子的设定更符合现实？这是经济学里一个莫衷一是的难题。

从结果来看，目前多数环境经济学家站在诺德豪斯这一边，也就是支持温和的减排方案。从操作层面来看，诺德豪斯主张的碳税也更有操作性。温室气体减排是一项需要世界各国协调行动的任务，极为困难。2017年，美国决定要退出《巴黎协定》，为全球温室气体减排的前景蒙上一层阴影。目前，推动温和的减排政策相当不容易，而激进减排政策基本没有实施的可能。未来，全球气候会变得怎样，谁也不知道。未来总有大量不确定性在等着我们。

参考文献

[1] Dell M, Jones B F, Olken B A. Climate Change and Economic Growth: Evidence from the Last Half Century[J]. The American Economic Journal Macroeconomics, 2008, 4.

[2] Stern N. The Economics of Climate Change: The Stern Review[M]. Cambridge and New York: Cambridge University Press, 2007.

第12讲
你是"隐形贫困人口"吗

发展经济学有一个永恒的主题，那就是贫困。在讨论"穷人"的时候，很多人会想到农村或者山区的孩子——面色黝黑，衣衫褴褛，没钱交学费，等等。

除此之外，大量贫困人群并不是那么一目了然的。网络上有一个新概念，即"隐形贫困人口"，主要是指那些收入不低但消费支出更多，甚至背负巨额债务的群体。单纯从工资收入的角度来判断，这个群体不算贫困，甚至收入可能还不低。但是，我们动态地看他们的总体状态，其实他们已经陷于贫困之中，而且有些人陷得很深，短期内不可能翻身。

很多媒体还讨论过一种非常极端的行为，即"撸口子"，也就是恶意骗贷。具体来说，有些底层人群自暴自弃，一下子注册几十个网贷平台，同时申请贷款。他们一旦获得钱，就注销账号，绝不还款。他们完全不考虑自己的征信问题，为了这些骗来的贷款，牺牲了自己的未来。

在不同的国家、不同的时期，贫穷的含义有所不同。在金融水平比较落后的国家或地区，贫穷就是没有钱。但在金融产品发达的国家和地区，贫穷有可能是没钱，也有可能是负债。

基本消费理论

个人的消费模式是一个经典的经济学命题，在过去100多年里，连续几代经济学家都对此提出系统性的分析。我们先来看一下这些经典理论，然后结合中国现在的具体情况加以分析。

凯恩斯在《就业、利息和货币通论》中就提出一套消费理论。凯恩斯主要是从收入角度来解释消费的，所以他的理论又被称为"绝对收入假说"。凯恩斯认为，消费支出与实际收入之间大致保持稳定的函数关系，随着收入增减，消费也增减。但是，随着收入的增加，新增收入中用于消费的比重越来越小，用于储蓄的比重越来越大。

比如，你每月收入1万元，其中4000元用于吃饭。突然，你获得一笔年终奖，1月份的收入从1万元变成了2万元。这时你很高兴，决定晚饭加个鸡腿，但不大可能拿出8000元来吃饭。你的吃饭支出会比平时的4000元略高，但不会达到8000元。你会把剩下的钱存起来，从长计议。这就是凯恩斯的绝对收入假说。

但是后来，意大利裔的经济学家、诺贝尔经济学奖获得者弗兰科·莫迪利安尼（Franco Modigliani）提出了不同的看法。他在20世纪50年代提出一种新的消费理论，认为理性的消费者会根据自己一生得到的劳动收入和财产收入来安排一生的消费，并希望一生中各个时期的消费能够平稳。很显然,人们一生的收入是不平稳的。对于大多数人来说,年轻时的收入很低,到了四五十岁,工作有一些经验,职位也有所提升,收入逐渐提高,到了退休年龄,收入又一下子跌落下来。人们一辈子绝大多数收入都是在四五十岁赚取的。

可是,我们在花钱时不是这样的。年轻和年老的时候,我们的收入很低,但是我们更需要花钱。中年的时候,虽然我们的收入高了,但是花费不如年轻和年老的时候高。所以,理性的人会尽可能平衡一辈子的支出。那么,最理想的消费模式就是,保持生活水平不变,到生命的最后一分钟,我们正好花完口袋里最后一分钱。

这就是莫迪利安尼的"生命周期消费假说"。这种理论很吸引人。如果绝对理性的人真能像他所描绘的那样,精准地把生命与消费支出完美地匹配起来,那固然很好。现在很多借贷消费的年轻人可能也是这样想的,现在借贷,以后还贷。但是,这套消费理论有一个基本的前提,就是精准计算自己在生命周期各个阶段的收入和支出。而在现实中,很少有人能对此做出精准计算。

所以,后来弗里德曼反对凯恩斯和莫迪利安尼的这两种消费假说,并提出第三种假说,即"永久性收入假说"。弗里德曼认为,人的一生存在两种消费和两种收入,我们在分析消费行为时应当严格区分。假设你偶尔收到一笔意外的钱,但你并不觉得这笔钱能让你的家庭跃升一个层次,你就不会改变你的消费习惯。真正影响一个人或家庭消费的,只有永久性收入。

永久性收入虽然不可以被直接观察到,但是可以被看作当前以及过去所得收入的加权平均数,这一加权平均数稳定地向上调整。永久性收入决定了消费的层级。而对于凯恩斯和莫迪利安尼所关注的当期收入对消费的影响来说，其重要性应当大大降低。

在研究消费时，我们不要只盯着目前的收入水平，而是要判断一个人的永久性收入水平。在不考虑通货膨胀的情况下，有的人平均每年赚10万元，工作30年，永久性收入就是300万元，而另一些人平均每年赚50万元，工作50年，永久性收入就是2500万元。这两类人的永久性收入差异巨大，可以说处于不同的阶层，消费水平应当也有巨大差异。不同阶层可能会做出不同的消费选择。

负债水平的测量

基于这些理论，我们再来看当代中国人的消费模式，尤其是青年人的消费模式。过去，人们进行相关研究是比较困难的，因为没有详尽的微观调查。不过近年来，中国的微观调查数据得到了极大的发展，利用这些微观金融数据来研究人们的消费行为成为学界的热门话题。

2019年，AC尼尔森公司发布的《中国消费年轻人负债状况报告》显示，86.6%的年轻人在使用信贷产品。在调研访问环节，43.3%的年轻人明确表示："使用信贷产品是一种更精明的消费方式。"中国年轻人平均债务收入比为41.75%，只有13.4%的年轻人零负债。这个比例看起来很高，但如果扣除掉消费信贷作为"支付工具"的部分，年轻人的实际债务收入比就降低为12.52%。在校学生的债务收入比更低，只有7.5%。这些数据非常好，说明绝大多数中国人的消费是理性和健康的。

这类研究存在几个困难。第一，消费往往不是个人行为，而是以家庭为单位的。一个人的生活单位可能是个人，也可能是家庭。第二，房贷与消费贷不容易区分。在现代社会，背负贷款是一件很正常的事，重点是看贷款的目的是什么。目前，绝大多数贷款是房贷。对于房贷，银行会进行比较尽责的调查。虽然房贷也可能存在一些漏洞或者出现泡沫，但总体而言，房贷是比较健康的。

只有搞清楚这些问题，我们才可能深入讨论消费贷和负债水平。近年来，一直有人认为中国家庭负债率过高，从而对中国的金融系统稳定性造成巨大的影响。这个命题需要用实证研究的方法加以检验。

根据一项学术研究，在中国，东部和中部家庭更不容易陷入异常债务状况，有更大的概率是无债务的，城乡之间也不存在差异。而在正常债务家庭中，东部和其他地区城市家庭会有更高的债务收入比，也就是东部和其他地区城市家庭更有可能买房。不管经济水平还是教育水平，西部地区都不如东部和中部地区，但是异常债务家庭的可能性显著增加。此外，西部的农村地区家庭比城市地区家庭更容易陷入债务异常状态，这也是值得我们重视的问题。

总体来看，中国的无债务家庭占70.5%，正常债务家庭占25.5%，异常债务家庭占4%。这个数据可以反驳那些认为中国家庭负债率过高的观点。但是，中国人口众多，绝对数量庞大。对于一个国家来说，这绝对已经是一个不小的隐患。

有人会说，这些不具备还款能力的人多半向互联网企业借钱。这些企业没有审核资质，肆意贷给没有还款能力的人，最后损失的是企业。但是不要忘记，这些贷出去的钱并不完全是这些企业的钱，大多数钱是银行机构的钱，通过层层杠杆，最后才从企业转到贷款者手中。所以，一旦出了问题，并不是只有这些企业受到损失，整个中国金融系统都会受影响。

2008年美国次贷危机的原理也是如此。虽然次贷本身的规模并没有太大,但是它被层层包装,成为大量金融衍生品的一部分。所以,次贷危机产生连锁反应,最终导致整个美国金融系统出现震荡,这个教训是极为惨痛的。

如何解决借贷致贫

实证研究表明,中国异常债务的家庭很有可能在西部地区。他们原本在经济上就很不利,陷入大额债务后,就更为艰难。

要解决贫困问题,先要确定贫困对象,过去我们主要根据地理位置来确定。当我们在空间上锁定一个贫困群体后,他们的贫困原因是比较明确的。比如,这个群体缺乏赚钱手段,缺乏与外界的沟通,等等。而到了今天,过去的很多方法变得不适用。因为个人不管在农村还是城市,都有可能通过审核不严的网络平台获得贷款。他们获得贷款比过去容易很多,但赚钱速度没能同步增长,这就导致他们更有可能陷入贫困陷阱中。

金融的发展,包括互联网金融的发展,对于一个国家来说非常重要。正因为金融重要,所以金融必须受到一些约束和监管。互联网金融发展过快,缺乏有效的风险控制,导致很多缺乏偿还能力的个人借贷致贫,这就更加凸显金融监管的重要性。

我们不妨从供给与需求两个方面来探讨这个问题。

从供给侧来看,互联网金融最重要的工作是要遵循投资者适当性。投资者适当性就是指金融机构应该让投资者明白,自己到底在干什么,自己投资的是什么产品,投资产品与自己的风险偏好是否一致,等等。投资总是有风险的,贷款总是要还的,可并不是所有的投资者都对投资产品以及自己的情况一清二楚。很多人糊里糊涂就申请了贷款,对利息和还款要求一无所知,也不知道自己有多少还款能力。从投资者适当性的原则来看，金融机构的做法显然有问题，因为你把钱贷给了不应该贷的人。

从需求侧来看，我认为关键是增强个人的金融意识和金融知识。一个最简单、最基本的方法就是记账。大多数人都没有记账习惯。我们大概都有抵抗记账的心理机制体会。很多人没有精力记账，不愿意记账，可能也不知道怎么记账。一些从事扶贫的专业人士告诉我，记账这件小事对穷人脱贫发挥了惊人的作用，确实帮助很多人脱贫。所以，记账这件小事永远是摆脱贫困的第一步。

■ 参考文献

[1] 张雅淋, 姚玲珍. 家庭负债与消费相对剥夺：基于住房负债与非住房负债的视角[J]. 财经研究, 2020(8)：64-79.

第13讲
什么是零工经济

零工经济（Gig Economy）是指越来越多的人从事非全职工作，而且公司也日益依赖非全职人员来完成公司业务的一种经济形态。举个例子，快车司机就是一种零工经济。这些司机可能平时也有自己的工作，但是下班之后，可以依靠开快车来赚一些额外的钱。比如在抖音、快手上做直播，如果你能从中赚到钱，那么也可以认为这是一种零工经济。

零工经济现在已经变得很普遍。有个网站叫猪八戒网，我周围很多朋友都很喜欢。想找人设计个logo（标志），想找人做一些难以归类的工作，都可以在这个网站上实现。有人认为，美国目前有20%—30%的人在从事某种程度上的非全职工作。而零工经济对于发展中国家而言，更是非常传统的工作方式。不管是在拉美，还是非洲，抑或印度，你都很容易找到大量愿意打零工的底层人群。这些人没有很高的教育水平，可能也没有什么专业技能，但有力气，愿意干活。很多企业和个人都需要这样的零工工人。

但是，新冠疫情的暴发，对世界各国的劳动力市场都造成巨大的冲击，对于穷人的冲击尤其大。很多经济学家已经开始研究新冠疫情对于收入分配的影响，得出的结论很悲观，那就是富人愈富，穷人愈穷。

其中最主要的原因是：受过高等教育的人群，本身受失业冲击小，而且更容易找到工作，所以他们所受影响相对有限。但对于只受过基本教育的群体来说，灾后整体市场的就业需求会比较疲软。一方面，他们容易经历长期持续的失业；另一方面，他们的金融保障也比较弱，比如收到的外部汇款会减少，这也会进一步影响他们的就业前景。

新冠疫情暴发以后，大家突然意识到，原来不同教育水平群体的工作环境存在如此大的差异。美国金融和保险从业者中有75%的人可以远程办公，所以疫情并没有对他们的工作产生太大影响。而在食品行业，只有不到3%的从业者能够远程办公，所以从业者要么失业，要么只能冒着风险去打工。食品行业这次受到了重创，而且食品行业的平均收入要比金融业低得多，后果是更严重的。

疫情期间，社会最需要的其实是直接与人、物打交道的从业者。大家对此一定深有感触。在疫情最严重的那段时间，我每天接触的就是送快递、送外卖的小哥。但是，这些从业者获得的经济报酬很低。我们还看到大量护士、清洁工、驾驶员、食品厂工人、护理人员、仓储工人等冒着生命危险坚持工作、参与抗疫，或照顾病患，或维持基本的经济运转。但是，他们的收入水平是由疫情之前的经济结构决定的。之前的收入分配结构并未考虑疫情所导致的风险，所以他们的收入水平是偏低的。

这些能在疫情期间找到工作、维持生活的人，虽然赚得不多，但也不算最悲惨的群体。很多原本从事零工工作的人，在疫情到来之后，完全失去工作的机会，他们才是受疫情打击最大的一个群体。有一个人群大家也许听说过，叫"三和大神"。这主要是指在深圳龙华三和人才市场附近的一批从事零工的群体。这个群体把自己的生存要求压到最低，渴了喝2元一大瓶的水，饿了吃4元一碗的面，晚上就去5元一晚的网吧睡觉，实在没钱了就去打零工，上一天的班可以赚100多元，可以支撑3天，等实在没钱了再去打工。这个群体的精神面貌堪忧，引起很多人的关注。日本NHK电视台专门做过关于他们的纪录片。2020年也有一本关于他们的社会学专著出版，书名叫作《岂不怀归：三和青年调查》。

三和人才市场并不是特例。在中国，从北方到南方，很多大城市周边都有这样的人才市场或者劳务市场。大城市需要大量低技能的劳动力，这样的劳务市场很重要。比如上海这样的劳务市场在昆山，而北京这样的劳务市场在马驹桥。2020年，北京的朋友告诉我，马驹桥的劳务市场在疫情期间拆了，这让我感慨了很久。接下来，我跟大家聊聊，2019年前后，我在北京通州马驹桥劳务市场考察时所看到的一些东西。

北京的劳务中心

即使在北京生活多年的人，很多也不知道马驹桥这个地方。它位于北京城的东六环，通州区与大兴区的交界处。马驹桥与北京市中心之间的交通不是很方便。距离最近的地铁站叫作荣昌东街，但距离马驹桥也有好几公里，需要大巴接驳。这个地方毫无特色，一般的北京精英白领不知道它也很正常。

但是，马驹桥在体力劳动者中有很大的影响力。它不仅是北京的劳务派遣中心，也可以说是中国北方最大的劳务派遣中心。它是很多进京务工人员落脚的第一站。很多从小地方到北京的人，举目无亲，想找工作，但也得有地方去。这时候，马驹桥就是一个理想的选择。

除了马驹桥镇中心的马驹桥派出所，恐怕没人搞得清楚这里到底有多少人。据估计，这里大约有10万人，而且绝大多数是流动人口。这里每天都有大量人口变动，每天都能看到拖着箱子在这里来往的行人。有的人只在这里待一两天，找到长期工作后就搬到更靠近工作场所的地方去了；可还有些人，选择在马驹桥常住，甚至一住好多年，毕竟这里的生活成本要比北京城里低很多。

典型的马驹桥的一天，是从清晨四五点开始的。马驹桥的中心是兴华中街与漷马路交会的十字路口，拐角处是一座叫作金典百货的大楼，这也是马驹桥的标志性建筑。从清晨四五点开始，就不断有人往这个十字路口汇拢，然后找个树荫，往地上一蹲，静静等着。早上6点左右，很多企业或者人力公司的大巴开始出现在街头。其中有些是前一天或更早前就与劳动者商量好的，早已有口头协议，现在只需把这些劳工一个个接上车，车辆很快就在马驹桥消失。另一些则是临时招工，日结工资，工资往往是干一天赚一两百元。招工的人在十字路口转一圈，沿途喊几嗓子，一般也很快就能招满。到了早上7点以后，招工的车基本都开走了，等着找活却还没找到的人，也就陆续散去。

早上这一轮招工、上班，是马驹桥最主要的就业方式。整个白天，马驹桥都冷冷清清的。有些人可能在睡觉，或者在网吧，反正没什么事做。路边一字排开，都是各类人才公司的门面。每家公司都有一些不同的就业岗位，但工资都相差不多。这些公司白天很冷清，员工坐着默默地看手机，偶尔有几个新来的人进来问情况。真有决心来找工作的，可能几句话也就谈妥了，从不啰唆。这里工作多半不复杂，只是比较苦、比较累。收入也没多大花样，日结或者月结，也许包一两顿饭。人才公司再叮嘱几句注意事项和处罚条例。这里没有复杂的用人流程，不用看学历，最多登记一下身份证，双方约好明天一早会合的时间、地点就可以了。

每天傍晚五六点，这里还有一轮招工用人的小高峰，但规模没法和早上的那波相比。此时的工作自然都是上夜班，而且常常是12小时的夜班，从晚上6点到早上6点，中间管一顿饭。夜班本身就辛苦，而且很多还是体力活，苦上加苦。比如有些快递公司每天傍晚都到这里来招募搬运快递的临时工，工作就是把大卡车上的快递包裹依次搬到传送带上，整夜工作。这就是我们有时在网上买东西，隔天就能送到的背后秘密。我以前收发快递的时候，从没有想过它在每个环节要经过哪些人的手，而他们的工作环境又是怎样的。这些上夜班的临时工的工资，可能比上白班的略高一点，比如前者是每天170元，后者是每天160元。只要你愿意吃苦，这种工作一般总是不缺的。

除了招工之外，这里几乎就是一个典型的三线小县城的样子。沿着十字大街继续往前走，路边有各种小镇青年所喜欢的服装品牌，最高级的是海澜之家，也有各种小吃店。肯德基、星巴克之类自然不会有，但这里有很多山东、河北、河南的面食，10元就可以吃饱。因为来这里找工作的人，大多数也是来自这几个省，老板和顾客都更习惯家乡口味，不会想吃日料、西餐等。同时，这里的住宿也不贵，在很多小巷子里都有租房广告。本地人喜欢把自己的房子拿出来出租，面积很小，但不贵，一个月只要600元。据说前几年还有日租房，每天三四十元就能租个睡觉的床位，但这几年已经取消了。

这是一个挺无聊的小镇，但是它每天给数万人提供了工作机会和基本的生活环境，这就是它的重要意义。

劳务中心的发展

马驹桥能够成为北方最大的劳务派遣中心，绝非偶然。从历史来看，这里在唐朝是养马的马场，故而得名马驹桥。到了明代，这里已经是一个商贾云集的京畿古镇了。它的地理位置极好，西北距离北京城有四十里，水陆交通都很发达，正是古代大运河通往北京的咽喉要道。以前的人都是走水路进京的，所以，很多年前这里就聚集了各种寻找打短工机会的人群，最终慢慢演变成为北方最大的劳动力市场。

很多商品都有自己的市场。比如，大型的瓷器市场在景德镇，大型的花卉市场在昆明，大型的玉器市场在广东揭阳，都很出名。还有大型的纺织品市场、木材市场、中药材市场等等，各有各的趣味。但是，关注大型劳动力市场的人不多，因为劳动力市场没有什么好看的。在人们心中，那里往往很混乱，甚至充满了危险。但我觉得劳动力市场最有意思，因为人是活的，每个人背后都有自己的故事。

马驹桥的平均工资几乎每天都在变化，倒可以很好地印证经济学里的供求定律。比如到了7月份，高考发榜，大量没考上大学的青年准备找工作谋生，马驹桥就会热闹起来。大家不要以为来马驹桥务工的只有农民，高考落榜的年轻人也有不少。如此一来，这里劳动力充足，工资水平自然就上不去了。而到了每年的11—12月，天气转冷，愿意出来打工的人也减少，工资就会上去。

有些高收入的工作要看机会。比如，某些大型餐饮连锁企业，准备正式进入北京，在北京一下子开三五家店。那么，这种企业必然需要大量的服务员，往往会来马驹桥招募一批，承诺的工资也不低。但这种企业招到足够的服务员以后，就不会再来马驹桥了。对于这种机会，错过也就错过了。而肯德基、麦当劳之类的企业，不愁招不到员工，所以也不会来马驹桥招人。

另一些工作，看起来收入不错，但极为艰苦。比如清洗蔬菜水果的工作，给的工资很高。外地的蔬果运到北京，一路上不可能认真清洗，因为洗过以后，蔬果就很容易坏。所以，这些蔬果都是脏兮兮地运到北京城外，再被洗干净，第二天一早才能以全新的面貌出现在北京人的超市或者厨房里。这种工作一晚上可能可以给到近200元的工资，这个价钱在马驹桥着实不算低。但是，做过这种工作的人都知道，一晚上清洗蔬果12小时，一般人的体力真的支撑不下来。

不管马驹桥的平均工资怎么变动，它似乎很难达到日结200元、月结6000元这个水平。这似乎是个门槛，把蓝领工作和白领工作区隔开来了。如果要找每个月收入能超过6000元的工作，那么这个人必须有学历，有专业技能，也必须去其他更专业的劳动力市场寻找机会，这里没有这样的工作岗位。

尽管如此，马驹桥还是有着强大吸引力的。马驹桥从来不用担心缺乏劳动力。而且，据一些多年在此开设人才中介公司的老板介绍，现在前来马驹桥找工作的人的素质越来越高，其中也不乏大学毕业生。这里能提供的工作机会，大多数不需要特殊技能，但是工作久了，倒也不是不可能走上技术工人的道路。比如一些超大型汽车公司——奔驰、宝马等等，都会把零配件公司设在远郊，因为这些公司平时需要大量的非技术工人。而非技术工人在那样的环境里，只要自身努力，就有可能看到一步步往上走的通道。马驹桥的工人，也有自己的梦想。

劳务中心的未来

当然，马驹桥也存在很多问题，甚至有一些灰色产业可能混迹其中。随着城市化进程的推进，北京城不断往外扩展，马驹桥的未来在哪里，谁也说不清楚。我原本非常看好马驹桥，因为北京的发展，既需要各个领域的高端人才，也需要从事体力劳动的普通蓝领，两种性质的工作相互补充，缺一不可。

很多人讨论过，随着人工智能和机器人的快速发展，一定会用机器人取代一部分劳动力。问题的关键是，机器人最先取代的，到底是白领工作还是蓝领工作？这是一个需要反思的问题。

举例来说，前面讨论的，把各种快递包裹以及箱子，从大卡车上搬到传送带上的这个工作，机器人是否很容易取代人类？我的看法是否定的。虽然现在的人工智能很强大，只要扫描一下条码，瞬时就可以计算出一个快递从出发地到目的地，应该走怎样的路径最快，但是那些最基本的动作，比如搬箱子，却成为机器人的最大挑战。我们需要面对各式各样的包裹和箱子，有的是文件，有的是衣服，有的标注着易碎轻放，每个箱子的外观、尺寸或者重量都不一样。人工智能在这些领域里进步反而是最难的。快递公司每天要处理那么大数量的包裹，如果机器人比人类更有效，那么早就实现全自动化了。

又比如前面提到的洗水果这件事，机器人能否比人类更有效率？我也非常悲观。不同的水果长得不一样，同样一种水果，每一个大小还不一样。对人来说，冲洗水果这件事，恐怕都不需要学习，说一下就知道怎么干了。可是，对于机器人来说，让它学习两三个月都不见得能做好。

这是一件很有趣的事。机器人最先取代的往往是需要最多知识、最少体能的工作，而最难取代的反而是最少知识、最多体能的工作。所以，我坚持认为，城市人民的生活一定需要这些蓝领工人的劳动，全世界都是如此。

但新冠疫情是一个大家过去都没有考虑到的因素。如果疫情在很长时间内都无法得到有效控制，那么用机器人取代人力的进程就会加速。使用人力虽然便宜高效，但是会增加传染的风险，很多工作的形式必定会改变。这对于蓝领工人是最不利的。他们本来就处于社会底层，每天依靠出卖自己的劳动力去赚取150元左右的收入。疫情之后，工作的机会逐渐减少，而工资上涨的可能性降低。疫情也许增加了一部分线上直播从业者的收入，但也减少了线下体力劳动者的收入，一高一低，对于穷人更为不利。

参考文献

[1] 田丰，林凯玄.岂不怀归：三和青年调查[M].北京：海豚出版社，2020.

第14讲
贫困线是如何划定的

近些年,一个流行的概念叫作"精准扶贫"。我非常喜欢这个概念。因为过去人们对贫困的界定很粗犷,一般用地理方法界定。世界银行界定贫困国家,而一个国家再界定贫困市、贫困县。但问题在于,很多贫困国家只是人民贫困,政府和领导人并不贫困,一般还很富裕。很多地区对"脱贫"或者摘掉贫困帽子极为警惕,甚至不惜一切代价都要保住"贫困帽子",因为只有这样才能获得持续不断的贫困补助。

这些极为扭曲的现象归根到底就是没有做到精准扶贫。对于一个地区的领导人来说,地区贫困并不是他个人贫困,而地区贫困对他个人往往是有好处的。所以,从个人利益出发,他需要保住地区的"贫困帽子"。只有实施精准扶贫,把扶贫的对象从宏观层面落实到微观层面,我们才可能打破这种怪圈。但如何做到精准扶贫,又是一件困难的事。扶贫工作的第一步就是要找到穷人。可是，穷人在哪里呢？

在很多发展中国家，贫困是非常触目惊心的。在一些非洲国家的农村，基础建设非常差，屋子质量也很差。走进屋子一看，家徒四壁，每家每户都是如此，那么我们可以很有把握地说这是个贫困村。但是，有时候情况比较复杂。某个村子看起来破破烂烂，却停着不少豪车。我们没有时间挨家挨户仔细考察，这时候我们怎么判断谁富谁穷呢？

有些国家城市里的贫困现象更复杂。比如印度，城市管理比较松散，大量贫民窟就出现在城市的中心。走在印度城市的街头，我们往往看到这样的景象：马路一边是现代化的豪宅或者商场，马路另一边是破败不堪的贫民窟，两者几乎不可分割。这种情况下，我们就不太可能用地理方法把贫困区域圈出来。

有些国家的城市管理比较严格，不允许城市内有醒目的贫民窟。这种情况下，贫民窟会以更隐蔽的形式存在。我们知道，欧美很多国家在近几十年里出现了富人逃离市中心、住在郊区别墅的情况。而对于穷人而言，只有市中心才有工作，通勤又是一项很大成本，所以居住在市中心就成为他们唯一的选择。所以，在保留表面光鲜的标志性建筑的情况下，部分大城市的很多地区已经演变成隐性贫民窟。

所以，寻找贫困人群，帮助贫困人群，不是一蹴而就的事。我们可以从两个角度来考虑。第一，利用科学统计的方法划定贫困线，找到那些有固定居住场所的穷人，给予其政策性的帮扶；第二，对于居无定所的人，利用各种民间组织给予特殊的帮扶。

什么是贫困线

界定穷人最基本的方法是划定贫困线,这也是目前国际上最主要的界定穷人的方法。2018年10月,世界银行的一份报告提出,世界各地的经济发展已使得极端贫困人数开始减少。但是,目前世界人口中还有近半数仍在为满足基本生活需求苦苦挣扎。

报告称,中等偏低收入国家的贫困标准是每天生活费低于3.2美元,中等偏上收入国家的贫困标准是每天生活费低于5.5美元。假设美元兑人民币的汇率是6.5,折算一下,发展中国家的贫困标准是每天生活费低于约21元,每月生活费低于630元;发达国家的贫困标准是每天生活费低于约36元,每月生活费低于1080元。

2020年,有一份研究报告称,中国有6亿人每月的收入低于1000元。这份报告在网上引起很多争论。我们不去讨论那份报告的技术细节,但中国有上亿人每月收入低于1000元,这应该是没有争议的。

当然,在世界银行看来,每天生活费低于36元或者21元,确实属于贫困,但已不属于极端贫困。世界银行目前最主要的目标是,希望到2030年能消除极端贫困,消除每天生活费低于1.9美元(约12元)的人群。这个群体不仅贫困,而且其生存会受到威胁。世界银行指出,到2015年,全世界极端贫困人口比例已经降到10%,这是一个很大的成就。但是,需要警惕的是,全世界减贫速度正在放慢。要让剩下10%的人群脱贫,是一件很困难的事情。

很早以前,世界银行就把国际贫困标准定为每天生活费为1美元以下,这只是一个经验性数字,因为各国汇率不同,1美元在各国能购买的东西数量也不同。2008年,世界银行又将国际贫困标准从每天生活费1美元以下提升到1.25美元以下。现在，这个数字是1.9美元。

而中国的贫困线也一直在动态调整。1985年，中国将人均年纯收入200元确定为贫困线。而我们目前的贫困线主要是2011年确定的，农村人均年纯收入低于2300元就属于贫困。在这个基础上，根据每年的通货膨胀以及各个省市的不同情况，动态加以调整。2020年的中国贫困标准是人均年纯收入低于4000元。前面说过，世界银行认定的中等偏低收入国家的贫困标准是每月生活费低于630元，也就是每年收入低于7560元。而中国目前的贫困线是每年4000元，显然偏低了。

贫困线是怎么设定的

那么，这些贫困线是怎么设定的？这是发展经济学的一个核心问题。我们不妨回顾一下其他国家的经验。

1950年以前，英国政府选用基本的食品、衣服、住房需求的"一篮子商品"作为衡量贫困的标准。也就是说，英国政府需要计算保障最基本生活需求的费用是多少。低于这个收入的人，就属于贫困。

1950年以后，英国政府逐渐废除"一篮子商品"计算方法。从1979年开始，英国政府将贫困定义为"家庭收入低于税后收入中位数的60%"，这是一种相对贫困标准。中位数收入就是把所有家庭按照家庭收入排序，取最中间的家庭所获得的税后收入。这种算法对于统计比较完善的国家而言最合适。但它的缺点是，贫困线会上下波动，每年的贫困人口数量也不完全一样。

日本也是用统计方法设定贫困线的。日本政府分地区、分档次设定了最低生活水平保障标准。从1987年4月起，日本最低生活水平保障标准大致分成三类六种：标准最高的是大城市，即一类地区，分成两个档次；其次是县首府，即二类地区，也分成两个档次；标准最低的是市町村，即三类地区，同样分成两个档次。不同档次的最低生活水平标准又与年龄、家庭构成、所在地区等多项因素有关，每年由厚生大臣向全社会进行公布。

美国有两个版本的贫困线：一是由美国人口调查局发布的贫困线，主要用于统计贫困人口数量；二是由美国健康与人类服务部发布的贫困指南，主要用于项目申请和管理，为了扶贫操作而使用。

1964年，约翰逊政府首先制定了贫困绝对标准。当时的美国白宫经济顾问委员会将家庭的贫困线设定为每年3000美元，将无亲属的个人贫困线设定为每年1500美元，这是一个比较武断的贫困线。后来，美国不断调整贫困线，主要依据消费者支出调查得出。现在美国每年需要测算满足基本需要的收入水平，其中包括食品、居住、衣服、耐用消费品等，并根据不同地域住房成本进行调整。这种做法跟英国过去的"一篮子商品"计算方法比较相似。

美国对穷人的救济也遵循同样的逻辑。除了货币性救济之外，美国会根据贫困家庭的实际需要实行"食品券"救济方式。符合贫困标准的美国公民或永久居民都可以向政府申请食品券，不同人口的家庭每月获得的食品券也不同。政府每月会把钱款打入指定账户，这些账户只能在指定的商店内购买食品。

按照美国的统计口径，最近几十年，美国的贫困人口数量始终维持在2200万人至4500万人之间，而且大部分年份都在3000万人以上，几乎占到美国人口的10%。即使是美国这样的发达国家，也不可能彻底解决贫困问题。

对于很多发展中国家来说，贫困线的设定更困难，因为这些国家没有很细致的收入统计或者物价统计。一些国际组织的扶贫工作者在工作中发明了很多"土办法"。比如，孟加拉国每年季风时期都会不停下雨，房屋的损害很大。孟加拉国的很多地方都很贫困，人们一般用茅草作为屋顶。经过一个夏天，淋了几个月的雨，整个屋顶都泡坏了，需要重新翻修。条件稍微好一点的家庭就会请人制作锌皮屋顶，它可以有效防雨，不容易坏。所以，有经验的调查者，通过查看每家的屋顶就可以大致确定其经济水平。

但是，这个经验到了非洲就不管用了。非洲不会下那么多天的雨，家庭不需要锌皮屋顶。扶贫工作者又发明了另一个办法，就是记录这个家庭有没有独立厕所。有独立厕所的家庭，其经济条件一般不错。事实证明，这确实是一项简单且有效的衡量贫困的指标。

所以，对于发展中国家而言，精准找到穷人是一项更艰巨的任务。经济学家主张，发展中国家应该根据各自的实际情况，利用设定贫困线在内的不同方法，综合起来寻找穷人。我们只有多管齐下才能有效定位穷人，从而找到真正需要帮助的人。

■ 参考文献

[1] 世界银行. 贫困与共享繁荣[R]. 世界银行集团，2017.

第 15 讲

疫情会导致粮食危机吗

探讨经济发展问题，其中最惨烈的问题就是饥荒。从汉代到民国，中国两千余年的历史中，有明确记载的饥荒就发生过1800多次。

饥荒距离我们并不遥远。我经历过物资匮乏，但没有经历过饥荒。比我年轻的读者朋友，恐怕没有这种经历和记忆。但是，很多上了年纪的人还是有这种记忆的，而且这种记忆是生理性的。

西蒙娜·薇依（Simone Weil）是一个我很喜欢的女性哲学家。薇依有一次与另一位女性哲学家波伏娃聊天说："当今世界上只有一件事最重要，那就是让所有人都有饭吃。"波伏娃反驳说："不对，最重要的应该是为工人的生存找到某种意义。"薇依打断波伏娃说："你肯定从来没有挨过饿。"当年这个故事给我很大的触动，所以我要分享给大家。

导致饥荒的基本机制

2020年,联合国世界粮食计划署(WFP)发出警告,新冠疫情有可能引发全球大规模的粮食危机,令全球面临严重饥饿的人数增加到2.65亿人。这是一个非常危险的信号。现在世界各国都不大喜欢使用"饥荒"这个词,转而使用"粮食危机"。为什么病毒肆虐有可能导致全球饥荒呢?

我们知道,粮食问题归根到底就是匹配问题。很多人认为,粮食生产得足够多,就不会发生饥荒。如果在一个封闭环境里,那么确实如此。但是,在一个开放环境里,最主要的环节不一定是生产环节,而更有可能是流通和分配环节。

大多数城里人不种粮食,但大家似乎并不担心粮食问题,因为每个城市背后都有复杂、有效、遵循市场经济规律的粮食生产和运输系统,有不计其数的人在这个系统里讨生活。它是高度竞争的,哪怕有一部分人退出,整个市场还能维持运转。

为什么会发生饥荒?有两种经典理论。一种是供给侧解释。该理论认为,粮食歉收,粮食供给缺乏,人民陷入饥荒。另一种是需求侧解释。学者普遍认为,发生饥荒时,并非粮食总供给不足,而是老百姓缺乏储蓄积累、缺乏交易机会来获得足够的粮食。贫民尤其如此,他们一般缺乏资产,生存状况高度依赖粮价,粮食市场的风吹草动往往比粮食数量总供给的波动更为致命。

所以,真正值得担心的问题不应该是粮食减产,而是交通运输渠道被切断、交易渠道被切断以及市场失灵等。2020年,泰国、越南、俄罗斯、柬埔寨等十几个重要的粮食出口国都宣布减少或者限制粮食出口,国际运输业一度陷入低谷。当时,联合国世界粮食计划署十分紧张，因为也门、阿富汗、刚果民主共和国、布吉纳法索以及南苏丹有大概3000万人需要粮食计划署的帮助。

好在这场运输危机已经过去，现在很多国家都重新放开粮食出口，全球物流又重新回到一个还算不错的水平。只要商品自由流动，那么大多数国家不至于陷入饥荒的困境中。

19世纪四五十年代，爱尔兰发生大饥荒，死亡人数恐怕超过百万人。与此同时，大量爱尔兰人移民海外，总数也在百万人以上。所以，如今的美国、澳大利亚等国，都有大量的爱尔兰后裔。现在，爱尔兰的人口只有不到500万人，但是爱尔兰在大饥荒前有800万人。而海外的爱尔兰后裔的数量有数千万人，远多于爱尔兰本土人口的数量。这是当年大饥荒所导致的后果。

这场大饥荒是怎么来的？按照传统说法，主要是马铃薯疫病所致。马铃薯是南美洲作物，在地理大发现之后传到欧洲。欧洲人发现，马铃薯对土地要求低、产量高，单位土地上能提供的热量高于小麦等传统作物，所以爱尔兰这些贫困地区就大面积种植马铃薯，人们也习惯了将马铃薯作为主食。但是，物种单一化就容易受到自然灾害的冲击，马铃薯疫病导致爱尔兰的马铃薯减产乃至绝收，粮食供给出现巨大的问题。这是爱尔兰大饥荒的直接原因。

但是近年来，这种简单的解释受到越来越多的质疑。爱尔兰的土地是否真的能养活800万人？为什么爱尔兰的粮食品种会如此单一，一种病毒就能将其毁灭？如果只是粮食减产，那么为什么爱尔兰不大规模向英国或者欧洲其他国家进口粮食？为什么有那么多人没有逃离爱尔兰？我们会发现，饥荒问题比我们想象的要复杂。我们单纯从粮食减产角度分析是不够的，还须认清爱尔兰当时的社会结构和经济发展水平。

当时，爱尔兰是整个欧洲经济极度落后的一个国家，农民一贫如洗，什么都没有，只能租赁小块土地来种植对土地要求最低的马铃薯。马铃薯疫病一来，他们就什么都没有了，更不用说高价购买外国粮食了。所以，疫病病毒只是压垮他们的最后一根稻草，而关注饥荒要从当时的总体经济结构入手。美国西北大学的经济史教授乔尔·莫克尔（Joel Mokyr）写过一本《饥饿的爱尔兰》（*Why Ireland Starved*），大家可以读一下。

饥荒研究的困难性

我们先来思考一下饥荒导致人口减少的测量。大家不要小看这个问题，这可能是饥荒研究中最复杂、最困难的问题。对于饥荒的研究，最大的争议一般集中在数字上。每次饥荒饿死的人数从来没有一个准确记录，过去在技术上也确实做不到准确记录。如今，学术界一般不使用"饿死"这个词，比较严谨的说法是"人口减少"。

饥荒导致人口减少的原因有两个。首先，长期饥饿会导致营养不良，饥饿的人身上甚至会出现浮肿。如果营养不良，抵抗力就会下降，人就更容易生病。而对于那些本来就有慢性病的人，如果营养不良，死亡率就会急剧提高。所以，当一个人去世的时候，我们很难判断他是因为疾病本身去世还是因为长期营养不良去世。这其中存在巨大的统计口径差异。其次，饥饿会影响出生率。这里面又包含了两个方面。第一，在饥荒的背景下，很多婴儿出生以后，往往得不到很好的营养和照护，夭折率极高。如果在一个正常的社会环境下，这些婴儿有很大的概率可以活到成年。但是，在饥荒中，他们失去了这个机会。第二，饥荒下，很多夫妻减少生育，或者就不生育了。

但是，这些问题的计算比较复杂。当我们观察到饥荒背景下的婴儿死亡率时，其中有多少比例可以归罪于饥荒？这是很多学术争议的重要来源。而有关未出生人口的争议就更大了。我们只能观察到这个时期人们减少生育，但是减少生育的原因有很多，其中又有多少归罪于饥荒？一些学者表示，这些人口从来就没有存在过，怎么能算损失？但另一些学者表示，现代统计学已经提供成熟工具，我们可以做反事实检验（假定没有出现饥荒这个特定事件，根据饥荒前的人口数量和总体环境推算出几年后应该有的人口数量），而现实中，人口数量一定比这个推算出来的理论上的数量低，两者的差值就是饥荒导致的人口损失。这种算法对不对呢？大家可以自行判断。

孟加拉大饥荒

第二次世界大战时期，印度和孟加拉国还没有独立，整个孟加拉地区处于英国殖民者的统治之下。对孟加拉大饥荒的探究，有助于我们理解大饥荒的成因，对于认识我国的情况也是很有好处的。

印度是一个农业大国。它的国土面积只有中国的三分之一，但是耕地面积比中国还要多一些。印度的粮食产量很高，但是印度历史上经常发生饥荒事件。这再一次证明，饥荒并不完全与粮食产出有关，导致饥荒的关键往往是局部市场的破坏。

孟加拉原本是印度重要的粮食生产基地，人口众多，但是到了1943年，这里发生了极为悲惨的事情。第二次世界大战如火如荼，这里是英国对抗日本的最前线，大量粮食被征调。孟加拉农村地区本身就缺少粮食，这一点却极少被人关注。

后来的学者总结起来，有四个原因导致了孟加拉大饥荒。第一，这个区域内部的粮食运输非常不力，粮食无法运达农村；第二，区域内部矛盾重重，印度教与伊斯兰教相互对立，没有携手合作；第三，印度国内最大的政党国大党，对孟加拉极为漠视，并没有投入足够的支援力量；第四，当时的英国殖民者对印度饥荒非常漠视，一心只关注战场上的问题，不关心内部的问题。这些原因终于导致孟加拉地区的数百万人在这个过程中"非正常死亡"。

阿马蒂亚·森是孟加拉人，小时候见识过1943年大饥荒。那次饥荒对很多孟加拉地区的学者都产生了深远影响。阿马蒂亚·森在从事经济学研究后，就把大量精力投入饥荒研究中。1981年，他出版了对于饥荒的经典研究《贫困与饥荒》(*Poverty and Famines*)。在这本书里，他全面探讨了导致饥荒的原因。他研究了全世界的很多次大饥荒，并指出，在民主政府治理下，不太可能发生大饥荒。只要粮食能相对自由地再分配，就不会很容易地饿死人。美国政治经济学家蒂莫西·贝斯利（Timothy Besley）的研究修正和拓展了阿马蒂亚·森的看法。他指出，信息传递在避免大饥荒的政策中能起到关键作用。历史上的那几次大饥荒，无论民间还是政府，都没有利用媒体充分地报道灾情。人们对于灾情的获知，严重滞后于灾情的蔓延，从而也影响了救灾的效果。

参考文献

[1] 阿马蒂亚·森. 贫困与饥荒[M]. 王宇，王文玉，译. 北京：商务印书馆，2001.

第 16 讲
为什么大家不喜欢种地

经济学里有一门学科叫作"农业经济学"。我读书时对这门学问还挺感兴趣,但开设这门课的学校很少,相关的教科书也很少。虽然这门课的名称是"农业经济学",但实际内容是"取消农业经济学"。因为这门课的主要内容都是农村向城镇转型、农村人口向城市流动、农业现代化、生态农业等,基本不讲怎么种地。后来,我明白这是学界共识,学界都认为传统农业必须转型。

猪肉价格的决定方式

农业经济学里有一个很经典的模型,叫"蛛网模型"。古典经济学有一种基本观点,就是市场里某种商品的价格会趋向于一个稳定点,如果有外力干扰,价格即使偏离了稳定点,也会逐渐向稳定点回归。假设现在有一个外部冲击,比如某地发生了猪瘟,那么猪肉价格必然猛涨。但是，这只是暂时的现象，等到猪瘟结束，猪肉价格就会逐渐回落，最终回归到原来的价格。

20世纪30年代，美国和欧洲的几位经济学家同时在研究农产品价格和产量的变动，认为古典经济学的这种预测未必成立。他们开发出一种动态模型，得到了相似的结论。在模型中，价格波动的轨迹就像一张蜘蛛网，逐渐向外扩散。1934年，英国经济学家尼古拉斯·卡尔多（Nicholas Kaldor）把这种理论称为"蛛网模型"，这个名称就逐渐流传开来。

蛛网模型认为，产品价格是否会趋于稳定，需要看这种产品供给曲线与需求曲线的弹性比较。简单地说，如果消费者对价格的敏感程度超过生产者，那么产品价格确实会逐渐趋于稳定。但是，如果反过来，消费者对价格的敏感程度不如生产者，那么产品价格不会趋于稳定，反而会趋于发散，从而无法预测。

这个模型非常好，描绘了农户所要面对的市场不确定性。但是，在现实中，农户至少要面对双重不确定性：一方面是农业本身的不确定性，另一方面是市场的不确定性。我们不妨就以养猪为例来分析一下。假如去年猪肉价格显著上涨，而农户去年养猪了，那么今年他是否应该再多养几头猪？有经验的农户都知道其中的风险。猪肉的价格每年都有波动，难以预测。

然而，养猪本身需要时间，这是自然规律。由于猪肉价格一直在波动，农户必须计算猪的最优出栏时间。养猪并不是多养一个月就能赚得更多。多养一个月，猪虽然会变得更重，但也要消耗更多饲料。每公斤饲料需要两三元，理论上三斤饲料转换成一斤猪肉。当猪肉价格低的时候，卖猪收入甚至有可能跌破饲料成本。所以，养猪成本和收益的计算是一项很困难的工作。

2018年初，生猪价格是15元/公斤，年中的时候，跌破10元/公斤，年末又涨回13元/公斤。2019年6月，生猪价格涨到20元/公斤，到了2019年11月，生猪价格为40元/公斤。当时很多人都在惊呼猪肉涨价之快。2020年下半年，生猪价格从38元/公斤跌到了29元/公斤。这就是变幻莫测的猪肉市场。

有一本书叫《全国农产品成本收益资料汇编》，每年都会出一本，连续出了几十年。这本书里记录了当年全国各个地区粮食、蔬菜、水果、肉、禽、蛋、奶等各种产品的统计价格。我查了2018年的数据。在这一年里，农户小规模养猪的话，不管在哪个地方，都是亏的，一头猪亏一两百元。在这种情况下，农户在2019年如何敢养猪？

这是宏观视角。但猪肉市场又是一个极为分散的市场，每个地方都有不同的感受。如果你是农户，养了几头猪，你可以选择在去年底卖掉，也可以选择在今年过年前卖掉，那么你会怎么做？我读过一份田野调查报告，研究者就是这么问农户的。农户的回答也刷新了我的认知。农户回答说，这主要取决于过年的氛围。在农村地区，如果今年过年氛围浓，那么很多人家都会杀猪，还会把猪肉送给街坊邻居，或者把猪肉做成腊肉、香肠，给在外地打工的孩子寄去。这样一来，农村地区对猪肉的需求量一下子就减少了，猪肉价格一定下跌。所以，如果预计今年过年很热闹，农户就要把手里的生猪尽早出手，以免价格下跌。这些有关猪肉市场的知识是我们在书房里了解不到的。

种粮食是否会亏钱

我们再来看看粮食市场。中国人对于粮食是非常重视的。2006

年公布的《中国国土资源公报》显示，全国现有耕地18.27亿亩。有专家认为，18亿亩耕地是一条红线，绝对不能再低，它要用于保障中国14亿人的粮食安全。我对"18亿亩耕地红线"这个概念很感兴趣，一直想搞清楚，18亿亩耕地到底能生产出多少粮食。下面我们就来分析一下。

中国有三种最主要的粮食，即稻谷、小麦和玉米。这三种粮食都很重要，不过亩产量不一样，需要投入的人工劳动力也不一样，稻谷还可以细分为早中晚稻和粳稻，价格也不一样。

2016—2018年，农民只要种地，基本就是亏的，也许有少数人能赚钱，但平均水平是亏钱的。而2013—2015年，农民种地可以赚一点钱，平均一亩地的收益大约是600元。这就是农民通过种地可以从土地中获得的收益。

一个经济学者于2012年前后在上海的郊县松江所做的调查显示：2008—2012年，农民在上海松江地区种水稻和小麦，平均每年每亩地的收入是八九百元，但要扣去六七百元的土地租金，好在还有四百多元的国家补贴，加起来一亩地可以赚五六百元。上海松江应该算是中国土地质量还不错的地区。而农民进城打工的话，2012年上海的最低工资也有1500元/月。这笔账算下来，我们就明白，为什么很多农民不愿意种地，甚至情愿抛荒土地，也要跑到城里来打工。

种地是一件很辛苦的事。我们过去接受的教育是，中国土地肥沃，很多地方可以一年两熟，甚至一年三熟，农民可以充分利用土地生产粮食。但是，对于农民来说，要做到一年两熟或者三熟实在是一件很辛苦的事。

有一个概念叫作"双抢"，就是"抢收、抢种"，把地里上一季的粮食收获，然后赶紧种下一季的粮食。有些地方是抢收冬小麦，抢种晚稻；更多地方是抢收早稻，抢种晚稻。"双抢"的时间必须是在七月下旬到八月上旬，这正好是一年中最热的时候。由于季风原因，这段时间经常下暴雨。农民要在这一个月里趁着不下雨的时候，拼命干活，把稻谷收上来。经历过的人都有很多感慨，可以说是苦不堪言。而最近20年很少听到"双抢"了。因为两季稻卖不上价钱，最终的收益可能还不如只种一季稻的收益高。农民自然不再做这种吃力不讨好的事情。

所以，讨论一片土地一年可以几熟是没意义的，重要的是农民怎样使用这片土地。我毫不怀疑，如果所有中国农民拿出"双抢"的劲头，充分利用土地，那么"18亿亩耕地红线"足以保证14亿中国人的粮食自足。但是，粮食价格上不去，农民都不愿意种地，即使有"28亿亩耕地"，恐怕也无法保证中国的粮食自足。

农业的地方性知识

美国人类学家克利福德·格尔茨（Clifford Geertz）提出过一个概念，叫作"地方性知识"，就是与当地、当地人以及当地环境密切关联的知识，离开这个语境就很难为外人所知。在农业里，实在有太多地方性知识。《论语》里有"四体不勤，五谷不分"的说法，这句话对于我这样的人非常适合。同样是一片土地，可以种粮食，也可以种花生、油菜这样的油料作物，还可以种蔬菜，种水果。但不同作物对资本和劳动力的要求不一样，所面对的市场也不一样，没有经验的人很容易砸在手里。

比如大白菜，北方人过年都会储备。在东北，冬天晾晒大白菜甚至称得上是街头一景。种植大白菜，总体而言是一项不错的产业。虽然大白菜价格低，但产量很高，一亩地可以产出四五千公斤大白菜。所以，如果成本降下来，规模搞上去，一亩地的大白菜也可以赚2000元，至少比种粮食的收入要高。

但是，这里包含了地方性知识。在东北或者中国北方大部分地区，种植大白菜都有不错的回报，在人工成本低的地方，利润率甚至可能超过百分之百，这是一项很好的产业。但是在中国南方，种植大白菜就不是一个明智选择。在南方，大白菜产量不高，人工成本也不低，农户很有可能陷入亏损的困境。所以，虽然大白菜全国各地都能种，但主要的生产地区在北方。

任何行业都有自己的地方性知识，而农业的地方性知识一点不比金融业少。对于在城市里工作的人而言，如果今年的收益比去年少50%，这在心理上会造成很大的落差。而在农业中，这是很常见的。耶鲁大学政治学和人类学教授詹姆斯·C.斯科特（James C. Scott）在研究东南亚的农民时，曾经这样描述他们的状态："这些人仿佛站在齐脖深的水中，没有风浪时可以自由地呼吸，可是一个风浪过来，他们就面临灭顶之灾。"我觉得这个描述非常准确，也可以解释很多农民风险规避的行为决策。农业收益低、风险大，缺乏分摊风险的机制，而且农民又普遍缺少有关风险的知识，这些是很多农村悲剧的根源。

■ 参考文献

[1] 曹东勃.在城望乡：田野中国五讲[M].上海：上海人民出版社，2021.

第17讲
印度农民为什么要反对农产品市场化

印度有十多亿人，粮食压力一直很大。莫迪政府曾试图推动印度的农业市场化改革，想要废除农产品市场委员会（APMC）。这个机构的工作是为农产品的收购提供一个托底价格，并且规范农产品收购的流程。这种机构必然是低效臃肿的，没有任何灵活性，也不可能抬高粮食收购价格。

农民有自由处置他们所收获的农产品的权利。农民种植的粮食可以直接拿到市场上去卖，如果卖不掉或者不想卖，那就卖给农产品市场委员会。根据印度农业部的数据，只有6%的农产品最后会卖给农产品市场委员会，也就是94%的农产品会在市场上消化掉。农产品市场委员会也就变成一个无足轻重的机构，莫迪就想趁机废除它，进一步放松管制，加速印度农产品的市场化。在莫迪看来，这是"几十年来首次推出的让农民受益的法律"，农民通过这项法律可以获得更多的权利和自由。

但是，这项农业改革法遭到了大多数农民的反对。他们强烈要求保留农产品市场委员会，保留甚至加强政府对农业的补贴。为此，他们不惜冒着新冠疫情的风险，千里迢迢赶往首都德里抗议游行。在这些农民看来，这项法案最终的受益者只是几家大资本，广大农民的权益必定会受损，农产品的实际价格会比现在更低。他们不指望法律所带来的收益，只是想避免法律所导致的风险。

从表面看，印度农民的抗议似乎是没有道理的。印度农产品的市场化一直不足，市场化不足一定会影响供给和需求两方的福利。简单地说，市场化不足的结果就是，明明农产品的价格合适，可是想卖的人卖不了，想买的人买不到。推动市场化之后，想卖的人可以多卖，想买的人可以多买，各取所需，福利必定有所提高。可为什么印度农民看不到这一点，反而要拼命抵制呢？

印度农民不一定学过经济学，但是有非常丰富的生活经验。他们依据过去的经验做判断，认为这场改革所导致的福利收益基本不会落入农民口袋。印度农民原本就很苦，大多处于赤贫状态，就是所谓"河水淹到脖子"的状态。如果农民面临的风险有所增加，这对他们来说就可能是灭顶之灾。

为了探讨印度农民的这种恐惧心理，我们需要回顾一下印度历史上那场著名的"绿色革命"。

印度失败的"绿色革命"

印度于1947年独立，时任总理贾瓦哈拉尔·尼赫鲁（Jawaharlal Nehru）就把"粮食自给自足"作为国家的重要目标。整个20世纪50年代，印度农业有所进步，但进步缓慢，远赶不上人口增速。在那些年里，印度水稻收益年增长率是2.1%，小麦收益年增长率是1.3%，粮食总产量从5500万吨增长到8900万吨。这个增长速度太慢，根本不能实现尼赫鲁的"粮食自给自足"目标。到了20世纪60年代的灾难年份，印度粮食年产量比前些年下降，回落到7200万吨，好在印度一直能从美国进口粮食。印度自独立以来，平均每年从美国进口386万吨粮食，1966年和1967年的粮食进口量分别为1036万吨和867万吨。

在尼赫鲁的经济框架里，印度有限的资金应优先投入工业。至于涉及亿万人吃饭的农业，则应该多使用其他手段来提高，比如说土地改革。经过多年实践，印度土地改革也算是取得了一定的成果。一些地区原本有一种中间人地主制度，叫作"柴明达尔"，确实被废除了。但是，土地改革并没有改变印度农村土地占有的不平等结构，也没有实现耕者有其田的目标，在租佃改革和土地持有最高限额立法方面更是进步缓慢。根据经济史学家约翰·帕金斯（John Perkins）的看法，印度20世纪50年代的小麦亩产量大约与莫卧儿帝国在16世纪的水平相仿。

尼赫鲁的后继者认识到，印度农业在传统范式里提高产出的潜力已变得很小，需要大力改变。到了1965年，时任总理拉尔·巴哈杜尔·夏斯特里（Lal Bahadur Shas-tri）在美国和世界银行的要求下，开始制定新的战略，也就是"绿色革命"。1966年，尼赫鲁之女英迪拉·甘地（Indira Gandhi）上台，将"绿色革命"战略加以完善并正式开始推行。英迪拉表示："除非我们在近几年内提高农业产量，实现粮食自给，否则我们就不能说印度是一个自由国家，而仅仅是一个大国。"

什么是"绿色革命"？"绿色革命"的具体主张很简单，"在土地耕种单位面积较大、有灌溉条件的部分地区，全面引进现代农业技术"。具体措施包括引进优良种子，比如墨西哥高产小麦，还有培育新品种作物、使用化肥和农药、改进水利灌溉设施等等。同时，英迪拉政府在21个邦先后建立了农业大学，还制定了扩大农业投资和信贷，以及财政补贴、吸收外国农业贷款等辅助措施。

过去，印度主要依靠增加耕地面积来提高总产出。"绿色革命"则希望通过科学和科技手段来提高单位产量，而不是单纯增加耕地面积。经过十多年的努力，印度高产粮食种植面积已达到总面积的三分之一以上，灌溉区域从不到两成增加到三成以上。到了20世纪80年代初，印度的粮食总产量达到1.3亿吨，比低谷时几乎翻了一番。印度从20世纪70年代末开始，终于有了自己的储备粮，还成为粮食出口国。1984年，印度政府宣布向非洲干旱灾区捐赠10万吨小麦，这一举动象征性地展示了印度"绿色革命"的成就。

从科技角度来看，印度"绿色革命"算是小有成果。然而，从总体社会来看，绝大部分政治学家、经济学家认为，"绿色革命"可以说是一场灾难。"绿色革命"所引致的问题，远比它所解决的问题要多。在"绿色革命"之前，印度粮食经常短缺，但通过国际市场采购，最终也没有导致严重饥荒。而在"绿色革命"之后，粮食基本够了，但涌现出大量的社会问题，解决起来棘手得多。

我们从"绿色革命"的基本定义就可看出，它有一种明显的"亲富倾向"，也就是一定倾向富人。比如单位面积较大、有灌溉条件、优良种子、施用化肥，每一项都明确地指向富人和有一定文化素养的农民。而且，这些要素相互关联。20世纪70年代的调查显示，当时印度10%的地主或富农占有了76%的电动水泵和拖拉机、50%的运输设备和46%的水利设施，还占据了62%的国有银行贷款和77%的私有银行贷款，几乎垄断了合作信贷。如此一来，"绿色革命"在很大程度上只可能发生在他们身上，收益自然也是如此，与绝大部分穷苦农民无关。

更糟糕的是，"绿色革命"抹去了尼赫鲁时代土地改革的成绩。大多数农民知道土地在"绿色革命"中的经济意义，所以地价猛涨，地租倍增，夺佃现象变得严重。很多富农也借这个机会变成真正的地主。政府为了提高农业产量而对多种农产品的收购、定价作了限制，禁止区际贸易、倒买倒卖，严重扭曲了市场资源配置。此举的必然结果是，一般农民的负债显著上升，不少人只能卖出土地，变成农业工人。农村失业人口大增，大多沦为赤贫者。尼赫鲁当年为了与"贫困"做斗争，不惜为发展工业而暂时牺牲农业。"绿色革命"反其道行之，提高粮食产量，同时也增加了农民的贫困率。

在"绿色革命"中，位于印度西北的旁遮普、哈里亚纳及北部的北方邦这三个邦表现出众。这三个邦只占了印度总面积的4%、印度总人口的3%，但它们在政府收购的粮食总量中占到四分之三以上，尤其是旁遮普，也就是印度首都所在的地区，产量占了印度农业的一半。不过，这只是印度部分地区的景象。印度其他传统农业地区发展缓慢，农业停滞甚至衰退的现象屡见不鲜，比如印度人口密集的比哈尔邦与"绿色革命"无缘，农业并没有提高。即使北方邦的农业有所发展，也没从"绿色革命"中获得实际好处，其GDP的年增长率仅为1.2%。

"绿色革命"还产生了一系列环境问题。旁遮普贡献了印度一半的粮食，也贡献了超过一半的化肥农药需求。全印度化肥农药有一大半都播撒在这片并不太大的土地上，深入土壤内部。久而久之，土地质量严重退化，残留农药进入作物。最近的医学研究显示，在旁遮普哺乳妇女的乳汁里，已能检验出严重超出正常水平的农药，这对以后几代印度人的身体伤害是难以估量的。

印度粮食的结构性问题

讨论完"绿色革命"之后，我们发现，农业改革是一件复杂的事情，总量数据和个体感受完全是两回事。印度在20世纪80年代就可以做到粮食自给自足了，可是如今印度仍然有超过5000万营养不良的儿童。而且，我们都知道，印度文盲比例很高，现在儿童失学率仍然很高。为什么会这样？原因很简单，印度没有办法为大量农村地区的儿童提供营养午餐，所以他们没法读书，只能失学。

同时，印度的农作物品种高度单一，平时只有很少选择。很多造访印度的游客对此极为不适，往往走遍印度都没看到绿叶蔬菜。以前，有一次我在新加坡的超市看到一种葡萄，标着产于印度。我就挺疑惑的，原来除了那些毫无黏性的长米之外，印度真的还能出口这种高质量的无核葡萄。

从统计数字来看，印度有超过七成的土地种植着水稻与小麦，可是它们的产值只占印度农业总产值的四分之一，大多数种地的农民处于贫困线以下。虽然印度种植粮食已经有千百年历史，但效率一直不高。客观来看，印度气候属于热带季风气候，有明显的雨季、旱季之别，只有雨季是适合种植庄稼的。每年印度农业最关键的变量就是季风（下雨）。如果季风迟到，印度农民的自杀率就会急剧上升。

所以，在看印度农业的时候，我内心一直有一个问题：既然在印度大多数土地上，农民种植粮食只获得很少的回报，那么他们为什么不改种经济作物，比如多种一些能出口到新加坡的无核葡萄？在不改变耕地面积的情况下，通过改变作物结构，农民也可能有效提高实际收入。但是，在过去几十年里，印度种植水稻、小麦的耕地面积从未减少，印度农民难道从来没有想过这一点吗？

后来，我读到印度农业经济学家里夏·高维尔（Richa Govil）的一篇文章。她列举了八个理由，解释印度农民为什么不肯转向经济作物。她的观点给我很大的启发，揭示出了印度农业政策和经济发展中的一些深层次问题。我们一条一条来看这些理由。

第一，印度的粮食作物有政府决定的最低收购价格，而经济作物没有。这就意味着虽然经济作物可能比粮食作物有更高的收益，但在市场低迷时，农民必须承受更多的市场风险。但是，农民是经受不起这些风险的。

第二，相较于粮食作物，蔬菜、水果更容易受到不利天气的影响。有些地方的政府为有些作物提供了针对不利天气的"保险"，但这似乎有些超出农民的理解能力。农民只能简单地做出选择，那就是不种。

第三，蔬菜、水果等需要农民投入更多精力，需要农民更仔细地照看，而粮食作物的种植要简单很多。印度农民并不像东南亚农民那么"吃苦耐劳"，不愿意选择需要更多精力投入的作物。这一点非常重要，我们需要思考农民在种植过程中愿意投入多少劳动力。

第四，蔬菜、水果不容易储存，一旦采摘就需要快速售出，否则就会迅速腐烂，损耗严重。销售新鲜蔬果需要比较成熟的农贸市场作为支撑，这一条件在印度完全不具备。印度的普通民众基本没有养成吃新鲜蔬菜、水果的生活习惯。

第五，蔬菜、水果的价格波动要远高于粮食。这种现象背后的原因仍旧是农贸市场的匮乏。很多城市缺乏大型农贸市场，使得蔬果的供需双方难以及时匹配。从印度全国范围来看，由于物流系统和基础设施的落后，蔬菜、水果在整个印度范围内的高效匹配很难实现。如果蔬菜、水果不能及时地远距离配送，远方的市场就不存在。

第六，价格实现中存在逆向淘汰，也就是劣币驱逐良币。印度缺乏物流配送服务，缺乏保鲜技术，而且印度人又习惯咖喱的烹饪方式，对食材的新鲜度没有太高要求。这就导致新鲜蔬果损耗严重，最终只能按照半腐败的模样进行定价，会对蔬菜种植农民造成严重打击。长此以往，谁还会种植新鲜蔬果呢？

第七，印度人常常将粮食作物作为一种金融资产。粮食作物相对容易保存，所以常常被作为储蓄资产。农民在有现金需要时抛售部分粮食，可以快速换取现金。所以，这部分印度人很看重粮食的可储藏特性。新鲜蔬果显然不具备这种特性，所以也不被很多印度农民考虑。

第八，印度人觉得种植粮食更有尊严。他们若是种植粮食，在贸易时，就可以开着一辆装满粮食的车来进行交易。可如果他们种植经济作物，贸易时的派头就远不能与种植粮食相比。在印度这个种姓等级分明的社会，尊严往往是农民做出种植选择时最先考虑的问题。

所有因素都会为种植经济作物带来不同方向、不同程度的风险，最终印度人就不太愿意种植销售新鲜蔬菜。看了高维尔的文章，我有种茅塞顿开的感觉。她一直在提醒我们，思考印度农业问题必须有一个全局性的视野，更深入了解印度农民的真实想法，而不能只是从成本收益的角度进行计算。

印度农业问题的背后，有印度农贸市场的缺失、物流系统的落后、食品保鲜技术的匮乏以及农业保险的不足等诸多因素。更深入来看，最根本的原因是收入太低，印度农民无法承受一点点的市场风险。这些因素综合起来，使得印度农业呈现出如此的面貌。如今，我们在讨论印度农民游行抗议农业改革法的时候，也需要注意这些印度农业特点，才能理解他们的担忧。

瑞典经济学家冈纳·缪尔达尔（Gunnar Myrdal）的代表作《亚洲的戏剧：南亚国家贫困问题研究》（*Asian Drama: An Inquiry into the Poverty of Nations*），主要介绍了南亚贫困问题的复杂性。缪尔达尔于1974年获得诺贝尔经济学奖，那一年与他一同分享奖金的是哈耶克。缪尔达尔去世得比较早，现在似乎很少再被人提起。但《亚洲的戏剧：南亚国家贫困问题研究》总是给我带来启发。他描述的20世纪60年代的印度贫困的机制，和我在半个世纪以后看到的情况是一模一样的。

参考文献

[1] 冈纳·缪尔达尔. 亚洲的戏剧：南亚国家贫困问题研究[M]. 方福前，译. 北京：商务印书馆，2015.

第 18 讲
增产技术为什么没有让农民赚到更多钱

过去,想到农业,大家最关注的问题就是亩产量。中国人多地少,这是我们的固有观念。耕地很难增加,而提高粮食产量的最好办法就是提高亩产量。似乎亩产量越高,就越值得庆祝。袁隆平在中国获得极高的声誉,主要就是因为他培育出了很多高产水稻。现在水稻亩产量这个纪录还在不断被刷新。一旦培育出更高产的水稻,媒体就会报道庆祝。

但是,我必须要在这里指出,这是一个重大的误区。高产水稻在农学本身可能有意义,但在经济学上未必有意义。我们要追求的目标,是全国人民都能享有丰富的、价格低廉的、品质优秀的粮食,既要确保所有人的生活质量,也要保持环境的可持续发展,这才是真正合理的农业目标。

粮食亩产量是其中的一个指标。亩产量更高,并不意味着对农业、农民就更好。我们不能脱离成本来看收益。当看到又一种高产水稻被培育出来的时候，我们必须追问，达到这样的产量，需要农民付出什么样的代价。我来举一个具体的例子，就是这些年很热门的一种水稻种植技术，即SRI（System of Rice Intensification，水稻强化栽培系统）。

印尼的水稻种植

不光中国喜欢追求高产水稻，亚洲其他农业国家也有这个爱好。有媒体曾报道，印度比哈尔邦的农民创造了水稻亩产的世界纪录，每公顷的粮食产量高达22.4吨，我算了一下，折合后每亩为约1500公斤。我不知道这个数值现在是否仍然是世界纪录，但它毫无疑问是一个非常高的数值。而且，比哈尔邦是印度最穷的地区，不大会使用高科技。

这个新闻发布出来后，引起了全世界的关注。比哈尔邦的农民为什么能创下这项纪录？大家发现，原来他们采用了SRI。于是，这项技术开始引起人们的关注。SRI不是什么新技术，它在20世纪80年代发源于非洲的马达加斯加。这种技术完全不需要改良种子，成本低廉，但是可以有效提高产量，所以很快在印尼、印度等稻米生产大国流行开来。在几十年里，SRI已经在40多个国家进行过大面积实验，积累了丰富经验。

中国人其实也早就知道这种技术。袁隆平在十多年前就专门撰文介绍过这种方法。据我所知，中国很多省份也都试验过SRI。但我们所看到的最终结果是，绝大多数中国地区没有采用或推广SRI。中国人现在连水稻都不大愿意种，更不要说用SRI技术来种水稻了。

为了理解印尼、印度和中国农民的不同选择，我先介绍一下SRI技术。传统的水稻种植观念认为，水稻必须淹水灌溉，长期浸泡在水里。但SRI认为，水稻并不需要那么多水，只需要保持最低限度的水就可以。这样做不仅增加了土壤的透气性，还能促进水稻的根系向下生长。间歇性灌溉长出来的水稻茎秆，要比传统方法长出来的茎秆粗壮很多，亩产量也就随之提高。

在水稻的育秧阶段，SRI鼓励幼苗早栽，也就是在秧龄12—16天、叶龄2.5—3.5叶时进行移栽，比传统水稻插秧要早。这样做可以提高水稻低节位分蘖发生率，从而发挥水稻的分蘖优势。在种植密度上，SRI不但不要求增加种植密度，反而要求减少种植密度，把过去的三四株一穴的做法改为每穴一株，减少根部对养分的竞争。这样一来，SRI的稻田比传统稻田要稀疏很多，产量反而能提高。这是SRI最神奇的地方。

在水稻成长阶段，施肥与杂草管理是SRI的核心。SRI要求采用有机肥来改良土壤品质，结合间歇性灌溉，使得土壤中的微生物活动性能大大增加，使得地力得到活化。同时，SRI要求更精细的杂草管理。我们知道，在传统水田里，杂草不太容易生长。但现在改成旱田了，杂草会变得尤其茂盛。SRI要求多次除草，最好都是手工进行，持续地翻动土地，保证土壤通气。这些手段最终有望使得水稻亩产量提高60%以上。

SRI有那么多的好处，又不需要改良种子，又不需要额外投入，只是改变过去习惯的种植方法就好。为什么现在它还没有在所有稻米种植国家彻底推广开来？为什么有人接触了SRI后没有坚持下去呢？这些是经济学家需要回答的问题。

康奈尔大学农业经济学家克里斯·巴雷特（Chris Barrett）利

用在印尼苏拉威西岛的一份调查数据，系统地研究了农民在接触到SRI后的行为选择，发现了很多值得我们反思的问题。我们知道，印尼是千岛之国，但最重要的一个岛是爪哇岛。虽然苏拉威西岛面积很大，但经济不是很发达，当地农民千百年来都是以种植稻米谋生。许多年前，有一个非政府组织（NGO）尝试在苏拉威西岛推广SRI。他们手把手地把这种技术传授给农民。当地农民都知道，采用这种方法并不需要高深技术，只需改变自己的种植习惯即可。许多年过去，非政府组织早已离开这个岛，在没有政府强制的情况下，现在还有多少家庭采用SRI呢？调查显示，现在大约只有15%的家庭主动采用了SRI。更有意思的是，对于采用SRI和不采用SRI的农户来说，他们的家庭年收入没有显著差别。

这个结果就有些奇怪了。我们已经知道，SRI可以让稻米的产出增加60%，那么采用这项技术的家庭一定能够多赚钱，怎么最终收入会和其他家庭没有差别？巴雷特指出，我们需要更仔细地思考SRI的特性，就能明白哪些家庭愿意使用它，哪些家庭不愿意。

表面上看，SRI不需要在种子上额外投资，成本没有提高。由于种植得更为稀疏，所以种子投入更少。SRI要求有机肥施肥，这在农村也从来不是问题，似乎SRI不会比传统种植方法增添成本。但是，SRI需要农民投入比之前多得多的精力来做田间管理。无论灌溉管理还是除草施肥，SRI都需要种植者日常的精心看护，比传统耕作方式消耗多得多的心力。这些人力投入没有进入成本收入的统计，但是农民心知肚明。消费者只知道购买粮食，但不知道每斤粮食背后凝聚了农民多少劳动力。

数据显示，一个家庭采用SRI的可能性与家庭非农收入之间存在显著的负相关性。这就说明，农民如果用SRI，可能就没有精力从事其他赚钱的副业。当农民有可能在农业劳动以外获得一定收益的时候，他就不会考虑转向劳动更为密集的SRI。只有那些赋闲在家，完全没有其他赚钱机会的劳动力，才可能使用SRI。因为对他们来说，闲着也是闲着，不如多干点农活。所有田间劳动，即使只是浇水、施肥等劳动，也都有明显的机会成本。最终，在使用SRI的家庭中，主要是家庭妇女在管理这些农活。

这样一来，SRI的本质就清楚了。SRI就是占用劳动力的家庭生活时间，把妇女、儿童用于闲聊、打牌的休闲娱乐时间全都转用到农地生产中。虽然亩产量会提高，有一定的经济效益，但这会挤占人们的正常生活时间，带来巨大的痛苦。通过权衡比较，农民才会决定是否采用SRI。

统计结果表明，采用SRI的家庭儿童辍学率并不比采用非SRI的家庭要高。这背后的解释是，绝大多数家庭即使采用SRI，也不愿意让儿童辍学来帮忙，他们会觉得得不偿失。同时，SRI没有让家庭变得更富裕。所以，SRI是不是一种有效提高农民生活水平的技术，还需要更深入的研究。

此外，我们还需要考虑不同国家、不同地区的自然条件。现有的研究表明，不同农户对于风险的看法不同。越是注重风险规避的印尼家庭，越不愿意采用可靠增产的SRI技术。这个现象看起来很奇怪。风险规避型的家庭应该老老实实地提高粮食产量。但是，我仔细研究了印尼每年的粮价，对农民的选择多了一份理解。印尼的粮价每年波动都很大。农民采用SRI技术，就意味着将更多劳动投入粮食生产，最后收获和出售粮食的时候，面临的风险也随之增大。从风险分摊的角度来看，农民应该把有限的劳动力投入不同的领域，不要把所有劳动力都投入土地。当然，还有一种偏向文化的解释，那就是风险规避型的家庭往往比较传统，更重视家庭生活和子女教育。因此，这些印尼家庭可能情愿放弃60%的粮食增产机会，让母亲能够专心地做家务和照顾孩子。

东帝汶的咖啡种植

既然讲到印尼的水稻种植，我想接着讨论另一种经济作物，那就是咖啡。从世界范围来看，咖啡产业比茶叶产业还要大好几倍，全世界喜欢喝咖啡的人更多。咖啡和茶叶有一个共同的特征，都是劳动密集型产业，种植咖啡也是很辛苦的。

印尼是全世界举足轻重的咖啡出口国，但是产值一直被压得很低。主要原因是，印尼咖啡多数是口味很重的罗布斯塔豆，这种豆子卖不上价钱，只会被收购去做廉价的速溶咖啡。当然，印尼也有名牌咖啡，比如苏门答腊的曼特宁咖啡，但它不是罗布斯塔豆做的，而是更受高端人群喜爱的阿拉比卡豆做的。

东帝汶与印尼有千丝万缕的联系。在印尼的千万岛屿里，我觉得帝汶岛和巴厘岛是比较有意思的两个岛。因为印尼大部分地区都是以伊斯兰教为主的岛屿，可巴厘岛是印度教地区，而帝汶岛是葡萄牙前殖民地，信仰天主教，它们都与印尼的主流宗教文化不同。但我们也知道，宗教不同，就容易爆发非常激烈的冲突。

1859年，葡萄牙将帝汶岛一分为二，西部割给荷兰，后来并入印尼，东部属于葡萄牙。1975年，葡萄牙宣布放弃海外殖民地，东帝汶独立。印尼马上派兵占领了东帝汶。此后，东帝汶经历了几十年的抗争，终于在2002年重新独立。

东帝汶现在的贫富差距依然悬殊，而且还有贫富差距不断拉大的趋势。东帝汶超过四成的人处于联合国公布的贫困线以下，温饱仍然是问题。我们从自然条件来分析，东帝汶拥有非常不错的石油和天然气资源，完全有能力转变成一个能源型国家。但是，能源型国家也有一定的条件。目前，东帝汶非常落后的基础设施影响了这个国家的发展，即使有石油和天然气，东帝汶也没有能力开采，短期内很难发展能源工业。

东帝汶还有一个希望，那就是发展旅游业。在新冠疫情之前，很多海岛都靠着旅游业赚了大钱，比如马尔代夫、夏威夷、毛里求斯等等。但是，开发和经营一个海岛，需要很多钱，需要引入国际财团的投资，也要花费很多年的时间，绝不是一件容易的事情。

从来没有哪个国家的海滩天然就是水清沙幼，所有海滩度假胜地都是精心管理的结果。比如，巴厘岛经营了几十年才有今天的规模，据说海滩所用的部分细沙还是从澳大利亚进口的。而海滩配套的餐饮、酒店全都需要大量的投资。但是，东帝汶独立没多久，连社会治安都不能完全保证，旅游业的发展更是面临重重困难。

于是，东帝汶想到的最后一个机会，就是种咖啡。这倒不是幻想，印尼就是最好的榜样。东帝汶和印尼的地理条件差不多，也很适合咖啡的种植。短短几年，咖啡现在已经成为东帝汶最主要的出口产品，在老百姓的收入中占据最大的比例。而且，越是贫困的老百姓，越是依赖咖啡种植。东帝汶一开始引入的就是阿拉比卡豆，跟苏门答腊的曼特宁咖啡的咖啡豆是同一品种。由于种植条件落后，东帝汶可以宣称自己出品的是完全有机的阿拉比卡豆。现在，东帝汶咖啡已经被很多知名品牌接受。

我们在谈论咖啡时，一般从咖啡豆开始谈，比如烘焙、研磨、手冲技巧等等。但是，咖啡豆并不是长出来就是豆子的样子，咖啡豆是咖啡浆果的果核。农民先要从树上采摘咖啡浆果，然后去皮去肉，接着再发酵和干燥，这才得到咖啡豆。咖啡豆的很多风味是在发酵和干燥时就决定的。在东帝汶，咖啡豆加工坊几乎是家庭作坊，不可能有大规模烘焙、研磨的设备，甚至大多数家庭没有将咖啡浆果去皮去肉的能力。超过一半的东帝汶农民，平时出售的是最初级的咖啡浆果。有条件出售发酵或已经干燥的咖啡豆的家庭，都是当地的大户人家。

这又回到基本问题的层面。把咖啡浆果去皮去肉、发酵干燥的技术一点都不复杂。常用的处理手法是水洗和日晒两种。水洗就是浸泡，让果肉自然脱落；日晒就是暴晒，让果核进出。日晒的效果一般比水洗更好，因为日晒会伴随着发酵的过程，让咖啡豆的口味更丰富。可是，东帝汶出产的咖啡豆，基本使用水洗法，很少有日晒豆。不过，就算是水洗法加工的咖啡豆，其售价也已经是原先咖啡浆果的好几倍。为什么贫困的东帝汶农民不愿多做这一步，多赚一点钱？

观察在生死线上挣扎的农民，我们需从不一样的角度看待。贫困到极致的农民，不可能有任何储蓄，每天想着的就是填饱全家人的肚子。只要收获了一点咖啡浆果，他们马上就可以拿来换钱，让全家人的生活稍微好过一点。他们很难抵制这种现金的诱惑，去忍耐几天来加工和干燥咖啡。虽然日晒法的效果比水洗法更好，但是日晒法要花的时间更长，他们也就更不会考虑了。

一般到了季节末，多数咖啡浆果已经出手，家庭的温饱情况有所改善，这时候日晒法的咖啡豆比例才会显著上升。

所以，即使是咖啡种植业，对于赤贫的东帝汶农民而言，仍是一个需要资本的行业。我们可以设想，一点点的金融体制就有可能帮助东帝汶提高咖啡出口的形态，使其不再只是出售咖啡浆果，而是出售已经加工完成的咖啡豆,这样收益就完全不一样了。可是,咖啡能否帮助东帝汶走出贫困陷阱?这一点不容乐观。在过去几十年里,全世界咖啡价格都是由纽约的咖啡期货市场决定的,所以咖啡价格惊人地平稳,几乎没有大的波动,还在不断地走低。这是大宗农业所难以抗争的命运。

第 19 讲

离开家乡的打工人有多么不易

新冠疫情期间，大家最大的感触是，国际、国内的移动都受到极大的限制，似乎整个世界都停了下来。过去的 20 年里，我知道很多人对机场比对家要亲切很多，每年要飞几十次甚至上百次，身边的拉杆箱里永远有替换衣物备着，准备随时出发。疫情让所有人不得不放慢脚步。随着疫情缓和、疫苗普及，全球性的移动逐步恢复。但这次疫情有助于我们思考一下移动的本质。

不同人的移动能力是不同的。比如，在疫情前，美国人想去欧洲，连签证都不需要，买张机票就能横穿大西洋，说走就走，但并不是每个美国人都能这样做。1990 年，只有 4% 的美国人拥有护照；2016 年，已经有 42% 的美国人拥有护照。我不知道最新数字是多少，应该不会超过 50%。这也意味着至少有一半的美国人没有护照，也就从来没有离开过美国。

中国拥有护照的数量大概是1.7亿本，占总人口的12%，2019年中国出境人次达到1.55亿次。很多中国富豪选择全家移民国外，我见过许多老年人都已经环游世界好几遍，南极都已经去过了，但同时也有85%的中国人没有护照，从来没有离开过中国。这两个现象同时存在，都很惊人。

以前我坐飞机时，每次听到广播里介绍安全须知，就觉得挺啰唆。但后来我明白，中国还有10亿人从来没有坐过飞机。所以，每架飞机上可能都有第一次坐飞机的人，他们必须了解这些安全须知。对于一些农民，不要说坐飞机，连出省都不容易。移动就意味着花钱。对于比较贫困的农民而言，考虑到生活成本，他们不会盲目移动，即使移动，也会先移动到距离最近、规模最大、老乡最多的省内城市，这种城市现在又被称作"落脚城市"。以后有机会，他们再一步一步向更远的城市移动。

移动对我而言是一个很有吸引力的问题。不管从小镇移动到北京，还是从北京移动到纽约，双向移动趋势都是同时存在的。贫困会在很大程度上阻碍人们的流动，但以前，比如闯关东、走西口、下南洋的群体，都是生活环境最恶劣的群体，冒着生命危险去不熟悉的地方讨生活。

走出非洲

非洲是世界上最穷的大陆，又不断遭受战乱、瘟疫、贫困的威胁。非洲人民一直在尝试通过移动来改变生活，其中就包括国内移动、国际移动，还有洲际移动。可是，研究移民问题非常困难。首先，我们要找到一群人做调查。然后，过若干年，我们还要找到他们。这时可能有些人已经在国外了，有些人已经患病去世，有的家庭已分裂，有的家庭多出来许多孩子。在混乱的非洲大陆，要完成这样的研究任务是一个极大的挑战。

不过，有人基本做到了这一点。1994年，有HIV（艾滋病病毒）研究者在坦桑尼亚西北的卡盖拉省做了一次调查，调查了900多户居民。2004—2007年，研究者又回到坦桑尼亚进行了多次回访，除了63户不知所终、17户去世以外，其余的800多户都已经找到。坦桑尼亚是非洲经济相对不错的国家，在过去这些年里都保持政治上的稳定，没有受到战争的威胁，经济上可以保持持续增长。卡盖拉省则是坦桑尼亚最内陆、最封闭的一个省，远离印度洋，但紧挨维多利亚湖、卢旺达及布隆迪。卡盖拉省纯粹是农业区，其经济发展远落后于沿海城市，如达累斯萨拉姆，同时，疟疾与艾滋病的发病率也是坦桑尼亚最高的。

最让人感触的是，调查显示，十多年过去后，49%的家庭还住在原来的村庄里，并没有发生迁徙。他们所在的村庄是坦桑尼亚最穷困的村庄之一，照理他们是最有动力被其他发达城市吸引的，可是他们就是没有移动。19%的家庭迁徙到邻近的村子，没有走出卡盖拉省。20%的家庭移动到较远的村子，多半靠近大城市布科巴，但还是没有离开卡盖拉省。只有10%的家庭有能力离开卡盖拉省，到国内更大的城市定居。2%的家庭真正出了国，也就是离开坦桑尼亚。这些出国的家庭全都去了乌干达。

迁徙的好处非常明显。调查者用数学方法计算，迁徙过的家庭的消费支出比起未迁徙的情况要提高36%。无论一个家庭迁徙到与本村有更密切联系的地区，还是迁徙到一个与本村没有联系的陌生地方，家庭的收入消费都会显著高于他们未迁徙的状态。如果他们从农业转向本地的非农业，他们的家庭收入会有所提高。有不到

10%的家庭确实是这样做的,但这种提高不如地理上的迁徙多。反过来,有不到10%的家庭在迁徙以后还是选择返乡务农,他们的收入反而比在外面有所降低。

对于移民,有两种经典理论,二者相互补充。一种理论认为,移民被外部的高工资吸引,这是拉力;另一种理论认为,移民是村落或家庭内部协商的结果,派出更有能力的人离开家乡去打拼,避免在家乡受到共同风险的侵害,这是推力。就卡盖拉省这些居民的情况来看,拉力是存在的,而且在这农村转型的十年里,工资差异比较明显;推力则不太明显,但应该还是存在的,只适用于那些离乡不太远的家庭和个人。真正离开卡盖拉省到外面打拼的人,往回寄的钱是非常有限的,与印度、中国移民的习惯完全不同。

对于一个家庭而言,谁离家到外面工作,男人还是孩子?以什么形式出去,打工还是读书?走多远,本省还是外地?这些是移民研究的关键问题。

有一些指标可以说明问题。第一,对于那些真正离开自己族群迁徙到较远地区的人,他们的收入都有非常显著的提高。与自己原有族群割裂得越彻底,收入就变得越高。第二,教育水平并不直接导致更高收入。但是,教育水平与自身族群平均教育水平的差距,可以用来解释外出者的高收入。这个因素与第一个因素一样,本身也包含了个人能力的体现。只有聪明、自信、能干的人,才愿意接受更长时间的教育,也才敢于远距离地离开家乡。第三,未婚男性的收入在迁徙后会有显著提高。第四,在25岁之前离开家乡,人们才会显著改变收入水平。第三点和第四点是个人特征。除此之外,父母是否双亡,父母教育水平,家里有多少孩子,等等,全都不是决定性因素。那些年纪轻轻就离开家乡的未婚男青年,基本也是先读书,再工作,然后改变整个家庭。

这个研究结果的意义很明显。第一,绝大部分迁徙的家庭,依靠族群的帮助,迁徙到就近的落脚城市。第二,要想真正显著提高收入、改变命运,靠的是未婚男青年的个人能力。他们的成功与族群关系不大,而他们的成功对族群的意义重大。在族群里,如果一个人已超过25岁或是已经结婚,那么他再出去打工,基本也只属于"被帮助"的对象,而不是有能力独立改变命运的人。

我们还探究一些决策性的问题。比如:一个家庭里到底是谁做出决定要派人出去打工的?怎样的家庭更容易有人出去打工,从而带动全家的迁徙?结果不是很明晰,但我们从数据里可以大致做出一些推论。第一,越是非务农家庭,越有可能派人出去打工。第二,物质财产越少的家族,越有可能派人出去打工。第三,地理位置越边缘、越闭塞的家族,越有可能派人出去打工。这三点也与单身青年成功的可能性较大比较一致。

总的来说,在卡盖拉省这样贫困的非洲农业地区,人们有极强的依赖精神。只有贫困和边远农村的家庭,才愿意让年轻人出去放手一搏。一旦家里有一些财产,或者有一点土地可以务农,就会束缚住人的手脚。婚姻和孩子,无一不对移民有"负面"作用。

我们从中得到的结论是,冒险精神不止是在美国成功的必要条件,在坦桑尼亚也是如此。

打工的代价

一个人在25岁以后离开故乡,可能太晚,这时已经失去了冒险精神。但是,太早离开故乡,进入劳动力市场,对于个人的发展也很不利。因为读书没读够,人力资本的积累也就不够。可惜这在很多发展中国家是常态。

在南亚，大多数孩子要做工。只不过有些孩子职业做工，有些孩子兼职做工。真正"职业读书"而完全不用做工的农村孩子是不多的。如果我们将不去读书却去从事经济活动的5—14岁儿童定义为童工的话，那么印度有1360万人，孟加拉国有500万人，巴基斯坦有330万人，尼泊尔有260万人，就连斯里兰卡也有50万人。这些童工甚至不一定有工资。

按照官方统计数据，尼泊尔一共有2700万人，其中有大约10%的童工，可见问题之严重。一个值得关注的特征是，在印度、孟加拉国和巴基斯坦，超过六成的童工是男孩，而在尼泊尔，54%的童工是女孩。还有一个特征，印度、巴基斯坦童工的数量呈现下降趋势，而孟加拉国童工数量逆势上扬，其经济增长率也表现不错。经济越是发展，童工越是活跃。除了能用孟加拉国缺乏对童工加以管制的法律来解释外，家长和孩子本身的行为更值得考虑。

在那些打工辍学的孩子中，有近半数的孩子是在有钱赚的地方打工，每月实实在在能拿回一些饭钱。有近半数的孩子在家里帮忙务农，也算间接地赚了钱。还有近一成的孩子既不在家，也不打工赚钱。按照我的理解，他们就是在沿街乞讨或者小偷小摸，这也算是维持生计的手段。

与半工半读相对应的情况就是孩子教育"落后于年龄"。比如，有的孩子明明12岁，应该上六年级，可是他还在上四年级，这样的情形在南亚的中小学里极为普遍。背后的原因多种多样，比如孩子出去打工一年，或者一直在帮家里种地，等等。如果考虑到有些地方允许4—5岁的孩子就入学，统计上就更复杂。

一些学者认为，只要在法律上禁止雇用童工，推进强制性的儿童教育法，就能让儿童更好地上学，从而积累人力资本。这有点一厢情愿。第一，这完全建立在当地拥有良好初等教育的硬件设施、师资力量和组织管理的前提之下。在很多发展中国家，让孩子勉强多接受两年极无效、极劣质的教育的收益显然不如他们直接去做童工。孟加拉国孩子的打工，是否直接影响到他们在学校的出勤率及考试表现，是一个需要探讨的问题。第二，这并没有考虑到很多家庭的实际困难。当父母重病在床，且极需照顾的时候，如果法律强制要求孩子去读书，那也未免过于残酷。

另外，对于在外面打工和在家里帮工的孩子，辍学模式并不一样。如果他们在纺织厂打工，那么他们一年四季都有活干，这会全方位地占用学习时间，很多女生就是如此。如果在家里帮忙务农，那么由于季风气候的影响，农村的孩子反而可以利用雨季回到学校好好学习。反之，等到雨季一过，大家回到被淹过的土地上耕作，多半孩子不得不中断学习。这在农村女孩的身上也特别常见。

我们思考一下，一个孟加拉国的孩子读书的可能性会受到哪些因素的影响？已经有大量的实证研究探讨过这个问题，结果也很明确。家庭的经济条件当然至关重要，父母的身体状况以及家庭结构的变化也至关重要。如果家庭条件不好，父母患有重病，那么孩子无法正常读书的概率会大增。如果家里还有一个0—4岁的孩子，那么学龄孩子半工半读或辍学的概率也会大增。

同时，父母的教育背景也是关键因素，其中母亲的教育背景更为关键，而母亲对女儿的影响又是关键中的关键。一般而言，父亲总是希望孩子不要读书，尽快赚钱，对女孩尤其如此。而母亲的意见会真正决定孩子能否长时间读书。如果母亲有中等或以上的教育背景，孩子正常读书升学的概率就会显著提高。

最近，有一些研究把孟加拉国儿童的辍学率与小额贷款信用市场联系起来，这是一个很有意思的洞见。孟加拉国有半数人口处于国际贫困线以下，多数农民家庭更是时刻受到风险的威胁，比如每年季风带来的洪水。研究表明，如果一个家庭在洪水中失去了房屋这些财产，孩子的辍学率或者半工半读率就会显著增加。

这意味着，很多家庭把学龄孩子作为一种"保险"，平时就让孩子积累人力资本。如果家庭遭受到外部冲击，失去固定资产，孩子就可以去打工，帮助家庭尽快恢复正常。近年来，在印度和孟加拉国不断普及的小额贷款有可能打破这个恶性循环，真正让保险和贷款来承担保险的功能，让孩子重归学校。

但是，这个故事还有另一种讲法。如果在一个地区推行小额贷款，使得农民更容易借到钱，他们就更有可能把正在学校读书的孩子叫回来，在家里帮着做点小生意，贴补家用。他们并没有将小额贷款用作抵御洪水的保险，而是作为小型创业的初始资金，这降低了孩子的入学率，对女孩影响更大。那么，小额贷款作为常见的帮助农民应急和脱贫的手段，到底有助于孩子读书，还是影响孩子读书？目前，针对地区性小额贷款水平和儿童入学率的研究，一般倾向于后者。

前面我们都在讨论教育需求侧的问题，从教育的供给侧来看，情况则变得更有意思了。学校其实始终在与制造业、纺织业等产业竞争孩子。有些学校在非政府组织的支持下给学生提供免费午餐，这是提高儿童入学率的重要手段。但一个地区的经济发展水平与教育发展水平的关系是不确定的，有可能是因为缺乏就业机会而使得孩子不得不来学校读书，也有可能是近在咫尺的赚钱机会把学生从学校拉走，女孩的读书问题仍是其中最突出的。

大家现在普遍认为，孩子过早进入劳动力市场成为童工，会对孩子未来一生的发展有很多负面的影响，既有生理上的影响，如影响发育、导致残疾，也有心理上的影响，比如容易导致酗酒和犯罪，还有潜在的经济收益上的影响。但是，如何通过政策来调整孩子的读书和打工选择，学界还没有一致性的看法。

第 20 讲
经济学家为什么要去研究蚊帐

自新冠疫情暴发以来，相信大家对传染病的破坏力已经有了比较深的体会。我们并没有彻底解决传染病的问题。随着疫苗不断普及，我们的生活逐步恢复，但是距离彻底消除新冠病毒还很遥远，甚至永远不可能。而且，我们也不知道未来还会出现什么新的可怕病毒。

这次我主要想讨论另一种传染病。这种传染病具有悠久的历史，伴随人类存在了几千年，甚至上万年，是有史以来杀死人类最多的传染病。它不是艾滋病，也不是新冠病毒，而是疟疾。

这种病的特征就是让人周期性地发烧，忽冷忽热，浑身乏力，所以又叫"打摆子"。如今人们对此缺乏切身体会，但在过去，这种疾病是非常流行的，甚至连康熙皇帝都感染过。有的人恐惧南方，认为南方有"瘴气"，这里所谓的瘴气在很大程度上就是指疟疾。

疟疾有一个特点：成年人得了以后，非常难受，但不一定致命；儿童就不一样了，尤其是5岁以下的儿童，如果感染了疟疾，死亡率非常高。现在每年全世界死于疟疾的儿童在100万人以上，他们绝大多数生活在撒哈拉以南非洲和印度。

因为极度贫困和统计上的困难，死于疟疾的人数可能被严重低估。现在，全世界还有约一半人口面临疟疾风险。2010年，全世界有99个国家和地区有持续性的疟疾传播。尤其是在非洲，每分钟便有1名儿童死于疟疾。我们撇开死亡率不论，单看经济影响。有实证研究表明，与患过疟疾的儿童相比，未患过疟疾的儿童长大后每年的收入要多50%。类似的研究结果在印度、巴拉圭和斯里兰卡都得到了验证，当然收入增加的幅度因国家而异。所以，减少疟疾具有非常重要的经济学意义。

那么，这种传染病是否已经远离我们了？对于广大老百姓，尤其是发展中国家的底层老百姓来说，它的存在会产生怎样的影响？

疟疾及其影响

疟疾是由一种非常小的、单细胞的原生动物疟原虫导致的。疟原虫不是细菌，也不是病毒。感染疟疾的人，有时候是隔天发一次高烧，有时候是三天发一次高烧，这主要是由于感染的疟原虫的种类不同。有的疟原虫的发育周期是两天，有的是三天。

虽然新冠病毒凶猛，但是我们很快就研制出不止一种疫苗。而疟疾的作用原理不一样，它由疟原虫导致，所以科学家到今天也没有研制出特别有效的疫苗。市面上有少数疫苗，但是价格很贵，据说效果也不是很好。我们既然不能从防疫角度来对抗疟疾，就只能从传播途径入手。

疟原虫的孢子不会直接进入人的体内，必须通过一个中介，这个中介就是蚊子。蚊子是与人类共同生存时间最长的动物之一。蚊子只会在夏天存在，只会在纬度比较低的地区以及海拔比较低的平原地区存在。只要蚊子存在，它就有传播疟疾的风险。假如一个地区有人感染了疟疾，蚊子在吸血过程中就会继续传播疟疾。所以，消除疟疾的关键在于灭蚊。

灭蚊听起来简单，却是一项极为困难的挑战。人类与蚊子共存那么多年，几乎没有战胜过蚊子。在热带地区，只要角落里有一些污水，蚊虫就会滋生。有了蚊子，疟疾就会成为威胁。目前，世界上热带地区的国家，大多经济水平一般，大多是穷国。穷国的基础设施比较差，人民生活艰难，吃饭都不容易，哪有心思搞卫生？

例如，在印度的各大城市里，周围有许多座壮观的垃圾山，有的高达上百米。这些垃圾山都是根据地理环境、老百姓的居住分布，自然而然形成的，没有经过任何设计规划。有些垃圾山的历史大概可以追溯到19世纪，包含了数代人留下的垃圾。也就是说，这些垃圾山的生命比所有人的生命都长。从某种角度来看，它们也都是历史遗迹。

印度每年都会有季风。季风一来，降雨不断，河水暴涨，会把许多垃圾山上的垃圾冲回河中，再带到各地。这样一来，各地农村很容易暴发大规模的传染病。为什么印度人不处理这些垃圾山呢？因为没钱。上百年的垃圾山，处理起来谈何容易？现在印度经济高速发展，垃圾的数量必然以高于GDP的速度增长，所以这些垃圾山的高度还在继续增长中。在这样的环境里，苍蝇、蚊子是绝对不可能灭绝的。

热带国家里，似乎只有一个国家做得比较好，那就是新加坡。目前，新加坡是世界上最富裕的城市国家之一，政府花费了巨大的资源来维护环境，这样才赢得了"花园城市"的美誉。为了消灭蚊虫，政府每年都花钱在公共场所喷洒杀虫剂，取得了一定的效果。但是，政府不可能到每家每户喷杀虫剂，所以前些年又出台了一项带有新加坡特色的政策，即罚款。

新加坡的组屋公告栏里经常贴出告示：几月几日，有关部门将来住户家中查看。家中不得蓄水，以免蚊虫滋生。若发现家里有蚊子滋生的环境，就会"罚款五百元"。从新加坡的实际情况来看，这些举措还挺有用的，新加坡的蚊虫极少，现在家家户户也很少用纱门纱窗，这在热带国家中应该是绝无仅有的。

但是，新加坡的经验是不可复制的。一方面，我们知道新加坡的管理水平极高；另一方面，新加坡的面积很小，人口不过几百万。所以，新加坡可以做到精细化管理。即使新加坡管理到这种程度，偶尔还是会出现蚊子带来的传染病，比如登革热、黄热病，这说明蚊子还是没有灭绝。而且，蚊子会飞，只要全世界没有都像新加坡那样干净，蚊子就不可能灭绝。

接下来的问题是，中国、美国也做不到像新加坡那样干净，那么这些国家是如何消除疟疾的？根据一份统计，1956年，中国的疟疾感染率是1%，这是很惊人的数据。但到了今天，中国的疟疾感染率几乎是零。这中间一定发生了重要的事情。

根据现在学者的研究，1940—1960年，全世界开始推广一种非常高效的杀虫剂，叫作DDT（滴滴涕，化学名为双对氯苯基三氯乙烷）。DDT是在第二次世界大战期间发明出来的，非常有效地减少了战场上的跳蚤，也就减少了传染病的流行。第二次世界大战之后，各国都在大规模地使用DDT，有效地减少了蚊子的数量，也就遏制了疟疾的传播。美国、中国以及大部分欧洲国家，都是DDT的受益者。但是，后来大家逐渐意识到DDT的副作用。这种杀虫剂非常稳定，不容易分解，所以在农产品、水产品、家禽家畜体内会有大量残留。慢慢地，人类体内也发现了DDT残留。这种现象引起全世界的警惕，美国国内不断掀起反对使用DDT的抗议活动，美国前总统肯尼迪和尼克松也纷纷表示，应该禁止使用DDT。

1972年，美国开始宣布禁止使用DDT，全世界很快跟进。所以，现在DDT已不能再被轻易使用。很多国家在1972年以前大规模使用DDT，有效地降低了疟疾的发病率，直到现在也没有反弹。1972年以前，由于国家贫困且问题太多，印度和大量非洲国家根本没顾得上使用DDT消灭蚊虫。但是，错过这个节点以后，全世界就再也没有找到另一种有效的杀虫剂。所以，印度和非洲的疟疾发病率居高不下，延续至今。

降低疟疾发病率的实践

现在的疟原虫有所变化，从过去的三日疟、间日疟变为恶性疟，疟疾死亡率也变得更高。各方面的专家、学者都不得不承认，在疟疾广泛传播的地域，我们恐怕要与疟疾进行长期的、艰苦的斗争，不可能在短期内就看到效果。

既然进攻无望，那就必须转为防守。人们有一招非常古老的手段，即挂蚊帐。蚊帐也许是防治疟疾最廉价、最有效的工具。不知道现在年轻人是否还熟悉蚊帐，我读书的时候，大家都还在寝室里挂蚊帐，确实有防蚊的目的。

科学研究表明，使用蚊帐是最经济的防蚊手段，用药水处理过的蚊帐的效果更好。蚊子主要在晚上活动，所以人们晚上只要是睡在这种蚊帐里，就可免于被蚊子叮，也就免于疟疾。当一个村子里面超过一半的人晚上都睡在这种蚊帐里，疟疾传播的可能性就大大减小。这看起来确实是非常简便的手段。

如果至少有一半人口睡在蚊帐中，另一半人口即使没睡在蚊帐中，其被传染的概率也会极大降低。所以，蚊帐是存在正外部性的。新冠疫苗也是如此。只要人群中有60%或者70%的人打了疫苗，这基本上就可以避免新冠疫情大规模暴发。如果没到这个水平，哪怕只有50%或者40%的人打了疫苗，也能显著降低新冠疫情暴发的概率。而现在的问题是，睡在蚊帐中的非洲孩子的人数，还不到总数的1/4。

10美元一顶蚊帐的价格不算高，但对于肯尼亚这些地方的人来说，仍然是一笔不小的开支。哥伦比亚大学的著名经济学家杰弗里·萨克斯（Jeffrey Sachs）提出，世界银行应免费给非洲村民发放蚊帐。但是，纽约大学教授威廉·伊斯特利（William Easterly）坚决反对这种做法。伊斯特利说，过去的经验表明，如果免费给非洲的一个村子的村民发放蚊帐，他们最有可能的做法是第二天就把这顶蚊帐拿到黑市上卖掉。即使规定黑市上不准买卖蚊帐，穷人也会用蚊帐去做渔网，哪怕你告诉他使用这种蚊帐有很多好处。

为生活所迫的非洲人很可能不听你的，还是会用这顶发下来的蚊帐去捞鱼。原因很简单，不用蚊帐而感染疟疾只是一种风险，这是概率问题。非洲人过去一直是这么过来的。对于他们来说，捞鱼所获得的好处是立竿见影的。要一个穷人为了未知风险而放弃当下可见的利益，不是一件容易的事。

在非洲推广蚊帐还面临很多具体困难。第一，挂蚊帐需要固定的住所。对于特别贫困的非洲人而言，晚上能找一个遮风挡雨的地方睡觉已属不易，哪里顾得上支起蚊帐？第二，在疟疾高发的季节，天气往往很热。设想一下，在40℃的高温下，哪有人愿意睡在厚实的蚊帐里？

这两种说法似乎都很有道理，双方不能相互说服，需要更深入的实证研究。经济学家不得不面对现实，开始去非洲实地调查人们使用蚊帐的习惯，用非常复杂的模型来研究人们用蚊帐的行为。经济学家使用的问卷包括一些奇怪的问题，诸如"几个人用一顶蚊帐""一周用几次蚊帐""蚊帐破了怎么办"等等。虽然这种研究看着很滑稽，但是听完上面这些分析，大家应该明白，这确实是问题的关键。只要有一个环节出问题，那么推广使用蚊帐来遏制疟疾的举措便会失败。遏制疟疾失败，就很可能导致非洲经济发展失败。

要想解释这一争论，我们需要回答一系列问题。第一，如果蚊帐是免费赠送的，或是以非常优惠的价格卖给人们的，他们是会使用这些蚊帐，还是将其浪费掉？第二，如果人们第一次以优惠价购买了蚊帐，一旦以后价格回归正常，不再优惠，他们是否还愿意去购买？第三，如果没有经历过优惠，一开始就必须以全价购买蚊帐，还有多少人会购买？

这些问题又存在不同的解释。比如：那些自己花钱全价购买蚊帐的人可能都比较富裕，接受过良好的教育，所以知道自己为什么需要这种蚊帐；那些免费得到蚊帐的人可能是因为贫穷，才会被非政府组织选中。不过，这些问题也存在相反的解释：免费得到蚊帐的人社会关系优越，而穷人由于封闭只好以全价购买。

有什么方法可以真正准确地解决这些困扰？那就是田野实验，或者叫实地实验。班纳吉和迪弗洛夫妇就是因为这种类型的田野实验研究获得了诺贝尔经济学奖。

很多经济学家已经在肯尼亚等地开展了有关蚊帐的实验。实验结果表明，肯尼亚人对于蚊帐的价格非常敏感。如果蚊帐免费，那么他们还是很乐于去使用的，也不大会真的把蚊帐作为渔网。但是，如果免费蚊帐不够，比如家里有5口人，但他们只获得3顶免费蚊帐，那么他们不大会主动去购买蚊帐。比如，蚊帐的市场价格是10美元，但大多数人只会在蚊帐价格低于1美元的时候才愿意主动购买。

事实上，只要全家使用蚊帐，有效避免疟疾，从统计上看，这个家庭未来的收入就可以直接提高15%。可是，肯尼亚人表现出非常典型的"贫困思维模式"，他们只愿意把钱花费在昂贵的治疗上，不愿意把钱花费在便宜的预防上。因为治疗的效果是可见的，而预防的效果是不可见的。

"研究非洲人如何用蚊帐"这个小故事的大背景是降低非洲的疟疾发病率、提高非洲的儿童入学率，也涉及帮助非洲经济发展、脱贫致富的大问题。这是从微观到宏观的视角。反过来，我们已经知道经济发展有多么困难，因为它会受到无数因素的影响，每一种因素都有可能造成拖累。而当真的把这些因素一样一样拿出来检视时，我们才发现对它们的了解是如此匮乏，想当然的推理是如此离谱。微不足道的蚊子和蚊帐，给骄傲的经济学家们上了一课。

参考文献

[1] 阿比吉特·班纳吉, 埃斯特·迪弗洛. 贫穷的本质: 我们为什么摆脱不了贫穷[M]. 景芳, 译. 北京: 中信出版社, 2013.

第三部分

个人抉择：行为经济学

第21讲
为什么个人行为受社会规范影响

很多朋友跟我讨论问题的时候会说，经济学认为人总是理性的。这也是过去很多通俗经济学著作上的说法，而且流传很广。但我认为这种说法是不正确的，必须加以纠正。过去的经济学设定"人是理性的"，只是为了模型推导的方便。比如，在学习"1+1=2"的时候，我们必须假设前面的"1"是苹果，后面的"1"也是苹果，这样两者相加才有意义。不仅如此，我们还必须假设所有苹果都是一样大的。如果我们根据这一点，就说"数学认为所有苹果都是一样大的"，你是否会觉得很荒谬？

是的，理性人假设同样如此。我并不认为"人总是理性的"，接下来，我会努力证明"有的时候人是不理性的"，这是行为经济学最为核心的命题。希望读者朋友能彻底抛弃"经济学认为人总是理性的"这种陈腐偏见。我会从各个角度来拷问"理性"这个概念，用大量具体的实验结果来验证，人在什么时候是理性的，在什么时候是非理性的。

从一个小实验说起

关于理性，张五常教授举过一个例子。当你走在路上，看到路边有一张红彤彤的百元大钞，这时候你不必费心走过去把它捡起来，因为它一定是假钞。原因很简单，假如它是真钞的话，之前路过的人一定早就把它给捡走了，绝不会任由它躺在那里。我们反过来推断，既然它还躺在那里，那就一定是假钞。

这个例子和《世说新语》里记载的一个"竹林七贤"之一的王戎的故事很像。王戎七岁，尝与诸小儿游，看道边李树多子折枝，诸儿竞走取之，唯王戎不动。人问之，答曰："树在道旁而多子，此必苦李。" 王戎看到路边的李子树上还有很多李子，断定这种李子一定是苦的。

按照理性人的假设，这个故事里只有王戎是理性的，其他的小孩都是非理性的。他们没有掌握所谓的"逆向归纳法"，无法从路边的李子树逆向推理出"李子是苦的"这个结论。其实，这个故事证明了，大多数小孩是非理性的，只有王戎与众不同，非常理性，所以他才值得被记录在《世说新语》里。

那么现实中，人们看到地上有一张百元大钞会不会去捡呢？如果是我，我还是会捡起来看看。有一次，我与一位艺术家聊起这个问题，他很感兴趣，当即拍板，资助我1000元来做个实验，看看人们面对地面上的一张不知真伪的百元钞票会不会去捡。这个数据量虽然远不足以支持我去写一篇科学论文，但确实可以让我近距离观察人们会不会捡钱这件事。

我们找了一个人流量很大的美术馆——有个相对封闭的舞台，正好适合我做演讲。于是某个周末，在这位艺术家的安排下，我就去舞台上做了十分钟的经济学演讲。我给观众讲解了这种逆向归纳法的基本思想，讲完之后，当着观众的面，把一张百元钞票揉成一团，从三楼扔下去。观众可以冲出去捡这张钞票，但是这张钞票落在美术馆之外，美术馆需要门票，出去以后就没法直接回来了。

我扔掉钞票后，就看到观众开始窃窃私语，坐立不安。两分钟过去，终于有观众坐不住了，冲下楼去，观众席里响起一片笑声。又过了一会，观众席上有人收到那个去捡钱的人发来的消息："是真的100元啊！"有些观众露出懊恼的表情，后悔没有及时冲出去捡钱。有一些观众坚定地表示，这一定是假的，即使这张钱是真的，那个冲出去的观众也是我安排的托。

等这批观众散场，过了一个小时，又来了一批新的观众，我又重复了一遍实验，很快又有人冲出去捡钱。最终，1000元都用掉了，都被人捡走了。也就是说，当大家看到地上有一张百元钞票的时候，总会有人去捡。这不是什么理论假设，而是现实的证据。实验结束，艺术家和我都很高兴。艺术家把这次实验看作与我合作完成的一件行为艺术作品。

我在这次实验里看到了社会环境对个人行为的影响。我非常确信，如果当时房间里只有一个人，那么他看到我扔钱后会立马冲出去捡。等待的时候，人们一定在感受身边人的目光。而最终，对于某些人而言，100元的诱惑超过了旁人目光的压力，所以他最终选择出去捡钱。

很自然的联想是，王戎当年没有冲上去摘那些李子，是否也跟身边有很多其他小孩有关？如果当时身边没有其他小孩，王戎可能也不会故作镇定。同样，如果当时身边没有其他小孩，王戎的故事也不可能被记录下来。

一些社会规范

我们从这个小实验里得到的启示是，个人行为所处的环境很重要。在不同的环境下，一个人的行为表现可能会截然不同。这就是社会规范（social norm）对于人的影响。举例来说，在欧美一些经济发达国家，乘客在下车的时候，总会习惯性地感谢一下司机。乘客上车是买了票的，司机把车开到站点是他的本职工作。但是，如果乘客一言不发，就会显得很奇怪。这就是一种社会规范。所有社会规范都有利他主义色彩，都是非理性的。为什么乘客下车要感谢司机呢？这种社会规范的广泛存在，就证明人的行为并没有那么理性。

富有利他主义色彩的社会规范非常重要。比如，在地铁和公交车上为老、弱、病、残、孕让座，这在全世界都是一个常见的社会规范。以前我听说，在日本为老年人让座是一件不礼貌的事。日本的老年人特别要强，不服老，碰到让座坚决不肯坐。但在中国，情况一般是反过来的。

北京、上海的打工人经常加班，上了地铁已经疲惫不堪，碰到长距离通勤的时候，也会把地铁作为一个暂时休息的地方，争取能找到一个座位，半睡半醒地坐到目的地。

我在地铁上多次看过这样的情形。地铁从始发站开出，疲惫不堪的年轻人找到一个座位，戴上耳机就睡着了。车到下一站，上来几个看起来刚刚结束锻炼的老年人，动作灵活矫健，上车后发现已经没有座位，就把戴着耳机睡着的年轻人叫醒，叫他站起来让座。

年轻人还没清醒过来，动作慢一点，老年人的恶言恶语就扑面而来，"你年纪轻轻就不知道尊老爱幼吗"，"你不要仗着年轻，有一天你也会老的"，等等。

这其实是两种社会规范相互冲突的结果。很多老年人秉持一种托马斯·霍布斯（Thomas Hobbes）式的社会观，人对人就像狼对狼一样；而另一些人秉持团结互助的社会观，人与人应该相互帮助。这两种社会规范很容易发生碰撞。

总体而言，这些都是社会规范在不同国家、不同环境中的表现。这些社会规范对于我们决定个人行为具有重要意义。我们一直在讨论的"理性行为"必须置于某一种社会规范下才得以成立。

我想大多数人更喜欢生活在一个互助的社会里，而不是生活在霍布斯丛林社会里。互助的社会规范非常具有吸引力，但同时又是脆弱的。为了维持这种互助的社会规范，我们需要对打破这种社会规范的人予以纠正或者予以惩罚，这才有可能维持脆弱而又重要的互助社会规范。

维护社会规范

估计有人会质疑社会规范问题是不是经济学问题。其实，这是大量经济学家非常关心的问题，经济、政治、社会生活等方方面面都涉及社会规范。比如孩子要升学，你是去找补习老师还是去托关系？比如你需要一笔钱来投资，是去找银行贷款还是找整个家族集资？这些都是社会规范的表现，都涉及人与人之间的关系。如果你相信孩子升学时，老师只看分数，你就会想办法提高孩子成绩；如果你相信老师只关心孩子父母的官职大小，你就会去托关系。行为经济学就是希望通过对一些具体行为的实验研究，理解人的行为动机和模式,最终应用到一些非常重要而又难以观测的领域。

《欧洲经济评论》(*European Economic Review*)曾发表过一篇文章,作者尝试探讨这样的问题:如果有人违背公认的社会规范,旁观者是否会进行纠正或者对违反者进行一些惩罚?

研究者设计了两个有趣的实验。他们在希腊雅典找了两个人流量非常大的地铁站,测试自动扶梯上的社会规范及其纠正的概率。众所周知,全世界大部分国家有一个不成文的惯例,那就是在上行的自动扶梯上左行右立。绝大多数人会自觉站在扶梯的右侧,把左侧空出来,使得赶时间的人可以在左边行走,从而更快速地到达扶梯顶部。

研究者故意安排两个测试者同时站上自动扶梯,一左一右,把扶梯堵住。后面的人即使赶时间也没有办法快速通过。这显然是一种违背社会规范的行为。实验会重复很多轮,研究者在旁边观察记录有多少人主动上去拍拍站在前方左侧的人,请他让开,从而结束这种违背社会规范的行为。这种微小的表态,对于站在前方的人是一种劝告,也有可能引起前面的人的不满,引发争吵甚至打架,所以要想纠正这种行为的人,自身需要付出一定的代价。事实上,很多人虽然对这种行为不满,但不愿意出头,不愿意承担可能的代价。如果所有人都不愿意出头,那么左行右立的社会规范便不复存在。

研究者希望检验,大家纠正这种错误行为,是否与前方阻挡者的身高、体重、性别等因素有关。比如,前方挡路的是一位身强体壮、手臂上都是文身的大汉,你可能就不愿意去纠正他。但如果前面是一位身材瘦小的男士,或者一位女士,你可能就会上去纠正对方的行为。研究者特地安排了好几位实验者,既有高大的壮汉,也有瘦弱的男性,还有女性,研究者记录实验数据后进行分析。

研究者的另一个实验是在公共场合乱扔杂物,看别人会不会制止或者批评。他们选择一个地铁通道,在晚上人比较少的时候,实验者待在通道里装作看墙上的地图。等他注意到通道里有人过来,就在那人离自己五米左右的时候,故意把手里空的矿泉水瓶扔到地上,然后面对面从他面前走过。这样能够确保路人观察到实验者违背社会规范的行为,然后统计路人对这种行为的反应。

很显然,在这两个实验中,被试者与实验者素不相识,以后也没有继续接触的可能。所以,这两个实验可以有效检验陌生人对于遇到违背社会规范行为之后的反应。研究者在路人登上电梯或者走出通道后,特意追上去,做了补充问卷,以便了解路人的真实想法。

最终的结果是:在自动扶梯的案例中,实验者有20%的可能性被后面的路人拍拍肩膀,被要求站到一边;在乱扔垃圾的案例里,实验者只有4%的可能性被路人指出,被要求捡起乱扔的矿泉水瓶。问卷结果显示,没有制止这些违背社会规范的人的想法,主要还是担心那些人的怨恨甚至报复。至于自动扶梯上到底站着的是彪形大汉,还是瘦弱女子,倒不是路人主要考虑的内容,与实验结果不存在显著相关性。

在自动扶梯这个案例里,被挡住的被试者可能会这样想:"如果我不去拍前面的人让他让开,我后面的人就会来拍我,抱怨我纵容他,把后面的人也挡住了。所以,在后面人的压力下,我必须挺身而出,纠正最前面那个人的错误做法。"这就是一种旁观者效应。研究者认为,不能排除这种可能性,但是没有人在问卷中提到这一点,所以这可能并不是最主要的解释因素。

作者提出了一种新颖的解释。之所以有相当比例的路人没有去制止这些行为，是因为他们认为，在公共场合公然违背社会规范的人，本质上就是个未经教化、反社会的人，他们故意表现出这种行为。对于一个和我们共享一种社会规范的人，出于疏忽违背社会规范，那么提醒或者劝告是有意义的，而对于那些原本就仇视现有社会规范的人，如果你去纠正他，就可能直接导致剧烈的冲突。

参考文献

[1] Balafoutas L, Nikiforakis N. Norm Enforcement in the City: A Natural Field Experiment[J]. European Economic Review, 2012, 56(8): 1773-1785.

第22讲
员工会怎样对待自己的老板

最近有朋友问我"工具人"的问题,同时有很多朋友在讨论"摸鱼"的问题,我觉得这两个概念有着内在的联系,需要一并讨论。如果你认为自己是工具人,你就更有可能在上班的时候"摸鱼"。反过来,如果你觉得自己的工作极为重要,你就不大会"摸鱼"。所以,我想从行为经济学的角度来谈谈员工的行为模式。

工具人不是经济学概念,大概比较接近康德所说的"人是目的,不是手段"的意思。如果我们把劳动过程彻底简化成"我们付出劳动,老板给我们发工资",那就有工具人的意思了。"摸鱼"是指上班偷懒,也就是上班时候不好好工作,或者假装在好好工作。苏联有一句名言:"老板假装给我们发工资,我们假装给老板干活。"这句话非常准确地描述了什么是"摸鱼"行为。

"摸鱼"行为的根本原因,是我们的劳动付出与收入之间很难有一个精确的衡量。按照马克思《资本论》的逻辑，老板付给我们一定的工资，但是需要我们劳动更长时间，从而剥夺其中的剩余价值，也就是对员工进行了剥削。但是，员工正好可以通过"摸鱼"来对此进行反抗。老板可能是按照你的劳动时间来提供报酬的，但是如果你能成功地"摸鱼"，那就成功地减少了劳动时间。如果你"摸鱼"的程度比较严重，而且又不被发现的话，那就有可能反过来剥削老板。

在职偷窃

在管理学中，有一个概念可以描述包括"摸鱼"在内的一大类行为，即"在职偷窃"（employee theft）。这是一个非常宽泛且富有争议的概念。如果我们采用最宽泛的定义，它就包括时间偷窃、资金偷窃、产品偷窃、贪污或挪用公物以及数据或商业机密偷窃。而"摸鱼"行为属于时间偷窃。员工把原本应该用于促进公司产出的时间浪费掉，对公司造成了潜在损失。从老板的角度来说，这种行为和偷走公司的产品没有本质差别，所以这可以被认作"偷窃"。

但是，如果我们把"摸鱼"也定义为偷窃，这似乎过于严厉了。我们又不是机器人，在工作的时候，去喝杯咖啡，看一会儿朋友圈，甚至刷一会儿抖音，也是为了消除疲劳从而更好地投入工作中去。很少有企业会真正严苛地控制员工的每一分钟，那样的企业一定会受到所有人的唾骂。

事实上，工作中有很多事情处于模糊地带。有些很普遍的行为是人之常情，虽然用最严苛的定义来看，它们都属于在职偷窃，但很少有人会这么计较。比如，你是一家咖啡馆的店员，今天正好有个老同学来咖啡馆,你就随手做了一杯咖啡给他,没有收钱,这样做到底是一种严重的违反职业伦理的行为,还是正常的约定习惯?

你的老板对于咖啡豆的成本会有一个大致的评估,不可能非常精确。比如,有些顾客希望咖啡更淡一些,而另一些顾客对于咖啡质量不满意,你必须重做一杯,所有这些都会导致咖啡豆的消耗量有波动。在正常情况下,你也会浪费一点咖啡豆。所以,你顺手帮朋友做一杯咖啡,并没有超出误差范围。但是,如果老板看到了,或者正巧被监控拍到,你可能就有麻烦了,这属于"产品偷窃"。

又比如,你是公司的中层,公司每个月给你一定的打车报销额度,允许你打车上下班,以便节省路上的通勤时间。最近,你下班以后要去接孩子,所以你直接从公司打车去接孩子,然后再回家。下个月把所有打车发票拿去报销,这种行为有没有问题?严格来说是有问题的,因为公司许诺报销的只是你的通勤交通,而不包括接孩子等私事。但是,这种行为也是人之常情,早点接回孩子也能让你更专心工作。

但是,从老板的角度来看,这是一个非常令人头疼的问题。尤其对于那些做零售的企业,这是一项巨大的开支。比如,超市在记账时,一般会把实际收入与理论收入之间的差额计入"不明损耗"。不明损耗是由多种原因导致的,比如记账错误、价格调整、商品正常的报废损耗、员工的偷窃都会导致不明损耗。对于超市来说,这种不明损耗占营业收入的比例,一般在10%以上;要是超市还做生鲜蔬菜、水果的话,不明损耗在20%以上也是很常见的事。而零售业的利润率又是非常低的。所以,从某种意义上说,能否有效控制这些不明损耗,是企业能否生存和发展的关键性因素。

礼物交换

我们先来思考一下工作的本质。什么是工作，为什么要工作，这不是一个天然的事情。新石器时代的原始人，一天只需要劳动两个小时。他们只要采集到足够吃的野果，或者打到一只野兔，就可以休息了。他们不会花费十来个小时，从事某种自己并不知道确切含义的劳动。有关工作的一切，都是在现代经济合作方式兴起之后产生的。

早期的工厂劳动是非常机械化的，还时常安排监工来监督。人在劳动过程中被异化，这也是马克思写作《资本论》的背景。但是到了今天，绝大多数人的工作变得很复杂，涉及无数细节，要对现代人的劳动进行监督就变得越来越困难。

学过一点管理学的企业家都明白，让员工努力干活只有两种方式，一种是惩罚，另一种是激励。惩罚需要监督成本，而且会影响员工工作的士气，员工只是为了避免惩罚而工作，不可能从工作本身获得成就感。而激励往往是企业家更喜欢采用的手段。激励可以是物质激励，也可以是非物质激励。激励能让员工产生对工作的认同感和成就感，这对于很多企业来说非常重要。

诺贝尔经济学奖得主阿克洛夫在1982年的一篇文章中提出一个描述劳资关系的重要模型，也就是"礼物交换模型"。众所周知，"礼物"是一个非常重要的社会学和人类学的"比喻"。法国人类学家马塞尔·莫斯（Marcel Mauss）有一本名著就叫作《礼物》。莫斯认为，我们今天看到的市场行为，一手交钱，一手交货，钱货两讫，这是一个晚近才有的现象。在早期社会里，或者在如今的很多原始部落里，钱货交换的过程不应该被视作市场过程，而应该被视作一种"礼物交换过程"。你给我一斤肉，我给你两斤水果，双方把这种行为看作互赠礼物。这个时候，双方就不再遵循等价交换原则。你与朋友交换礼物时，会讲究等价交换吗？交换礼物的时候，双方都争取送出价值更高的商品，只有这样才能显示出自己的慷慨，也显示出自己的实力。

阿克洛夫在20世纪80年代就把这种思想引入了经济学。他认为，老板和员工的关系往往也是这样的。老板并不喜欢把自己与员工的关系定位成劳资关系，而是喜欢把这种关系界定为礼物交换。

过去，新古典经济学认为，企业家会依据劳动者的边际贡献支付工资，而劳动者也据此付出劳动，从而形成劳动力市场上的均衡。简单地说，员工看老板给多少钱，就付出多少劳动，而老板看员工能为公司创造多少价值，就给多少工资。

但是，阿克洛夫认为，相当多的企业不是这样做的。老板经常有意开出比市场更高的工资，或者有意提供一些并没有在合同里说明的福利。比如，很多企业会给员工提供非常好的食堂，让员工加班到半夜也有夜宵吃；或者一些企业会精心装修员工休息室，里面摆上很好的咖啡机，让员工可以在工作之余享受比咖啡馆更舒适的休息环境。这些小的福利都不是必需的，如果老板不提供这些，员工也没什么好抱怨的。可为什么还有那么多老板愿意主动提供这些福利？

原因就在于，老板希望给员工一份礼物，这些额外福利就是他所送出的礼物。当然，在这些礼物送出去以后，老板获得的回报是不一定的。老板没法跟员工说："我给你们提供了那么好的食堂，所以你们要更努力工作。"根据传统的理性人假设，员工只会根据老板支付的工资提供劳动。

可在现实中，这些小恩小惠的做法确实有效，很多员工感受到了老板送出的礼物，所以也想着要给老板回赠一些礼物。所以，很多员工愿意付出更多的努力，根本不需要摄像头监督。这就是礼物交换的本质。如果这种"礼物交换效应"确实存在，那么传统的理性人假设在这里又一次地被颠覆。

后来，有关劳动力市场的大量实证研究和实验研究都证实了这一点。劳动者是拥有喜怒哀乐的活生生的个人，不仅会对经济激励做出反应，也会对劳动环境的一些看似无关经济的设定做出反应，最终会对老板的一些额外福利投桃报李。也就是说，礼物交换效应确实存在。老板如果能很好地运用礼物交换的激励工具，那么提供这些福利的成本可比对员工施行监督的成本要低很多。

对于员工不当行为的实验研究

很多读者对于这套说法可能抱有怀疑。如果老板提供额外的福利或者付出更高的薪水，那么员工是否一定会把这番好意视作礼物呢？如果员工有努力工作的动机，那么他们是否会有减少在职偷窃或者减少其他不当行为的动机呢？

芝加哥大学经济学教授约翰·A. 李斯特（John A. List）设计开展了一项田野实验。他的研究问题是，预付工资比例是否会对员工的劳动模式产生影响，预付工资比例的提高是否会有效降低在职偷窃等行为。

李斯特在亚马逊的一个名为Mturk的论坛上招募被试者。这是一个应用很广泛的论坛，全世界很多的人在这个论坛上找工作——一般是可以在线完成的工作，比如填写问卷、录入问卷等。很多实验经济学家喜欢用这个论坛来做实验，所以它也成为一个著名的被试者的数据库。

李斯特在招募被试者之后，与他们签订劳动合同。不同的人被分到不同的组：有些组已被支付较低水平的预付款，比如10%；有些组则已被支付较高水平的预付款，比如90%。随后每个人都进入劳动阶段，工作内容就是把图片里的字母写下来，类似我们经常碰到的验证码。李斯特派人检查过所有的图片，这些图片都是清晰可识别的。但在实验中，他设置了一个按钮，允许被试者以"看不清楚图片"为由，跳过这张图片，直接进入下一张图片。任务总数是固定的，所以想偷懒的被试者，就可以用这个理由跳过很多图片，降低自己的工作量。李斯特希望通过这个实验来检验，不同的预付款比例会导致怎样的后果。

结果很清楚：较高的预付款比例，确实可以提高劳动质量，同时也会有效降低偷懒的比例，证明了礼物交换效应压倒了降低欺骗成本的心理效应。

李斯特的这项研究表明，只要老板多一点善意、多一点信任，比如提高预付款比例，就能很明确地释放出礼物交换的信号。而员工也会明确感受到老板的善意，从而有效地提高生产力，同时减少在职偷窃等不当行为。这就是行为经济学为当代的劳资关系提供的参考意见。

▍参考文献

[1] List J A, Momeni F. Leveraging Upfront Payments to Curb Employee Misbehavior: Evidence from a Natural Field Experiment[J].European Economic Review, 2020(130).

第23讲
合作还是背叛,这是一个问题

合作与背叛是一个很常见、很普遍也很重要的问题。在现代社会中,我们必须去学会合作与信任,而合作与信任中又必然存在背叛的可能性。

囚徒困境

最经典的分析背叛的研究框架是前文博弈论中所提到的"囚徒困境"。警方逮捕了甲、乙两名犯罪嫌疑人,但没有足够证据指控二人有罪。于是,警方分开囚禁犯罪嫌疑人,分别审问这两个人,并且向二人提供相同的选择。

如果两个人中的一人认罪,并且指控对方,也就是"背叛"对方,而另一人保持沉默,那么背叛者可以马上获释,而沉默者将被判有罪而入狱10年。如果两个人都保持沉默,也就是互相"合作"，那么两个人同样被判监禁1年。如果两个人都互相检举，也就是互相"背叛"，则两个人同样判处有罪而各自入狱8年。

两个囚徒到底应该选择哪一项策略，才能对自己更为有利？从个人理性的角度而言，检举背叛对方所获得的刑期，总是比保持沉默获得的刑期低。

设想一下，两个非常理性的囚徒会做出何种选择。第一种情况是，乙沉默，而甲背叛会让甲获释，所以甲会选择背叛。第二种情况是，乙背叛，而甲也要指控对方才能得到较低的刑期，所以甲也会选择背叛。所以，无论在哪一种情况下，甲的最优选择都是背叛。同时，由于双方面临的情况一样，所以二人的理性思考都会得出相同的结论，那就是都选择背叛。

在这场博弈中，如果二人都保持沉默，那么二人最终都会被判刑监禁1年。可惜，二人最终选择背叛，各自被判8年。所以，这个结果叫作"囚徒困境"。

有一点需要指出，两名被试者不能进行交流。如果允许二人事先交流，那么这种交流是否有意义？从理性人的角度来看，这种交流没意义。因为说话本身没有任何实质性的成本，也不具有任何实质性的强制力。俗话说，"吹牛不上税"，随便你说得天花乱坠，最终你要怎么做就怎么做，没有任何纠正或者惩罚的机制。

但是，这些交流真的没有意义吗？也不见得。博弈论学者都非常重视"cheap talk"（廉价交谈），因为这些看似没有成本的发言，可以传递重要的信号，那就是你是一个怎样的人。这里需要我们做出区分的是，对方判断你是一个怎样的人，与你说什么关系不大，而与你怎么说关系巨大。

电视里的博弈

囚徒困境是一个学者假想出来的思维实验。如果人的行为是绝对理性的，那么每个人都会选择背叛。如果有人选择合作，那就意味着他缺乏运用自己理性的能力。但是，在实践中，真的一定是人人都选择背叛吗？那种明明更好的双方合作的结果是否会出现呢？

英国广播公司（BBC）做了一个真人秀节目，叫作《金球》（*Golden Balls*）。2007—2009年，这个节目做了6季，每一季都有数十集。

《金球》每一集的总体规则大致是这样的：开始有四个选手参加，然后有大量的讨论时间，接着是匿名投票，排除一位选手。类似的情形再来一遍，再投票排除一位选手，最终剩下两个人。这样就进入第二阶段，这两个人面对一大笔钱，进行囚徒困境式的博弈，最终决定各自的收益。

具体来看，一开始有100个价值在10镑到75000镑之间的金球被放在一个叫作"golden bank"的东西里，有点像我们熟悉的扭蛋机。工作人员随机从里面抽取出12个球，打乱顺序，并加入4个额外的"杀手球"，总共16个球，随机地分配给4位选手。

然后，所有选手会一起探讨，并且介绍手里的金球价值多少，当然也可能存在欺骗瞒报。大家的共同愿望是，手里金球加起来的价值越高越好，因为最终要分的钱与第一阶段攒了多少钱有关。然后，每个人匿名投票，根据投票结果把一位选手淘汰出局。接着再来一次，再把一位选手淘汰，最终只剩两个人。

然后就进入这一集最精彩的部分——囚徒困境博弈。两位选手有两个可能的选项，分别是"分"（split），或者是"偷"（steal），这两个英文都是"s"开头的词。如果一个人选择"分",另一个选择"偷",则选"偷"的人将获得全部奖金,选"分"的人分文不得。如果两个人都选择"偷",那么两个人都分文不得,空手而归。如果两个人都选"分",那么两个人都会获得其中一半的奖金。

这个规则我们已经很熟悉了。而整个节目最精彩的部分,就是双方在做出选择之前的对话。从理性人角度来看,这番对话没有意义,但是,从电视内容来看,这番对话真的是整个节目最精彩的部分,让人看得欲罢不能。

很多人选择从陈述家史开始:"我从小父母双亡,无依无靠,但是周围有很多好心人帮助我,使我活了下来。所以,我从小就很感恩,这个社会上有很多好人,我也要做个好人,把这份善意流传下去。所以,你可以充分地相信我,我一定会选择'分'而不是'偷'。"

又比如:"你知道吗?我的孩子刚刚出生。他还那么小,也许长大了以后会看到我们今天这期节目。我很清楚这一点,也希望他未来能成为一个好人,所以今天我一定会给他做一个榜样。因此,你可以充分地相信我,我一定不会欺骗你而选择'偷'。"

还有这种:"我是一个非常虔诚的基督徒,我们的一举一动都在上帝的注视下。你绝不可能欺骗上帝,所以,我一定会选择'分'而不是'偷'。"

所有这些陈述的真实性都并不可考。很多人的表现称得上是情真意切,有的眼泪都快要流下来了。但是,所有这些陈述和表演与最后的选择并没有直接的关系。有时候,前面一分钟还在以上帝的名义赌咒发誓,下一秒开出结果,他选择了"偷",而对方选择了"分",这时候选手兴奋得跳了起来。

而在另一些时候，选择"偷"的人获胜了，对方选择了"分"，自己明明赢了，但是表情有些僵硬，不好意思注视对方，甚至不好意思与对方握手。主持人总结一句，"这就是游戏"，一集节目就此结束，留给观众默默体会之前选手的精彩表演。

电视游戏的结果及分析

《金球》是一个很有影响力的节目。每一集都有一次囚徒困境博弈，6季总共有300多集，相当于做了300多次囚徒困境博弈的实验。实验经济学家对这个节目尤其感兴趣，因为这300多次随机实验，已经能够满足统计学的最低要求，可以拿来进行研究分析了。

诺贝尔经济学奖得主塞勒与合作者系统性地研究了这300多集金球节目，把研究结果发表在了顶级学术期刊《管理科学》（*Management Science*）杂志上。我们来看一看他们从电视节目中发现的规律。

第一，个人选手平均有53%的概率会选择合作。这就证明，人们并不总是在囚徒困境中选择背叛。而且，在事先沟通的情况下，选择合作的可能性甚至超过了选择背叛的可能性。这个结果又一次动摇了理性人假设。当然，实验经济学家对此早就习以为常了。

第二，参赛选手的合作倾向与金额有关。但这个金额并不是一个绝对金额，而是一个相对金额。比如，在《金球》过去几集节目里，大家最终要分的钱都是上万英镑，而这次我们要分的钱不过是3000英镑。从世俗意义看来，3000英镑也是一笔不少的钱。但参赛选手会与过去的节目相比，而不是从自身情况出发，于是会看轻这笔钱。塞勒把这种现象称为"大花生现象"。选手就像是在竞争一颗大一点的花生而已，既然如此，为什么不对对方好一点呢？如此一来，双方合作的可能性极大地增强了。

第三，如果他们的对手在游戏的前两轮试图将自己从节目中淘汰，参赛者就不太可能合作。这是一种互惠的内在偏好，过去你对我好，现在我也对你好。既然过去你对我不好，那么现在也别想我对你好。

第四，几乎没有证据表明，参赛者的合作倾向会与对手合作的可能性有关。塞勒几乎没有发现条件性合作的证据，也就是说，几乎不存在通过证明自己会合作而吸引对方合作的策略。

第五，年轻的男性比年轻的女性更不合作。这也是很多人关心的角度。但是，这种性别效应对年长的参赛者来说是相反的，年长的男性比年长的女性更有可能选择合作。随着年龄的增长，男性的合作性变得越来越强。

塞勒的研究非常精彩，也吸引了更多学者来关注《金球》这档节目。两位生物学家在研究了金球以后，也有很多新发现，并将其发表在学术期刊上。他们的关注点与塞勒等经济学家的发现不太一样。他们发现的内容包括以下四点。

第一，当选手发现最终博弈的伙伴对自己手上现金球的价值撒过谎，选手就不太可能选择合作。选手会认为，曾经撒谎的人是靠不住的。

第二，两位选手在博弈之前都会有很长时间的对话交流。在交流中，往往一方主动，一方被动。主动的一方总是承诺自己一定选择分钱。最终结果表明，这些主动承诺分钱的选手确实更有可能选择合作。

第三，在交流过程中，有些选手会发出更多笑声，甚至发出大笑的声音，而另一些选手比较冷静，波澜不惊。最终结果表明，发出笑声的选手更有可能选择合作。

第四，在交流过程中，有些选手会主动做出一些身体接触，比如与对方握手、拍拍对方肩膀，等等。结果表明，主动进行身体接触的选手不太可能选择合作，而被触摸的选手也不太可能选择合作。身体接触并没有增强双方信任的信心。

最后，我想介绍一期公认的最精彩的《金球》节目。最终的囚徒困境博弈在一位叫作尼克的选手和另一位叫作易普拉辛的选手之间展开。尼克开门见山地对易普拉辛说："你一定要相信我，我保证我肯定会选择'偷'。"易普拉辛简直以为自己听错了："你在说什么？"所有选手上来都承诺自己一定会选择合作，他怎么承诺要选择"偷"呢？尼克说："我肯定会选择'偷'，但是我会在赛后把自己的奖金分给你一半。"主持人都没有听过这样的言论，让双方确认，这种承诺可能是无效的，与节目组无关。如果事后尼克并不愿意把钱分给易普拉辛，那么节目组也无能为力。

易普拉辛反复劝说尼克放弃这个荒唐念头，但尼克毫不动摇，就是选择"偷"。尼克说："如果你信任我，你就选择'分'，这样我拿走所有的钱，事后分你一半。如果你不信任我，你就选择'偷'，大不了我们双方什么都没有，一拍两散。"

出人意料的是，易普拉辛和尼克最后都选择了"分"，选择了合作，两个人意想不到地取得了最优结果。事后，尼克意味深长地说，他一开始就想选择合作了。但他只有坚持不合作的姿态，坚持要"偷"，才能最终保证取得自己希望的合作结果。

参考文献

[1] Van den Assem M J, Van Dolder D, Thaler R H. Split or Steal? Cooperative Behavior When the Stakes are Large[J]. Management Science. 2012, 58(1): 2–20.

[2] Burton-Chellew M N, West S A. Correlates of Cooperation in a One-Shot High-Stakes Televised Prisoners' Dilemma[J]. PLOS ONE, 2012, 7(4).

第 24 讲
我们如何测量风险偏好

2016年，全球赌场的博彩总收益是1150亿美元。2019年，这个数字增长到1300亿美元。新冠疫情之前，美国全年的博彩总收入是380亿美元，而澳门一年的博彩收入已经达到450亿美元。2010年，新加坡的赌场正式开业，就开在著名的金沙酒店里。想当年，李光耀说过："只要我活着，新加坡就不会有赌场。"他最后食言了。赌场巨额收益的诱惑实在太大，所以新加坡在李光耀生前就开放了博彩业。只不过，新加坡对赌场进行了更严格的管理，外国游客进赌场不要钱，没有限制；本国国民进赌场要交150新加坡元，而且不能超过24小时。

那么，平均而言，世界上哪个国家的人在赌场上花钱最多？结果可能会让人有些意外。排名第一的是澳大利亚，排名第二的是新加坡，再往后是爱尔兰与芬兰。2016年，澳大利亚每年人均因为赌博损失的金钱达到990美元，虽把赌马、体育彩票等都算进去了，但这也是一笔很高的金额。

在这里，我要提醒大家，任何长期参与赌博的人，一定是输钱的，毫无例外，只有庄家稳赚不赔。这是无数人血泪教训证明的结果，与技术、运气等一切都无关。我反对大家去赌博，但是我个人很喜欢在赌场里看人赌博，在这里可以看到真正的人间百态。

假设性问题

为什么要讨论赌场？因为我想观察在真实的情况下，不同人对于风险的态度和选择。我们的生活总是存在风险。从大处说，你要不要选择移民？移民具有很大的风险，你并不一定真正适应海外的生活，也不一定能发展得很顺利，甚至不一定能在海外找到对口的工作。现实中，移民后觉得后悔的人也比比皆是。从小处看，你的好友向你推荐一只基金，你要不要买？

当然，我问的这些都是假设性问题，你可以很轻松地进行回答。网上有个著名段子，叫"真的有一头牛"。有记者问一个农民："如果你有100亩土地，你可以捐出来吗？"农民回答："可以！"记者又问："如果你有100万元，你愿意捐出来吗？"农民回答："我愿意。"记者第三次发问："如果你有一头牛，你愿意捐出来吗？"农民回答："我不愿意。"记者就很疑惑："为什么你愿意捐100亩土地，也愿意捐100万元，而不愿意捐一头牛呢？"农民回答："因为我真的有一头牛！"这个段子说明了真实问题和假设性问题的根本差异。

现在大学里经常会搞一些"模拟"项目，比如"模拟股市大赛"，吸引缺乏投资经验的大学生报名参加。组织者假装给每个人开户,假装给每个人发放10万元初始资金,然后假装让大家每天按照真实的股票代码和股票价格进行交易,一个月以后看大家的操作结果,增值最多的同学获胜。我向来不太赞同大学生参加这一类的模拟股市,因为个人在模拟股市与真实股市中的心态完全不同,模拟股市的结果完全没有借鉴意义。很多同学在模拟股市里表现得像股神一样,等真的进入市场,就亏得一败涂地。

这也是经济学所遇到的一个重要问题。过去,我的老师跟我说,经济活动是不能做实验的,因为实验失败造成的代价太大,全社会难以接受,道德伦理上也难以接受。但是最近20年,实验经济学异军突起,在经济学里抢尽了风头。一批实验经济学家告诉我们,经济学完全可以做实验,而且应该多做实验,在可控范围内多次进行小型实验,验证政策的有效性之后再加以推广,这样才能避免重大损失。

一大半实验都是在实验室里进行的,叫作实验室实验(lab experiment)。实验室实验有一个基本准则,就是必须投入真金白银,因为只有真金白银才能检验个人的真实动机。我也曾经作为被试者参加过一些心理学实验,组织者往往在实验结束后给被试者一些小礼品,比如一个马克杯、一本笔记本。我非常理解,因为组织者如果要给被试者发钱的话,在财务上是很难报账的,送一些小礼品就简单很多。可是,在实验经济学里,给被试者送小礼品的行为是要坚决杜绝的。因为经济学家发现,个人在争夺小礼品和争夺真金白银的时候,其动机非常不同。而且,小礼品不可能区分出很多档次。比如在一场实验中,我的表现是83分,我的两位队友的表现分别是74分和69分,小礼品就无法对此做出区分。要想解决这个问题,方法很简单,那就是发钱。这种激励与我们在现实环境中的激励一致。

这样一来，你就可以理解我为什么对于赌场如此着迷了。在赌场里，每个人的一举一动，都涉及千千万万的真金白银。赌场为实验经济学家提供了一个真实的实验环境。我所认识的一个著名的实验经济学家加里·查尼斯（Gary Charness），本来就是赌场里的一个荷官，负责发牌。后来，他觉得这个工作没意思，就去读了经济学博士，再后来成为世界顶级的实验经济学家。虽然赌场不可能直接提供赌客的数据，但是仅仅在赌场里闲逛，我们就能看出很多有意思的东西。

风险偏好

在赌场里，很多人喜欢玩的一种桌上扑克游戏叫作"百家乐"。这种游戏的规则非常简单，大致地说，就是有庄家和闲家两方，赌客预先押赌金，可以押庄，也可以押闲。押好之后，荷官给庄家与闲家各发两张牌，计算两张牌数字相加的尾数，J、Q、K算作零点，如果相加数字很小，就补发第三张牌，最终点数高者获胜。

很多人可以一起玩，效率很高。赌客在每一轮开之前都可以自由选择押庄还是押闲，几乎不可能作弊。押闲获胜的话，就是1赔1，押庄获胜的话就是1赔0.95，几乎也是1赔1，只是庄家要抽5%的佣金。对于赌客来说，这笔钱可以忽略不计，但对于赌场来说，这就是其收入只增不减的奥秘。

我们用科学的方式来描述百家乐。那就是每一轮游戏之前，你手里都握有一笔资金，或者说筹码。你可以选择不下注，也就是100%地保留你手里这笔资金。你也可以选择下注。如果你选择押闲，那么你有50%的概率使得手里的资金翻倍，也有50%的概率失去这笔资金。你的预期收益是不变的，只是多了50%的风险。如果你选择押庄，那么你有50%的概率使得手里资金接近翻倍，有50%的概率失去这笔资金。你的预期收益比现状稍微少一点，但对赌客来说可以忽略不计。

也就是说，不管你是不是投注，你的预期收益是几乎不变的。只是你在投注过程中产生的风险，可以使你感到兴奋和刺激，这就是赌场的意义。

从经典的经济学理论来看，如果你认为赌和不赌对你是一样的，这种偏好就称为风险中性，意味着你既不规避风险，也不偏好风险。如果你更倾向于不赌，保持手上的筹码不变，这就叫作风险规避，风险本身会给你带来不舒服的感觉。反过来，如果你更愿意投入赌博，这就叫作风险偏好，风险会让你更为快乐。

风险中性是符合数学原理的，但是并不符合人性。在现实中，绝大多数人是风险规避的，只有少数人是风险偏好的，这也符合长时间段的生物演化原则。如果我们在实验室里进行这样的实验，大家不妨设想一下，如果自己参与实验会做出怎样的选择。每个被试者独立地进入实验室，桌上有一个信封，里面装着100元。被试者被告知，你有两种选择。第一种选择是，直接拿起这个信封走人。第二种选择是，被试者将参与一次赌博，内容是掷硬币：如果正面朝上，那么你可以获得200元；如果反面朝上，那么你什么都得不到。在这种实验环境下，大多数被试者会选择直接拿钱走人，而不会参与赌博。

实验经济学家已经把这个实验重复过无数遍，结果都是如此，证明大多数人是选择风险规避的。

可是，这种实验结果就与我们在赌场里看到的那么多没日没夜玩百家乐的人形成了鲜明对比。既然大多数人是选择风险规避的，赌场又是怎样让如此多的人陷入赌博的，并不断地享受风险所导致的刺激呢？

这里面有太多值得我们体会的细节。比如，赌场全都修建得金碧辉煌、气势非凡，走进赌场就像走进迷宫一样，不熟悉的人一下子走不出来。赌场内部又总是灯火通明，让人一下子失去了时间感，完全不知道自己在里面待了多久。

在赌博的时候，大家使用的都是筹码，而不是现金，虽然筹码可以和现金自由兑换，但是在使用筹码以后，大家可能会暂时忘记现金这回事。记得我刚去澳大利亚读书的时候，兑换过一些100澳元面额的钞票，但我在日常生活中就几乎没用过这么大面额的钞票。买东西时，收银员收到50澳元面额的钞票都嫌太大，希望顾客最好能使用零钱。可是，我后来到赌场里面一看，所有人在兑换筹码的时候，用的都是一叠一叠的百元大钞，挥金如土。赌场内外对待一张钞票的态度有如此大的差别，令人惊叹。

而且在赌场里，赌博的节奏非常快。从押注到发牌，再到开牌，最后到收走筹码，整个流程可能一分钟都不到。只要你坐在赌桌前，一个小时可以经历数十次的激烈刺激。平时，我们要做出一个具有风险的财务选择的时候，可能要犹豫再三，思前想后。但是，在赌场的这个氛围里，绝大多数人不假思考地下注，在短短几分钟里，就有数以万计的资金输输赢赢。当然，我作为旁观者，也很难真正体会那些大输大赢的赌徒的真正痛苦和狂喜。但是，他们的行为表现与实验室里的被试者存在显著的差异。

风险的测量

经济学家很早就知道大多数人倾向风险规避，但仅仅知道这一点还远远不够。同样是风险规避，有些人只是略微不喜欢风险，而另一些人则是极端厌恶风险，这两者可能差异巨大。2002年，两位实验经济学家查尔斯·A.霍尔特（Charles A. Holt）与苏珊·K.劳里（Susan K. Laury）设计了一组测量风险的实验，研究成果发表在《美国经济评论》上。如今，他们的研究手段已经成为衡量风险的标准方法。

他们的想法是这样的。在类似前面描述的个人实验里，被试者需要回答十道题。在每一题里，被试者总是面临A和B两种选项，这两种选项里都包含不确定性，在两者之中做出自己的选择。其中，A是一个低风险低收益的、非常稳健的投资组合，不管市场怎么变化，最终收益都不会有太大的起落；B是一个比较冒险的高风险高收益的投资组合，大起大落。实验者会在每一题结束后，根据被试者的选项以及市场上的风险，给被试者发钱。

在第一题里，由于A的预期收益明显要高于B的预期收益，绝大多数人会毫不犹豫地选择A。到了第二题，A基本还是那样，B的风险略微降低，预期收益有所升高，两者之间的差距开始缩小。当然，A的预期收益仍然要高于B，绝大多数人还是会选择A。越往后，A和B的差距越小。到了第五题，B的预期收益已经开始超过A了。当然，A的优势就是没有风险，而B始终存在风险。

如果是一个风险中性的被试者，那么一开始选A，应该从第五题开始转向B，一直到第十题都是选B。但是在现实中，不同人的选择是不一样的。风险规避的人可能在第五题、第六题仍然选A，他们愿意为了避免风险而略微降低自己的实际收益。而到了第九题、第十题，虽然B仍有风险，但是收益已经变得非常大了，很多风险规避的人，会在这种利益诱惑下决定放手试一试。那些风险偏好的人看到B选项，可能早就跃跃欲试了。在第三题、第四题的时候，虽然B的预期收益不如A，但是相信自己运气好的人，仍有可能觉得自己可以从B中获利，因此他们可能早早地就选择了B。

这样一来，最终我们通过观察被试者从哪一道题开始转向B，就能判断出他的风险偏好。他转向得越晚，就越说明他是风险规避的；他转向得越早，就越说明他是风险偏好的。这套测试，可以作为我们衡量每个人风险程度的一个基本框架。

他们从实验研究中获得了哪些发现呢？第一，收入越高的人越不会害怕风险。高收入的人往往是风险中性甚至风险偏好，极端厌恶风险的人，往往自身收入比较低。第二，相比男性，女性较为厌恶风险，但这只在面临较小金额的时候才会明显。当我们把赌注金额放大10倍、20倍、50倍的时候，性别差异就变得不显著了。这也能很好地解释在面临一些包含风险的重大决策的时候，女性并不比男性更惧怕风险。第三，中年人比较风险中立，不太害怕风险（当然，中年人的收入往往也比较高）。第四，受教育水平高的人，相对风险中立，不太害怕风险。

这些就是实验经济学家对于人群总体风险偏好水平的一个描述。这些实验结果，后来也在证券投资等诸多领域中获得了验证。不过，人的风险偏好是一种很微妙的偏好，一些外部的刺激就有可能改变一个人的偏好。赌场就是一个很好的例子，多少理性自律的人，进了赌场以后判若两人，不能自拔，最终陷入困境之中。

参考文献

[1] Holt C A, Laury S K. Risk Aversion and Incentive Effects[J]. The American Economic Review, 2002, 92(5): 1644-1655.

第 25 讲
为什么我们总在事后要后悔

除了极少数工作狂以外,绝大多数人应该喜欢放假。当然,很多人的快乐水平是随着假期延续而变动的。快乐水平在假期里先增加后递减,形成一条倒U形曲线,这可能是大多数人的情况。有的经济学家把这种现象称作"假期快乐曲线"。

假期的快乐,对于整日忙碌的我们来说,还是很重要的。有些人也知道自己的快乐水平会在假期里经历这样一次波动,于是就尽量把它提早,很早就开始设想这次假期的快乐,脑子里想过千百遍以后,假期真的来了,也就不会有很大失望了。另一些人则努力抑制自己在假期里的快乐,这样一来,假期后才能开心地回味。

不同人对于时间的看法截然不同。有些人会在内心彩排一年、两年后的事情,也有些人会不断回味以前的事。这就是本文的主题:连续时间里的个人选择。

时间不一致性

行为经济学家尤里·西蒙森（Uri Simonsohn）做过一项有趣的研究，研究美国年轻人选择读大学的行为特征。我们都知道，美国各个地区的气候差异巨大。有些地方，比如佛罗里达或者南加州地区，阳光明媚，四季温暖，人们在一年里大多数时间可以去海边玩。而另一些地方，比如美国北方五大湖地区，天寒地冻，4月份还在飘雪。美国大学采用申请制，每个人可以申请多所大学，在拿到录取通知书以后，慢慢决定自己要去哪所大学读书。而各个大学为了吸引学生，都会举办"开放日"活动，欢迎所有对校园感兴趣的人来参观。

西蒙森获得了一组数据，其中包括562名学生的信息。他们都获得了不同地区大学的入学通知书，同时也在之前参加过这些学校的"开放日"。西蒙森猜想，这些学生思考自己是否会接受这个通知书，很可能与他在这个城市、这所学校感受到的天气环境有关。为此，他特地找来每个学校开放日那天的当地天气数据，主要看其中云的数据。云的数据用1到10表示：1表示万里无云，天气晴朗；10表示阴云密布，很有可能下着雨。

西蒙森分析两者关系后发现，云的数量每增加1，就是天气每恶化10%，学生接受这个学校通知书的可能性就会增加2%—3%。这是一个非常令人意外的结论。天气越糟糕，学生越有可能接受这个学校的通知书。这似乎与直觉相反，难道未来的大学生不喜欢阳光沙滩，反而喜欢阴雨连绵的环境？

西蒙森是这样解释的：每个人在阳光明媚和阴云密布环境下的认知和决策模式不同。天气很好的时候，你可能去沙滩，可能与朋友吃饭，实在有太多户外活动可以选择。这样一来，学生恐怕不大可能去参加大学的"开放日"活动。反过来，在阴云密布的时候，学生可能没有事情做，这时候才会想着去大学看看。而且在这种日子里，他们会比平时更热爱学习，更看重大学所能提供的机会，最终也更有可能选择这样一所大学。

这是一个很有意思的发现。那些在学术上非常突出但周边环境乏善可陈的学校在举办"开放日"的时候，应该提前看一下天气预报，尽量选一个糟糕的日子来办。事实上，我们所知道的很多优秀的美国大学，周边娱乐环境都不怎么样，比如芝加哥大学。这样一来，学生没有太多娱乐选择，就只能好好学习。

而很多学生在入学以后，常常会后悔。芝加哥大学确实是一所很好的大学，但芝加哥这个城市太难熬了，一年四季经常下暴雪，让人一想起迈阿密的阳光沙滩就后悔不已。经济学家把这种现象称为"时间偏好不一致"。入学前，你以为自己是喜欢芝加哥的；可入学后，你发现原来自己更喜欢迈阿密。

时间偏好不一致所导致的后悔是很常见的现象。我们应该做的就是正视这一点，想办法减少事后后悔的情况出现。

推测偏向

行为经济学家乔治·罗文斯坦（George Loewenstein）和马修·拉宾（Matthew Rabin）等人，提出一种理论来解释这个现象，叫作"推测偏好理论"。简单地说，一个人在事先只了解自己事后偏好的方向，却无法完全了解自己事后偏好的总体范围。比如，一个高中生在选择大学的时候，当然知道天气越好，自己越开心。但是，对于天气对大学生活的重要性，他很可能估计不足。我们只有上了大学才知道，下雪天就没法在室外开派对，没法开派对就没法和更多人聊天搭讪，而很少有机会开派对会让自己非常不快乐。这些都是只有上了大学以后，切身经历一段时间，才能总结出来的。

同样的道理，我们在假期开始之前，不一定了解自己到底会怎样度过这个假期。我以前读书的时候，放假之前经常去图书馆借一堆书，准备在假期里好好学习。但是直到假期结束，这些书也没有翻过，只能原封不动地还回去。这就是因为我还不够了解自己，很难想象自己在假期里的真实状态。到了今天，我已经不做这类幻想了，到了假期就是休息，能保证在假期之后正常工作已经挺不容易了。

在现实生活中，另一个对我们富有启发的例子，就是购物。在购物之后，我们把东西搬回家，经常发现购买了不少计划外的东西，比如一些不健康的零食。

很显然，这个例子里又出现了时间不一致的问题。我们在把商品放入购物车的时候，必定是觉得自己喜欢吃这些，也应该吃这些，这样才做出选择。而我们回到家以后，又会觉得后悔。那么，我们应该怎么做才能有效地减少我们事后后悔的可能性？

有几个行为经济学家做过一个有趣的田野实验。他们就在一些超市门口，拦住一些正准备进去购物的人。研究者说自己在做一项调查研究，希望被试者配合，先把这次进超市准备购买的商品写下来，列一个清单。写完之后，研究者给实验组的人群吃一块麦芬蛋糕，然后再让他们进去购物；而对照组的人，被要求先进去购物，出来的时候会分到一块麦芬蛋糕。

当被试者购物结束，实验者记录下他们真实购买的商品，再将其与他们原本的购物清单做比较。研究者发现，无论实验组还是对照组，两组人都多买了不少自己清单上没有的商品，说明这是人类天性，难以避免。但在对照组购买的商品中，有51%是购物清单上没有的；在实验组购买的商品中，只有34%是购物清单上没有的。两者的唯一差别，就是实验组的人在进入商场以前多吃了一块麦芬蛋糕。

这个实验很有趣，思想也很深刻。它告诉我们，尽量不要在很饿的时候去超市购物，那样的话，你会多买很多原本你并不想买的东西。从推测偏向的角度来看，你在饥肠辘辘的时候进入超市，就会设想自己在以后的几天也会是这个状态，所以需要更多的食品、更多的热量，包括一些并不健康的食品。但是，在饱足的时候进行购物，你就会设想，自己在以后几天也并没有那么缺少食物。这时候，健康考虑就会压倒你对不健康食品的热切渴望。

对于现代人而言，我们很少会真正地缺少食物，缺少热量。但我们的身体感受是千万年自然演化的结果。我们的身体会在感受饥饿的状态下，驱使我们不自觉地购买更多高热量、低营养的食物。这种诱惑非常巨大，所谓的理性往往很难抵制得住。在这种时候，调整好自己的状态，先吃饱再购物，就可能显著降低潜在的损失。

冷状态与热状态

这是一个重要的发现。以前，学者们认为，人的选择都是独立的。比如，今天我是否会抛出某只股票，与我出门时是否与妻子吵架无关。但每个人从自己的经验推断，这两者很可能是有关的。我们所面临的事件可能是一个个独立事件，但是人生活在一个连续的时间里。比如，假期刚刚过完，这个周日还要加班，前前后后的事情,都会影响个人决策时的冷静思考。

罗文斯坦提出一组有趣的概念,即"冷状态"和"热状态",它们可以有效地解释这种推测偏向。所谓冷状态,就是本能因素不太活跃的状态,此时我们头脑冷静、判断清晰,可以准确地运用自己的理性进行决策。而热状态,就是本能因素非常活跃的状态,比如我们饥肠辘辘地冲进超市购物。在热状态下,本能会压倒理智,让人做出更多非理性的选择。

冷状态和热状态的差距非常大。我们在冷状态的时候,经常难以想象我们处于热状态时的心理,高估自己的理性,高估自己抵御诱惑的意志力。就像我们购物回家,吃过饭以后,从购物袋里一包一包往外掏薯片的时候,经常会反思:我为什么会买那么多薯片?这是因为在冷热状态交替的过程中,我们已经丧失了有效推测自己效用的能力,这种现象又叫"冷热情绪鸿沟"(hot cold empathy gap),这道鸿沟很难跨越。

很多具体例子可以证明这种冷热情绪鸿沟的存在。比如,离婚现象的存在,就反映出时间不一致性,也证明了鸿沟的存在。婚姻的双方在过去都支持这段婚姻,所以才会结婚。但是过了一段时间,双方发现自己错了,不得不选择离婚。在结婚的时候,双方都处于热状态,会高估收益而低估自己在冷静状态下所判断的成本。所以,冷热情绪鸿沟有可能导致长期协议、长期合同的破裂,其中也包括婚姻。

冷热情绪鸿沟会导致一些自我控制问题,比如购买薯片、戒烟、刷抖音、打游戏、通宵熬夜。这样的例子实在太多。以前,我们身边并没有那么多上瘾品,主要就是烟酒这些传统的上瘾品。但是到了今天,随着移动互联网的发展,很多新产品直接瞄准了我们的自我控制能力，直接朝上瘾品的方向进行设计打造。

事实上，我们绝大多数人的自我控制存在一些问题，无论男女老少都是如此。当然，每个人上瘾的东西不一样，有的人沉迷于打游戏，有的人沉迷于喝酒。每次接触到这些上瘾品的时候，人们就处于一种热状态，无法控制自己。而到了冷状态的时候，人们又会为此悔恨不已。

有很多学者指出，既然没有办法控制冷热情绪鸿沟，那么争取充分利用它带给我们的好处，也不失为一种解决办法。比如，我认识的一些朋友，就有熬夜的习惯，只有半夜才有写作或者艺术创作的灵感，每当夜幕降临的时候，他们才觉得兴奋。他们干脆就把自己的作息调整为"昼伏夜出"，白天睡觉，晚上工作。只要在热状态下能有效工作，他们在冷状态的时候就不会为此感到内疚，于是自己与自己达成了和解。

▎参考文献

[1] Simonsohn U. Weather to Go to College[J]. The Economic Journal, 2010, 120(543): 270-280.

第 26 讲
我们如何对付拖延症

在学校里，每次要求学生交作业时，我都会说清楚"死线"（deadline）。而且，"死线"必须很明确，比如作业必须于5月10日晚上12点之前发到我的邮箱。一般我就会在晚上11点30分收到很多作业，有些会延迟到晚上12点多，还有少数人会在第二天早上发给我，这些显然就是赶"死线"失败的同学了。

什么是拖延症

不知道你有没有拖延症，反正我有非常严重的拖延症，比如我拖欠了很多早就应该完成的论文或者书稿，其中有些工作在两年前、三年前甚至十年前就应该完成的，它们直到现在都没有完成。拖得太久，我和编辑都把这事忘了。或者，拖得太久，我和编辑都以为对方已经放弃了。这样一来，很多事情就不了了之。

后来，我读了一本我非常喜欢的政治哲学家埃里克·沃格林（Eric Vogelin）的书，了解了他的一段经历，自己终于有点释怀。沃格林少年成名，30多岁就已经出版过不少著作。有出版社请他写一本面向大学生的《西方政治思想史》，篇幅估计也就200多页。沃格林一口答应，合同也签了。沃格林很努力地开始写，越写越觉得问题复杂，一口气写了上千页。他给出版社写信说，这本书比我想象中要复杂，一本书肯定装不下，可能需要分成两三本书。出版社很大度，表示一本变三本没问题，你慢慢写，我们可以等。

这一等就是十年，沃格林也从欧洲搬到了美洲，但是，他还是没放弃。我们从现在留下来的沃格林与朋友的通信中可以看出，他还在写，还在不断地修改手稿。他也坚持给出版社写信，通报自己最新的写作进度。沃格林前后写了几千页，大概有8本书的篇幅，但是他自己仍然不满意，还是不肯交给出版社。过了20多年，出版社终于放弃了，不再催要书稿了，沃格林自己也放弃了。

后来，沃格林从书稿里挑选一部分的材料，改写成另一部著作《秩序与历史》。这部著作有5卷，影响非常大，是沃格林一生中最重要的作品。等沃格林去世以后，他的弟子帮他编辑文集，找出当年的《西方政治思想史》的手稿，以《政治观念史稿》的名义出版，总共8卷。这是沃格林没有最终完成的稿件，他对这个稿件并不满意。但是从今天的角度来看，这本书的质量很高，对后人有很大启发。这本书的出版，距离最初约稿已经过去半个多世纪。而且由于沃格林的拖延症，他并没有看到这本书的出版。

我对沃格林的这个故事特别有感情，拖延症会导致严重后果，但最终也算获得意想不到的结果。以前，我跟一个朋友聊天，发现我们有一些共同点。一方面，我们都是很积极的邮件回复者，甚至对写邮件很有热情。但另一方面，我们又经常逃避回复邮件，尤其是一些重要邮件，经常就是已读不回。而对于那些无关紧要的邮件以及陌生人写来的邮件，我们却经常秒回。对方可能也很意外：跟你原本不熟，写信之前还犹豫再三，贸然写信是不是提出了无理要求，没想到你那么热情，想都不想就回复。可那些跟你很熟并且对你很重要的前辈或老师，等来等去，等你一个月还没有得到回复。

其实，我们不是不想回复。与之相反，我们对这些邮件看得特别重，所以要仔细斟酌信件的用词和表达方式，还要把前前后后其他事情联系起来。这样一来，我们就把这封邮件耽误了。在这个过程中，我们可能已经不假思索地处理了几十件不重要的事。但最重要的邮件一直没回，内心非常愧疚，天天想着。可过了半个月以后，自己都不好意思再回复了，哪有把人家的重要邮件耽误那么久的。于是，我们只好编一个拙劣的理由，比如"我刚刚查看垃圾邮件箱才发现这封信，实在抱歉"，或者"对不起，最近半个月我一直在外出差，网络不好，就没有查看邮件"，等等。这些理由自己都不相信，双方都觉得很尴尬。我实在没有办法向这些老师解释："我不回复您的邮件，不是因为觉得它不重要，而是觉得它太重要，以至于我没有勇气在很短的时间内回复。"

拖延症是一种复杂现象，包含了多种心理机制。我见过从各种角度阐释这种现象的研究，比如动机不足、情绪不佳、启动困难、时间管理差、完美主义倾向、失败恐惧以及无关任务的干扰等等。这些解释都有一定的道理，但也都不完全对。比如，我觉得拖延回复邮件和拖延写作业的心理机制就不太一样，拖延写作业和拖延写博士论文的心理机制又不太一样。

有不少人跟我说，"死线"是第一生产力。确实如此，我们都赶过"死线"。年轻的时候,有一些媒体朋友偶尔约我写时事评论。早上7点30分的时候,我还在睡觉,被电话吵醒。编辑要我起床赶紧看一下某则财经新闻,写1500字的评论,上午9点钟报纸就要排版印刷,我要是写不出来,报纸就要"开天窗"。我还没睡醒,便硬着头皮一边看新闻一边写,于是在早上8点40分写完了。这时候,我确实会感慨,"死线"可以激发人的潜能。

但是,"死线"一定要足够近才有用。如果编辑向我约一篇1500字的文章,下个月交,那么我绝对不会记得这根"死线"。而另一些需要长时间努力工作,比如写一本书,连载500万字以上的长篇小说,状态就更不一样。这有点像是一场马拉松,你在这个过程中有时可以体会到快乐,但更多是挣扎,不是一鼓作气能解决的。"死线"对于这种工作完全无效,相反可能需要更多心理上的鼓励。

双曲贴现

在探讨拖延症的时候,我们需要一些经济学的工具,尤其是研究时间的工具。时间在经济学里非常重要,又非常微妙。所有生产、交易活动都需要时间,时间是帮助我们赚钱或者阻碍我们赚钱的最主要因素。所以,我们需要进行跨时间的计算。大家都很熟悉的一个指标,叫作利率。利率是把现在的资金计算到未来。同样,如果我们要把未来的资金计算到当下,所使用的指标就是贴现率。

我们做一个思想实验,假如你现在面临两种选择:第一种是现在我给你银行卡里打1000元,第二种是明天我给你银行卡里打1010元。你会做出怎样的选择?大多数人会选择前者。我现在就想看到钱,哪怕少10元,谁知道明天会发生什么。再假设另一种情形，我同样给你两种选择：第一种是我在第30天给你打1000元，第二种是我在第31天给你打1010元。你选择哪一种？很多人会选择后者。既然要等一个月，那么多等一天和少等一天又有什么差别？何况多等一天还能多10元。

我们就会发现，这里面出现了矛盾。在收入条件不变的情况下，大多数人在今天和明天之中选择今天，在30天和31天之间选择31天。这就说明人们在评估未来收益的时候，倾向于在近期使用较高的贴现率，而在远期使用较低的贴现率。经济学家把这种现象叫作"双曲贴现"，就是把主观收益率放在时间轴上看，它是不断下降的，呈现出双曲线的形状。

当前的贴现率最大，随着延迟时间的增长，价值不断下降，但下降速度也会放慢。如果时间无限长，贴现率就趋近于零。这就意味着，未来距离我们越遥远，我们就越不关心它。从现在往后数30天和31天，对于我们基本没有差别，我们缺少准确想象一个月后自己情况的能力，更不用说一年半载。

双曲贴现出现的根本原因是我们缺乏耐心。为什么会这样？第一，我们对生命始终抱有不确定感。第二，延迟当前消费会对我们造成痛苦。20世纪初，美国经济学家欧文·费雪（Irving Fisher）就说过，人类之所以有交易，有经济活动，最后的根源就在于"不耐烦"。这个观点非常深刻。德国哲学家马丁·海德格尔（Martin Heidegger）也说过，人的存在的状态，就是"烦"。所以，两位同一时期的学者，一位经济学家，一位哲学家，都把研究问题推到了极致，那就是"烦"。

因为不耐烦，所以我们对于当前有一种非常强烈的偏好，就想要活在当下，想要"今朝有酒今朝醉"，"我死之后，哪管洪水滔天"。而一切经济活动，归根到底都是要与这种盲目的、偏爱活在当下的倾向做抗争。

大家应该都听说过"朝三暮四"这个成语，但是否记得它是从哪里来的？它源自《庄子·齐物论》。"朝三暮四"的故事是说，一个养猴子的人给猴子分发橡果。他说，早上三颗，晚上四颗，猴子怒了。他赶紧说，早上四颗，晚上三颗，猴子就高兴起来。故事后面加了一句："名实未亏而喜怒为用，亦因是也。"

庄子说这两种分配方法"名实未亏"。但我以前读这则故事的时候就会想，"朝三暮四"和"朝四暮三"怎么会是一样的呢？学过贴现率这一节后，我们就会明白，这两者确实是不一样的。"朝三暮四"明显不如"朝四暮三"，因为它等于要猴子克制当下的欲望，把一颗早上可以吃到的橡果推迟到晚上再吃。如果你真要猴子这么做，你得付出代价，比如"朝三暮五"。虽然猴子没有学过经济学，只会根据本能来判断，但它的本能是正确的。

我一直觉得《庄子》是先秦经典中与时间问题关系最密切的一部书。带着这个时间观重读《庄子》，我们可能会有新的收获。

对付拖延症的办法

双曲贴现会有严重后果，我们时不时就会遭遇一遍。我们不妨以考试为例，假设还有两周就要考试，此时我们应该认真学习。但是两周时间说长不长，说短也不短。我们总会对自己说，没有人能坚持连续两周的学习，我们可以推迟一两天再学习，这并不会对成绩造成影响。但是过了两天，按照原有计划，此时我们应该开始努力了。但是，我们可能还是抱有同样的想法，接着就到周末了，再推迟两天。只要往后推个两三次，我们就会突然发现时间不够用了，已经没有那么多时间来学习了。最终，我们没有拿到满意的成绩。

这种事情在我们身上发生过远不止一次，代价也很沉重，可是到了下个学期考试前，我们还是会这样做。考前复习永远是一项令人感到痛苦的事。当然，最终考不到理想的成绩，也会令人痛苦。但未来痛苦的恐惧，无法遏制我们躲避当下痛苦的冲动。按照一些经济学家的估算，面临五天的复习周期，如果我们遵循自己的本能，那么由于拖延症，最终我们复习的时间总会比事先预估的时间少20%。如果你是一个真正理性的人，你就应该事先把自己一定会低估的20%的时间加上去。

双曲贴现也是一些上瘾行为泛滥的重要原因。过去，芝加哥学派经济学家、诺贝尔经济学奖得主贝克尔有一篇研究吸烟行为的经典论文，认为吸烟是有着稳定偏好的理性人的最优选择。他在抽烟时，已经考虑到了未来香烟价格的变化。但是，越来越多的现实证据与贝克尔的模型不符。

另外两位经济学家乔纳森·格鲁伯（Jonathan Gruber）与博通·考泽基（Botond Köszegi），写了一篇名为《上瘾真的是理性的吗？理论与证据》（Is Addiction "Rational"? Theory and Evidence）的文章，来反驳贝克尔的模型。在他们看来，很多抽烟的人知道这种习惯不健康，都想戒烟，但就是因为意志力薄弱而无法戒烟。这是一个时间不一致的行为经济学问题。

贝克尔模型最大的问题在于，它所引申出来的政策建议，对烟草这类上瘾品征收的税收太低。目前，全世界烟草的税负一般是三分之二，格鲁伯和考泽基认为这个税负太低。格鲁伯和考泽基认为，税收不仅是要通过价格来影响消费者的决策，在香烟这个类别里，还必须起到帮助消费者增加自制力的作用。消费者自身是很难抵抗香烟诱惑的，但一包香烟对于身体的损害，据他们的估算，绝不低于35美元。香烟对于个人的长期损失很大，烟草税必须要发挥作用，帮助消费者培养自制力。要达到这个目的，香烟的税收水平就必须比目前水平再提高许多。

这种建议必然受到烟草公司的强力抵制。烟草行业的规模巨大，影响力也极大。那么，政府是否应该强行提高税收呢？这要看政府怎么看待烟草对全民健康所带来的损害了。

所有这些帮助消费者摆脱上瘾品的手段，从根本上看，都是强加限制和减少选择。把香烟的价格提高到一般人都抽不起的水平，才能强迫一些上瘾者培养自制力。真正理性的烟民应该支持这种政策，让个人自愿放弃自由，这可能是摆脱拖延症的一种有效手段。

据说法国文学巨匠维克多·雨果（Victor Hugo）要写作的时候，会选择赤身裸体，让他的管家把自己的衣物藏起来。这样一来，雨果就无法外出，只能待在家里好好写作。有个朋友以前也跟我分享过她写论文的技巧。当时还没有Wi-Fi（无线网络），大家只能依靠网线来上网。她知道自己容易沉迷于网络。但是，她有一个室友，每天都要出门上班，朝九晚五，非常规律。她就拜托室友一件事，每天早上出门的时候，顺手把网线也带走，晚上下班回来，再把网线带回来。这样她一天都没有网络，就只能利用手边的图书、文献写作。

这当然是一种很极端的做法，但竟然很有效，促使我这位朋友写出很多优秀的论文。我也很怀疑这种做法能持续多久。后来我听说，过了一阵，她又去多买了一根网线。

■ **参考文献**

[1] Gruber J, Köszegi B. Is Addiction "Rational"? Theory and Evidence[J]. The Quarterly Journal of Economics, 2001, 116(4): 1261-1303.

第 27 讲

为什么我们害怕模糊性

我们先做一个思想实验。你面对一个陶罐,陶罐是不透明的,其中装了90个小球,你需要把手伸进去,随机摸出一个。现在你知道,其中有30个是红球,剩余的60个球要么是黑球,要么是黄球,但黑球、黄球各有多少个是不知道的。

埃尔斯伯格悖论

这个实验是经济学家丹尼尔·埃尔斯伯格(Daniel Ellsberg)在1961年设计出来的。

如果现在有两种赌局。第一种赌局:如果你摸到了红球,那么你能得到100元;如果摸到其他颜色的球,你什么都得不到。第二种赌局:如果你摸到了黑球,那么你能得到100元;如果摸到其他颜色的球,你什么都得不到。在这两种赌局里,你会怎么选?

很显然，不管在什么情况下，摸到红球的概率都是三分之一，这是明确不变的。可是，摸到黑球的概率有多少呢？不知道。如果我告诉你，黑球的数量比黄球数量多，你会毫不犹豫选择第二种赌局。如果你知道黑球数量比黄球少，你就绝对不会选第二种赌局。但问题在于，现在你并不知道黑球和黄球哪个多。那么，最终你会怎么选？

所以，绝大多数人会选择第一种赌局。因为第一种赌局的获得收益的概率是清楚的，即三分之一。而第二种赌局获得收益的概率是模糊的，这种模糊性让人抓狂。

埃尔斯伯格再把实验稍微改动了一下。陶罐还是那个陶罐，球还是那些球，你现在重新面临两种赌局选择。第一种赌局：如果你摸到了红球或者黄球，你就能获得100元；如果你摸到了黑球，你将什么都得不到。第二种赌局：如果你摸到了黑球或黄球，你就能获得100元；如果你摸到红球，你将什么都得不到。面对这两种赌局，你会怎么选择？

实验结果表明，绝大多数人会选择第二种赌局，就是摸到黑球或者黄球获得100元。因为第二种赌局的收益是明确的。你有三分之一的可能性摸到红球，也就是什么都得不到，但还有三分之二的概率可以赢钱。在第一种赌局里，你摸到红球或者黄球能赢钱，可你不知道黄球的比例，所以第一种赌局还是带有模糊性。正是这种模糊性让你最终放弃这种赌局。

我们把这四种赌局放在一起，有意思的事情出现了。绝大多数被试者在第一种情形下会选择第一种赌局。这就意味着，他们认为黑球出现的概率要小于黄球，只有在这种情况下，被试者才会选择固定概率的红球。但是在第二种情形下，绝大多数被试者选择第二种赌局，我们可以推论出，他们认为黄球出现的概率要小于黑球。

所以，在第一种情形下，被试者认为黑球少、黄球多；在第二种情形下，被试者认为黄球少、黑球多。陶罐和球没有任何变动，可被试者的判断出现了逆转。经济学不是假设人是理性的吗？理性人怎么会出现这种不一致的情况？于是，这种情况就被称作埃尔斯伯格悖论。

在过去的几十年里，学术界围绕埃尔斯伯格悖论展开了大量的讨论。主要研究结论是，人抱有一种"模糊厌恶"（ambiguity averse）的心理，非常讨厌自己对某一种博弈的概率分配搞不清楚。更具体地说，人在冒险的时候，喜欢用已知的概率作为判断依据，不喜欢用未知的概率作为依据。在可能的情况下，人们总是逃避概率模糊的状态。

盲盒与赌石

可能会有人说，你们认为人有"模糊厌恶"的心理，能不选择带有模糊性质的东西就不选择。可是，最近盲盒这么流行，很多人在玩盲盒，这不正好说明大家不仅不是模糊厌恶，反而追求模糊性吗？

最初的盲盒，好像指的是玩偶手办。但随着一些做盲盒的公司上市，这个概念逐渐流行开来。有些博物馆开始搞盲盒，就是卖给你一块土，里面随机埋一些仿制的文物。到底埋了什么东西，没人知道，只有挖出来才知道。这也符合考古的逻辑，考古本来就有模糊性，不知道会挖出来什么。

可有些奶茶店也搞盲盒。在奶茶杯底下随机装一些口红、护手霜或者小零食。我不太懂其中的逻辑，听说奶茶卖得也很好。最近连我家门口的面包店也开始搞盲盒了。就是你购买盲盒以后，当天晚上面包店随机给你送来一袋面包，可能有三四个不同品种，保证它在店里的零售总价高于盲盒的价格。这不就是面包店处理当天没有卖完面包的营销技巧套上了盲盒的概念吗？

大家确实喜欢盲盒，但盲盒是否与我们所说的模糊厌恶相矛盾，还要进一步探讨。在我看来，绝大多数情况下，盲盒本身并不"盲"。比如，消费者知道某一类型的手办一共有四种。这四种手办的实际价值可能差不多，只是消费者可能更偏爱其中的一种。这样一来，盲盒本身也没有太大的风险。

与之相比，前些年流行的翡翠赌石倒是更能说明模糊性这个概念。河北法院曾开庭审理一件赌石案，据说涉及一笔高达8000万元的翡翠原石交易。原告说，他委托被告到缅甸购买了一块翡翠原石。被告当时声称，这块石头的产地是缅甸帕敢的木那场口，这也是最著名的翡翠场口。原告花了8000万元买下这块石头，拿回来一切，发现垮了，切开石头所显示的价值远不值8000万元。原告把石头做了鉴定，鉴定结果显示石头不仅不是出自木那，更不是出自缅甸。被告虚构石头产地，属于诈骗。当然，被告也觉得自己冤枉："这本就是赌石啊。"

木那是克钦邦占领的地方，军事上并不安全，交通也不方便，还发生过矿山坍塌事故。所以，除了缅甸本地人以外，外国人很少去。大家都是在其他地方买到翡翠原石，比如曼德勒、内比都，又或者中国最大的翡翠集散地揭阳，等等，然后根据自己看石头的经验，推测这块石头可能出自木那场口。而石头并不会说话，只要你不是亲手把它从木那挖出来，你就不太可能说出它的原始位置。

所以，判断石头产自哪里，这本身也是赌的一部分。木那场口曾经出过不少种水色都达到极高程度的高货，所以在翡翠玩家那里非常有名。如今，我们要寻找那些满绿、帝王绿的翡翠极为困难，其他场口都很少出这种翡翠，所以大家如果知道一块石头出自木那，就会对它抱有更大的期望。

但是，从石头的表面来判断里面，是一件极困难的事，用X光照也没用，俗称的"神仙难断寸玉"。而要从石头的表面来判断其产地，同样是一件极困难的事，恐怕只有极少数特别有经验的人能办得到。一般，人们只知道一些粗浅的特征，有些翡翠商人还专门把石头的表皮做出相应的特征，专门卖给一知半解的外行人。

我并不知道河北那件案子最终怎么判，但有些经济学家一直对翡翠这种充满不确定性的石头满怀兴趣。比如，张五常教授就专门去香港著名的玉石街广东道学习人家怎么卖翡翠。

有一次去香港，我就兴致勃勃地跑去广东道，发现那里冷冷清清，早就没有玉器店了。后来，我听说玉器店都搬去了油麻地的甘肃街，但那里的规模也并不是特别大。最近我又听说，连甘肃街的玉器市场也都拆了。如今，翡翠拍卖也早就不用毛巾下的手势来传递信息。反正我看到的情况是，卖主面前放个计算器，大家轮流按计算器来讨价还价就好。

我看过不少翡翠，但至今仍然看不懂，既没有能力从皮壳看到内在，也没有本事从皮壳来推断场口，最多是拿到一个完全做好的镯子，判断一下真假，大致推断一下市场价格而已。翡翠原石对于我而言始终是模糊的。我看过不少赌石的例子，大家都在念叨"一刀富，一刀穷"。可我每次听到这句话的时候都会想：一刀富的概率是多少？一刀穷的概率又是多少？两者一定是不同的。

而且，对于翡翠原石来说，每一刀下去都会导致不同的不确定性。一开始，我们要确定里面翡翠的种水色，这是翡翠的核心价值标准；接着，我们要判断翡翠体积的大小，到底一整块都是翡翠还是就只有表面的一点；再往下切，我们要推测翡翠的质地，有没有裂纹；最后，我们要判断这点体积的翡翠能不能做镯子，因为镯子的价格要远高于其他形态。所以，每一刀下去，我们面对的问题都不一样，判断翡翠价值的角度也不一样。我们事先并不知道应该用哪一种模型来分析这块石头，这是翡翠原石的模糊性所在，也是赌石吸引人的原因。

什么是模糊性

接下来，我们从经济学的角度深入探讨一下"模糊"这个概念。归根到底，模糊是不确定性的一种。不确定性总共可以分为两类：风险与模糊。前者指概率分配已知情况下的不确定性，后者则是概率分配未知情况下的不确定性。那么，风险和模糊的区别是什么呢？

风险指的是一个未来发生的事件，人们可以对这个事件的所有可能发生的结果形成一个唯一的概率分配。比方说，"明年某地房子均价会涨到8万元/平方米"，这是明年房价有可能发生的一个结果，假如我们明确知道这个结果的概率是50%，这就是一个唯一的概率分配。如果我们能够对每个可能的结果都形成唯一的概率分配，我们就会对未来房价形成一个明确的先验分布，从而可以计算出未来房价的期望值。这种房价的不确定性就是风险。

模糊正好相反，它是指人们无法对未来事件可能发生的结果形成唯一的概率分配。比如"明年某地房子均价可能会涨到8万元/平方米"，这是一个结果，但这个结果有多大的可能性，5%还是

70%，我们不知道。如果我们无法对这些结果形成统一的概率分配，我们对未来房价的认知就是模糊的。

模糊又可以分为不同程度的模糊，比如一点点模糊或者非常模糊。关于模糊的测度，一直是决策理论和经济学的核心难题之一。其背后原因在于，人们对于某个事件的主观概率是测度模糊性偏好的重要参数之一，然而对于大多数事件，这一参数很难被控制。

模糊性到底从哪里来的？我们可以用天气预报作为例子，分析一下模糊性的来源。在天气预报技术还没有出现之前，人们很难对明天是否下雨形成一个明确的概率分配，这就是由于缺少信息而出现的模糊。后来，中央电视台开始提供天气预报，但是每次的预报总是与第二天的实际情况相差甚远，所以即便天气预报可以给我们一个第二天是否降水的先验分布，我们仍然很难相信它，这就是预测不准确所带来的模糊。后来，越来越多的机构开始预测天气，有的说明天降水概率为60%，有的说明天降水概率为30%。信息变多反而使人们对明天的天气情况感到不确定，这就是预测不一致所导致人们感受到的模糊。由此可见，模糊性至少有三种完全不同的来源。

在大部分时间里，我们都处于一种风险与模糊的权衡状态中。这就需要人们根据自己的知识储备和经验积累来判断概率，以及选择是否相信这一判断。判断和相信又是两个不同的领域，判断是一种能力，相信则属于性格范畴。人们对复杂决定更难做出决断，背后的重要因素之一就是，人们一般无法知道在做出决定之后，事情在不同路径上的概率分配。

我的同事黄振兴老师就专门研究过模糊性。他将对模糊具有不同偏好的人分为模糊厌恶型、模糊中性型和模糊喜好型。他的研究发现，激励可以显著地降低人们对模糊的偏好，使得人们变得模糊厌恶，也就是追求清晰的不确定性而不是模糊的不确定性。老年人比年轻人更加偏好模糊，并且老年人对于模糊的偏好程度往往表现得非常强烈。另外，美国的数据表明，女性比男性更为偏好模糊，受教育程度越高的人就会越倾向于模糊厌恶。

人们对模糊性的把握还与时间压力有关。在时间压力下，人们模糊性的总体偏好不会发生显著变化，但区分不同程度可能性的能力大大下降。比如，当一个人有时间压力时，他会不自觉地将有很大可能性和很小可能性的事件都认知为有中等可能性的事件，从而失去一定的判断和评估能力。所以，我对于现在流行的网络直播卖石头这件事有些担心。因为网络直播的时间比较短，购买者要在时间压力下快速决策是否购买，必定会降低自己的判断力。

参考文献

[1] Baillon A, Huang Z, Selim A, Wakker P P. Measuring Ambiguity Attitudes for All (Natural) Events[J]. Econometrica, 2018, 86(5): 1839-1858.

第28讲
为什么我们那么讨厌不公平

1982年，沃纳·古思（Werner Guth）等几位教授招募了42名学生做了一次实验。这个实验后来流传开来，成为今天"社会偏好"这一大类行为经济学研究的开端。

最后通牒博弈

这个实验的名称叫作"最后通牒博弈"。实验组织者把招募来的人两两分为一组，分成若干组，组内的两个人进行博弈。博弈双方互不相识，以前从来没见过，以后应该也不大会见到。为了避免双方私下沟通，包括做手势、使眼色，在20世纪八九十年代做实验的时候，实验组织者会把两个人安排在不同房间。除了实验组织者，双方互不知道对方是谁，也不知道对方长什么样。现在，人们可以把博弈双方都安排在机房里，通过电脑屏幕来指导操作。机房里有很多人，每台电脑都用隔板隔开，这样每个人都不知道与自己互动博弈的人是谁。

接下来，两个人随机抽签。一个人获得的角色是A，或者称为提议者；另一个人获得的角色是B，或者称为回应者。明确双方身份以后，实验组织者发给A一笔钱，比如100元，让A提出一个两个人之间的分配方案。

A可以这样分：自己拿50元，给对方也是50元；自己拿80元，给对方20元。当然，A也可以给自己留下20元，给对方80元。这些分配方案都是许可的。

A做出决策之后，就轮到了B。B看到A提出的方案以后，只有两种可能的选择：接受和拒绝。如果B接受了A所提出的方案，两个人就按照这个方案分钱，博弈实验结束。但如果B拒绝A所提出的方案，那么两个人什么都拿不到，博弈实验结束。如果两个人分钱，那么两个人拿到的都是现金。不论结果如何，两个人从头到尾都没有见过面，也没有任何交流互动。双方都只有一次表态机会，所以叫作"最后通牒博弈"。

我们来分析一下这个实验。传统经济学认为，人是理性的，也就是会算计接下来每一步发生的事情。我们先用理性人的思维模式分析一下B的想法。B在这场博弈里很被动，没有任何讨价还价的能力。B的理性选择是，A给我什么样的分配方案，我都应该接受。比如A的分配方案是，他拿95元，我拿5元，那我也应该接受，5元总比什么都没有好。

我们再来分析A的想法。A知道B会接受任何分配方案，既然如此，我就应该给自己保留尽可能多的钱，给对方尽可能少的钱，比如自己留下99元，给对方1元。这样做，A和B才是真正的理性人。

到这里，大家不妨先停下来想一想，如果你是A，你会怎么分配？如果你是B，你是否一定会接受A提出的分配方案？

实验结果与博弈论的预测完全不同。在实验中，绝大多数A没有给出给自己保留90%以上收益的方案，而是给出了相对公平的方案，比如自己拿60%，对方拿40%，或者自己拿55%，对方拿45%。还有很多人索性就给出了最公平的分配方案，即对半分。在实验中，这才是最主流的思维模式。从B的角度来看，B一般会接受对方提出的方案。但是，当这个分配方案给自己的比例过低，比如低于30元的时候，拒绝的可能性就迅速增加。当分配方案给自己的比例低于20元的时候，绝大多数人会选择拒绝。

如此一来，无论是A还是B，都系统性地偏离了理性人假设。所以，仅仅通过这个简单的实验，我们就可以得出结论，绝对的理性人假设与现实不符，不能用来解释大量现实中的现象。人的行为模式分析，需要运用行为经济学的方法加以修正和调整。

所以，请大家不要再抱有"经济学认为人总是理性的"这种偏见，这种观点在40年前就已经被证伪和否定了。人的行为到底怎么样，我们还是要用实证和实验的方法加以检验。

实验结果的普遍性

最后通牒博弈实验提出以后，引起了无数人的关注。因为这个实验非常简单，结果又很反直觉，所以很多人重复做这个实验。在我的印象中，这可能是实验经济学里被人重复次数最多的实验，发表的相关论文肯定有上千篇。这个简单的实验现在已经成为行为经济学的一个重要基础。

早在20世纪90年代，一位我非常喜欢的苏黎世大学的实验经济学家恩斯特·费尔（Ernst Fehr）就写过一篇文章，归纳了当时对于最后通牒博弈的实验研究。

费尔总结当时对于最后通牒博弈的研究结果，不管实验是在哪个国家做的，不管实验对象是谁，都有一些共同规律。首先，所有建议者给对方提供的份额一般都小于或等于总金额的一半。有60%—80%的建议者，也就是2/3以上的建议者，提供给对方的份额在40%—50%。其次，几乎所有建议者提供给对方的部分都大于20%，只有3%的建议者提供给对方的部分少于20%，按照博弈论思维给对方提供1%的建议者基本不存在。最后，大多数提供过低份额的建议者会被对方拒绝，而且被拒绝的概率随着其所提供的份额的下降而上升。

接着，又有更多人复制了这个实验。有人提出：是不是因为实验给的钱太少，无足轻重，所以才会出现这个结果？如果提高实验给的钱，比如A不是分配100元，而是分配1万元，结果是否会不一样？有好几位不同国家的实验经济学家都分别做实验检验了这个命题。他们招募被试者来做最后通牒博弈实验，然后让他们分配大约相当于3个月工资收入的钱。在这种情况下，A哪怕分配给B一小部分钱，比如10%的钱，那也相当于B一个月工资的三分之一。在这种情况下，他们研究发现，被试者的行为表现，不管是A还是B，都与过去的实验没有差别，还是会提出比较公平的分配方案，同时也会拒绝特别不公平的分配方案。实验中的激励大小，与行为模式没有显著关系。

后来又有人提出，这些违背博弈论原则的非理性行为是不是与文化制度存在关联？虽然在实验中，双方都是匿名的，根本不知道对方是谁。但是，我们有不同的文化，每个人的决策行为都会受到文化背景的影响。于是，费尔联合了一批实验经济学、制度经济学、博弈论、心理学以及文化人类学方面的学者，做了一项大研究。一共有12位学者，分别前往世界五大洲，找了15个完全不同的社群，重复进行了最后通牒博弈实验。这15个社群完全不同，有的是蒙古草原上的游牧民族，有的是太平洋岛国上的渔民，也有现代大都市里的白领。

很显然，这些不同社群的文化差异非常大。有些群体甚至都不使用货币，在我们看来，更接近原始人。对于那些不使用货币的人，实验者怎么跟他们做实验？实验经济学家也真是费尽了心思。在有些部落里，大家都喜欢抽烟。部落本身是不生产香烟的，大家会拿一些土特产品去跟外面的人换取香烟。那么，实验者就用香烟作为货币，让他们来分配香烟。

研究结果表明，不同社群的博弈行为确实存在显著差异，值得我们重视。提议者A给对方分配的份额，平均值主要处于26%—58%。放宽一点看，分配份额分布在15%—63%，方差很大。

但是，这个研究结果仍然没能动摇之前费尔他们总结出来的结论。大多数分配方案在六四开到五五开之间，基本不会出现5%甚至1%这样的绝对理性的分配方案，即使出现了，也一定会被拒绝。这就表明，经典的理性人假设，无论运用到现代人身上，还是运用到原始人身上，都不适用。而接近对半分的模式，能够更有效地解释人们在最后通牒博弈里的表现。

而在15个不同社群里，有些原始社群也给了我们一些意外。有不止一个社群，频繁出现留给对方更多、留给自己更少的分配方案。这一点在博弈论里是很难解释的。提议者A具有明显的优势，有机会制订更有利于自己的方案，可他为什么反而会提出一个更不利于自己的方案呢？

如果你还记得之前我们讨论过的法国人类学莫斯的《礼物》，你就不会对这种行为感到意外。那些部落往往有一种炫耀慷慨的传统。比如，不同人之间进行礼物交换，还礼的人一定要给对方更多的钱，或者更高价值的礼物，这样才是得体与合理的。因为礼物交换的目的，就是彰显自己的慷慨和大度，从而获得内心的愉悦。

这些人显然把这种行为模式也带入了最后通牒博弈之中，每个提议者留给对方的越多，就越显得自己慷慨。即使双方都是匿名的，提议者并不知道对谁表现出了慷慨，但是自己内心得到了满足，这就够了。所以，这些社群里才频频出现分给对方超过50%的份额。

当然，在有些社群中，提议者分配给对方的份额要低一些，平均值不到30%。这就表示，在这些社群中，双方对于合理分配方案的共识点要比其他社群低，这也是受到文化因素的影响。实证分析表明，文化的差异能够解释其中68%的行为差异。

这项研究非常精彩。第一，这项研究再一次否定了理性经济人的行为模式。众多学者在不同文化、不同制度下，跨国研究了最后通牒博弈实验，这个结论应该是牢不可破的。第二，这项研究揭示了人的行为模式与制度、文化是有关系的。对于不同文化背景的人，虽然他们的行为都不遵循理性经济人假设，但是其行为模式之间仍然存在巨大的差异。所以，在研究行为经济学的时候，我们需要关注制度和文化背景。

不公平厌恶的心理机制

在最后通牒博弈实验里，既然大家主要不是依照理性经济人的模式来决策的,那么是按照什么样的模式来决策的?费尔在1999年的那篇论文里提出,人们是按照一种追求公平、厌恶不公平的心理模式进行决策的。当人们的收益少于或多于他人的收益时,他们会感到不公平。而且,当个体的收益处于劣势时要比处于优势时承受更多的不公平感。

所以,站在B的立场上看待A发过来的分配方案,B会评估这个分配方案是不是公平。如果B觉得挺公平,就会开开心心接受,皆大欢喜。如果B觉得不公平,就会进一步评估,到底有多不公平,让我到底有多不爽。如果只是略有一些不爽,可能就算了,看在还能拿到一点钱的分上,就忍了。但是,如果B觉得非常不公平,他可能就无法忍耐了。

如果到了一个临界点,B的心理活动就会变成这样:A实在太贪婪了,仗着自己有分配的权力,给自己留那么多,给我留那么少,我一定要拒绝这个方案,惩罚一下A。惩罚是有代价的,自己原本可以拿到的一点钱也拿不到了。但是,自己的损失更小,A的损失更大,付出这样一点代价来好好惩罚一下A,让他以后不要那么贪婪,这样做是值得的。

对于A来说,完全能够理解并且预测到B的这种心理。所以,在实验中,我们很少看到A向B提供少于20%的金额。因为A也知道,如果给B留得太少,把B惹得生气了,最终自己也什么都得不到。

费尔把B的这种心理叫作"不公平厌恶"。B要追求的不只是金钱带给自己的效用,还会关心这个分配方案本身是否公平合理。只要分配不公,B就会觉得不开心;如果分配严重不公,B就会不惜牺牲自己的利益来讨一个公平。公平不只是一个抽象的哲学命题，而是一个直接影响我们行为决策的概念。新古典经济学只有把公平纳入讨论范畴，关注每个人的"不公平厌恶"倾向，才能有效解释这一类行为。

那么，A的想法是怎样的？我们也可以从两个角度进行分析。如果A是绝对理性的，他就会疯狂试探B的公平底线。假如他认为B觉得30%是不可再低的公平底线，他就不应该给B低于30元，否则就会招来B的拒绝惩罚。

但是，A也不见得是一个冷血无情的人，他也可能有自己的道德标准，以及不公平厌恶。如果A只给B留下30元，A自己可能也觉得有些过分，心里总有些不舒服。与其这样，A还不如给B留下40元，心里反而更踏实。

当然，不同的人对于公平的衡量标准也有所不同。五五开是一个显而易见的公平分配的点。但是，有些人会认为，自己有先行优势，应该略微占一点便宜，六四开才合理。公平分配的点，在离开中点以后，就有很大的移动空间，这就与更深层的文化背景有关了。

所以，最后通牒博弈模型就像是揭开了一个黑箱，拒绝了理性经济人，而把其他的非传统的心理机制引入了进来。

参考文献

[1] Fehr E, Schmidt K M. A Theory of Fairness, Competition and Cooperation[J]. Quarterly Journal of Economics, 1999(114): 817-868.

[2] Henrich J, Boyd R, Bowles S, Camerer C, Fehr E, Gintis H, McElreath R. In Search of Homo Economicus: Behavioral Experiments in 15 Small-Scale Societies[J]. The American Economic Review, 2001, 91(2): 73-78.

第 29 讲
为什么我们要测量信任水平

人们对于公平感的追求是强烈而稳定的，绝非偶然，但也并不能说人们为了追求公平正义而完全放弃自私自利。在现实生活中，我们看到大多数人面对不公平而表现出冷漠、麻木以及无动于衷。这些现象很可悲，但我们不能说所有人的心里都已经没有了公平正义感。我们无法探究人们的内心，只能从外部表现观察。但是，这个社会还是会出现乐于助人、见义勇为、仗义执言等行为，说明公平正义感仍然存在。

对于公平感、信任、合作、相互帮助等友善的心理动机，经济学家会用一个综合性的概念来概括，叫作"社会偏好"（social preference）。这些社会偏好并不强烈，甚至很脆弱，以致很多人对它们都缺乏信心。但是，社会学家告诉我们，如果没有这些偏好，社会早就崩溃了，根本不可能存在。

德国社会学家格奥尔格·齐美尔（Georg Simmel）有一篇著名的文章，叫作《社会何以可能》。为什么要追问"社会何以可能"？霍布斯曾经论述过，在丛林社会中，人与人的关系就像狼与狼。如今，我们的社会陷入了狼与狼的地步了吗？显然还没有，我们至少还有商业贸易，还有协同合作。狼与狼的社会，是不存在贸易与合作的。我们的社会如何能超越丛林社会，这就与人们之间普遍存在的"社会偏好"有关。只要公平、信任、合作、互惠这些社会偏好存在，我们的社会就不会崩溃。如果这些社会偏好变得更普遍、更强烈，我们的社会就会变得更美好。

行为经济学特别关注社会偏好这个领域，希望能够提炼、归纳出社会偏好的主要特征，找到它与其他因素的作用关系，以及什么样的情境能更多地引导出我们的社会偏好。这样一来，行为经济学就能帮助我们把这个世界变得更好。

有朋友问，我们已经介绍了很多实验和模型，能否把这些研究结论推广到企业决策行为中呢？我认为不行，因为我们所说的行为都是基于个人的。个人决策与企业决策完全不同。个人可以有各种喜怒哀乐，并且会冲动、感性，但企业决策不同，涉及数十人、数百人的生计，决策过程一定更复杂、更理性。个人的决策与数十人规模的企业决策不同，企业决策又与万亿人的国家决策不同，我们不能做这种简化。研究企业决策要用企业经济学的理论，研究国家决策要用政治学和宏观经济学的理论，而本书的行为经济学集中在个人的行为决策上。

什么是信任

我认为，个人决策可以分为三类。第一类决策是纯粹的个人决策，与别人无关。比如，之前讨论的风险偏好、模糊性偏好等都是如此。你做出任何选择，都与别人无关，只与自己的内心有关。第二类决策是与一个人有关。比如：路上有人向你问路，你要不要回答？朋友向你借1万元周转，你要不要借？这也是一大类非常重要的决策。第三类决策则与一个组织有关。比如，你的单位没有明确的KPI（关键绩效指标）考核，也没有很严格的监督机制，你做多做少都看不出来。在这种情况下，你是否会很卖命地工作？所谓的社会偏好，主要就是指第二类和第三类决策。

本文主要讨论第二类决策中的一种，那就是信任。信任特别重要，没有信任就不可能有贸易。我们常说"一手交钱，一手交货"，这里面就包含了信任。信任本身不一定有价值。现在经常发生的网络诈骗，背景就是信任；每天都在传播的假新闻，背景也是信任。我们不能简单地说，这是一个缺乏信任的社会。这些糟糕事情不断发生，本身就说明社会充满了信任。只是我们信任一些对象，不信任另一些对象而已。我们意识不到，自己有时候是多么容易信任他人。

什么是信任？如何测量信任？这些是我很喜欢追问的问题。经济学家最常用的方法，就是用问卷来调查信任。具体而言，就是在问卷里追问："总体而言，你在多大程度上信任一个陌生人？"完全不信任是1，完全信任是5，你可以从1—5选一个合适的数值。还有一种问法："身边大多数人都是值得信任的，你是否同意这个判断？"完全不同意是1，完全同意是5，你可以从1—5选一个合适的数值。这是一种简便有效的方法，所以被各种问卷调查广泛采用。我看过很多经济学家做的问卷，很多问卷会问两个问题：一个是"你有多幸福"，另一个是"你有多信任"。总体而言，这种问法是有道理的。因为现在我们已经有国内、国际的无数套信任数据，它们可以相互比较和印证。

经济学家在信任问题上存在一些共识。比如：一个地区的经济发展水平越高，人均GDP越高，它的信任水平就越高；一个地区的教育水平越高，它的信任水平就越高。但还有一些指标比较微妙。比如：一个地区的市场化程度越高，它的政府透明度就越高；一个地区的新闻监督越好，它的信任水平就越高。但是，这些指标测量起来很困难，各个国家或者地区的可比性也存疑，所以存在较大争议。总体而言，信任与幸福一样，大家都公认它们很重要，也有一些共识，但还远没有研究清楚。

有一项全世界各个国家的科研机构联手合作的研究项目，叫作世界价值观调查。世界价值观调查在1981—2014年对100多个国家进行了6轮调查。我们最关心的就是其中的信任水平。调查显示，在过去30多年时间里，世界各国人民对自己所在社会中大多数人的信任程度呈现出总体下降趋势。这些研究持续不断地在全世界进行，问"身边大多数人都是值得信任的，你是否同意"。20世纪80年代，各国被调查者中表示信任的比例还有34.8%，而目前只有25.4%，30多年下降了近10个百分点。

我们在生活中一直抱怨，"现在骗子那么多，谁都信不过"，这是不是事实？从数据来看，1990年，中国有60.3%的人认为社会上大多数人可信。随后，这个数据开始下降，1995年，只有53%左右的人认为社会上大多数人可信。可到了2000年，这个数据又开始上升。2012年，中国有64.4%的人认为社会上多数人可信。所以，中国的信任水平走了一个U形曲线，目前仍处于较高水平。

从全世界范围来看，中国人的信任水平是很高的，远比世界平均水平高，也比我们周边的国家如日本、韩国等高。这个结论很重要，也很值得我们思考。美籍日裔政治学家弗朗西斯·福山（Francis Fukuyama）有一本名著，就叫作《信任》（*Trust*）。在那本书里，福山也肯定了信任对于一个国家在全球竞争中的竞争力的关键作用。福山分析了六个国家，将其分成两类：美国、德国和日本属于富于信任的国家，而中国、意大利、法国属于缺乏信任的国家。福山在书里专门有一章写中国，分析儒家文化是如何导致不信任，从而阻碍经济发展的。但是，我们从世界价值观调查中看到，中国的信任水平一点都不低，甚至远比日本高。

所以，我们可以推断，信任这个概念里包含了很多东西，需要一点点拆开，分别加以讨论。比如，中国人对于政府的信任程度是极高的，对于媒体的信任程度也很高，对于大企业的信任度也不低。这些可能都是中国总体信任度偏高的重要原因。

信任博弈实验

儒家文化的核心是"三纲五常"，五常就是"仁义礼智信"，所以信是儒家文化的核心要素之一。当然，我并不清楚当下儒家文化对中国有多大的影响，也不清楚福山用儒家文化来分析中国信任水平是否合适。而且，行为经济学家还对过去调查信任的问卷提出一个致命打击："你怎么知道回答问卷的人都如实地回复了？"

问卷调查者可以辩解说，我们的每一份问卷都有经济激励。但是，这个回答仍不够有力。虽然被调查者收了钱，但这并不表示他一定会认真回答每一个问题。他回答的准确性与经济激励无关。问卷调查并不能够解决这个问题。解决的唯一办法就是做实验。

1995年，伯格·乔伊斯（Berg Joyce）等三位实验经济学家做了一项创造性的实验，用于验证信任水平。他们招募了一批完全陌生的被试者，两两一组，组内实验。实验在电脑上进行，双方互不知道对方是谁。两个人中随机决定一个人为A，身份是提议者，另一人是B，身份是响应者。

第一阶段，A获得一笔初始资金，比如说100元。A可以做出选择，在0到100之间任意选择一个数额发给B，作为借给B的金额，而剩余的钱保留给自己。当然，A可以把所有的钱都借给B，自己一点儿不留；A也可以全部保留，一点儿都不借给B；A还可以借一点儿给B，自己保留一点儿。

第二阶段，B收到A借给自己的一笔钱，比如x元，然后实验组织者会把这笔钱放大到原来的3倍，变成$3x$元。这时候B需要做出选择，要还给A多少钱，自己保留多少钱。比如，B可以选择还给对方x元，自己保留$2x$元；可以还给对方$2x$元，自己保留x元。当然，B也可以选择一点儿都不还给对方，自己保留全部的钱。实验组织者最后把结果告诉A，双方就按照最后的结果，拿着各自应该获得的钱走人，实验结束。

我们分别从双方的立场上分析一下这个实验。对A来说，这是一次有风险的借款。不管A借给B多少钱，都有可能要不回来。如果A要完全规避风险，A就可以选择完全不借，自己保留全部的钱。但是那样一来，A也没有任何超过100元收入的机会。所以，我们从A借多少钱给B，就能算出A对B有多少信任度。

反过来再看B。B拿到的钱会是原来的3倍，但这笔钱完全是A

基于信任借给自己的。B要思考，到底还多少钱给A，到底要怎么回应A的信任与善意。当然，B可以一分钱都不还，那样一来，B虽然可以做到收益最大化，却辜负了A的信任。B也可以只还给对方x元，但这样是否就够了呢？对方对你表示出了善意，你仅仅回报给对方x元，是否就足以表达你的感谢了呢？这些就是实验设计者最希望探究的结果。

从理性经济人的角度来看，这场博弈很简单。A不会借任何钱给B，因为B在第二阶段没有理由还钱。倒推回来，A在第一阶段也没有理由借钱给B。实验到此结束。但是，结果是否真的如博弈论学家所设想的那样？当然不是。结果显示：第一阶段，A基本会借一部分钱给B，而且往往借出去不少，比如借出去一半的钱；第二阶段，B通常也会还钱给A，而且B还的钱往往比A借出的钱更多。最终，双方实现双赢的结果。A比正常保留100元获得的收益还要多，B的收入也不错，皆大欢喜，双赢。

所以，这个实验也说明，理性人假设不能有效解释这种场景下人的行为。A表现出对B一定水平的信任，而B也表现出对A的感激和回报，我们把B的行为称作互惠。之前的礼物交换模型就存在这种互惠动机，而在信任博弈里，这种互惠动机再一次出现。霍布斯丛林社会是不存在这种互惠动机的。正是这种很多人看不上的微弱互惠动机，构成了我们当前社会稳定存在的根基。

这个信任博弈模型在发明出来以后大受欢迎，很多人重复做这个实验，被试者也是遍布世界各地。很多经济学家认为，这种实验为我们提供了一种测量信任水平的有效方法。重点是，它是通过实验手段测量信任的，而不是通过问卷手段。实验手段是与激励相容的，你到底有多信任一个陌生人，需要通过你投下去的真金白银来表达，而不是简单地在1至5之间画个圈。所以，信任博弈可以作为测量信任的重要手段。它虽然比问卷要麻烦一点，但是更准确。

但也有一些学者对此仍然存有怀疑。主要因为，在信任博弈中，A的动机不够清晰。一般我们把A借给B钱的行为定义为信任。但是，有一些学者认为，这笔钱与其说代表信任，不如说是投资。投资是有风险的，这里的风险就是B归还钱或者超额回报的概率。所以，这个实验与其说是信任博弈，不如说是投资博弈。还有一些学者指出，我们还可以把A借给B钱描述为互惠或者利他主义。A可能觉得，B参与到这个实验里，如果一点收入都没有就离开，实在太可怜了。A也可能并没有那么在乎100元，不如分给B一些，至于B是否还钱无所谓。如果B真的超额回报了，那就是意外惊喜。如此一来，A也会出于利他主义的动机分给B一点钱。在实验中，我们可以观察到A到底给B多少钱，但是我们很难真正有效地分辨出A给B这些钱的真正动机是什么。

当然，大家虽然有一些怀疑，但是仍然普遍认为这是一种测量信任的好方法。信任很复杂，与太多文化背景、制度背景有关。这些实验能够帮助我们一点一点厘清其中的作用关系。如果我们能够找到一些促进全社会信任水平的机制，这对于这个社会的意义是非常重大的。

■ 参考文献

[1] Joyce B, Dickhaut J, McCabe K. Trust, Rreciprocity, and Social History[J]. Games and Economic Behavior, 1995, 10(1): 122-142.

第30讲
为什么社会身份认同如此重要

　　什么叫作社会认同？社会认同就是人们将基于自己所属的社会群体的自我概念化的一种方法。但这里的社会群体又是指什么？比如同事，这个群体就是公司，具有明确的边界。又比如，你是某位偶像的粉丝，你在微博上发现一个陌生人，他正好也是这个偶像的粉丝，你是不是觉得你们就属于同一个社会群体了？

　　但是，在另一些更宽泛、更偶然的环境里，你们是不是还能归入同一个群体，这一点值得我们思考。举例来说，你今天出门坐地铁，正好有座位，你就坐下来。你这边有一排座位，对面还有一排座位。你会不会觉得坐在你这一排的人同属于一个群体，而坐在对面一排的人属于另一个群体？或者，你下车以后，随着人流往前走，而必定对面也有一些人朝着反方向走，你会不会觉得跟你同方向的人属于一个群体，而反方向的人属于另一个群体？

社会身份认同实验

一切都要从一个社会心理学家亨利·泰费尔（Henri Tajfel）说起。他在1972年提出一个全新的概念"社会认同"。他设计了一个实验，找来两位艺术家的各五幅抽象画。既然都是抽象画，那就不存在主题或者含义。他把配色比较接近的两幅画作为一组，总共配成五组，然后找来一些被试者做实验。在实验开始之前，他先让所有人观看这五组抽象画，并要求所有被试者表明，自己在每一组画中更喜欢其中哪一幅。

泰费尔找的这两位艺术家倒也不是随便找的。其中一位就是瓦西里·康定斯基（Wassily Kandinsky），而另一位是保罗·克利（Paul Klee）。这两位大师处于同一时代，不仅相互熟识，还有非常密切的交往，都是所谓"青色四人"的成员。从一般人的角度来看，这两位大师的画风比较接近，很多人分不清楚。也许一位专业的艺术评论家会这样说，康定斯基为了阐释自己的抽象表现主义理论，以几何形状为基础，习惯使用稍显僵硬的色彩与线条，而克利看似稚嫩的色彩与线条更为自由，让观众仿佛回到童年梦幻中的奇异世界。但一般非专业的被试者说不出那么多，甚至分不清楚两个人的画风。

泰费尔让他们在五组画中分别表达自己的审美偏好，比如这两幅画里我更喜欢这张，那两幅画里我更喜欢那张。最终，泰费尔从五组画的选择中必定可以判定一个人更喜欢康定斯基还是更喜欢克利。泰费尔就根据他们的选择结果将受试者分为两组，分别告诉他们，根据你看画的结果，把你分到A组或B组。接下来，泰费尔开始进行一系列偏好与信任的实验。

比如，你知道自己是A组，当然你并不知道A组意味着什么，更不知道A组就是康定斯基组。接下来，有甲和乙两个被试者，你是独立第三方。你们三个人从未见过，也不认识，以后也没有机会认识。现在实验组织者给你100元，要求你把这笔钱完全分给甲和乙，你自己不能贪污。当然，你可以选择多分一点给甲，也可以多分一点给乙。现在实验组织者告诉你，甲是A组，乙是B组，接下来看你怎么分配。

显然，这种纯粹依据审美偏好进行的分组，与其他社会心理没有任何逻辑联系。一个人喜欢康定斯基超过克利，不能说明他更有道德或者更守信，甚至不能说明他更有审美能力。通过理性地分析，我们没有理由更喜欢一个偏爱康定斯基超过克利的人。

但是，令人意想不到的结果出现了。在实验中，当被试者知道甲和乙两个人中有一人与自己的品味一样，喜欢某些抽象画更甚于另一些抽象画的时候，被试者就会做出更有利于自己人的选择。他们确实仅仅因为其他人和自己有相近的对抽象画的审美品味，就更喜欢这些人。因为被试者可以从这些人身上感受到一种特殊的如自己人一般的社会身份认同。

泰费尔还做了进一步的实验。可能有人会说，到底喜欢哪一位艺术家的画，还是属于自由选择。那么，实验者就试着赋予被试者更偶然的社会身份。泰费尔招募了另一批被试者，然后让他们掷硬币。掷出正面朝上的人分到A组，反面朝上的人分到B组。分组之后，再进行上述的实验，让你在有身份标签的甲和乙两个人之间进行分配。研究结果发现，被试者仍然表现出身份认同的特征，会更偏爱与自己同一种身份标签的人。

掷硬币总归是随机的。但是，即使是掷硬币掷出的标签，竟也会被被试者牢牢把握在手里。泰费尔据此证明，人之所以有社会身份认同，并不只是对一种社会现状的确认，而是每个人天然就需要有这种认同。只有建立了某种形式的社会身份认同，人们才会感到放松与安心。在实验中，在面对完全陌生的人的情形下，即使是与判断、决策毫无联系的对抽象画的审美、投掷硬币的正反面，也像稻草对于海水中挣扎的人们一样，立刻成为人们建立认同的事实依据。

身份认同的经济学

2000年前后，"社会身份认同"这个概念逐渐被引入经济学领域，代表人物是诺贝尔经济学奖得主阿克洛夫。阿克洛夫写了一本书，即《身份经济学》（*Identity Economics*）。身份认同非常虚无缥缈，很难界定，也很难测量。但是，它确实对我们的生活产生了重大影响，经济学家已经觉得无法忽略它的存在了。

因为一个人可以有很多种身份，所以也就可以有很多种认同。比如在单位里，身份是部门经理；在便利店里，身份是顾客；在同学群里，身份又变成了同学；等等。自己的身份会在不同的场景中切换，自己也会做出符合身份的言行举止。但是，自己对于不同身份的认同程度是不同的。比如自己对便利店的认同并不强，看到网上有人骂这个便利店也觉得无所谓，但自己对于学校的认同感特别强，虽然自己毕业很多年，看到有人说自己学校不好就很生气。

在这些身份认同里，有些可能通过一些外在行为被人观察到，另一些则隐藏得很深，外人很不容易观察到。我们不妨以抽烟为例。大量研究表明，抽烟行为在人群中的分布是极不均衡的，有些行业抽烟的人很少，而另一些行业抽烟的人有很多。在一个普遍抽烟的群体中，比如一些工厂车间里，抽烟这种外显的行为已经演变成一种社会规范。凡是认同这个社会身份的人，就应该遵循这里的社会规范，也就是抽烟。坚持不抽烟的人会感受到有形或无形的群体压力，甚至被群体排斥。只有抽烟的人，才会被大家接受，才会变成自己人。

著名人类学家克利福德·吉尔茨（Clifford Geertz）描述过一个故事。他曾去巴厘岛研究当地一种独特的传统文化——斗鸡。斗鸡在巴厘岛拥有悠久的历史，但印尼政府在几十年前就规定，斗鸡涉嫌赌博，是违法行为。即便如此，大家仍然非常喜欢斗鸡，经常私下组织斗鸡。有人望风，看到警察来了就高喊一声，人家一哄而散。

吉尔茨看了很多场斗鸡。但是，大家都把他当作外国人，不和他深谈。直到有一次，大家又在斗鸡，有人高喊一声，警察来了，所有人马上四散奔逃。吉尔茨可以不用逃的。他只要掏出证件跟警察说一声，"我是外国人，在这里做人类学研究"，那就没事了。可吉尔茨并没有想那么多，看到大家都跑了，就跟着大家一起跑。

从此以后，吉尔茨再去看斗鸡的时候，突然发现大家都开始乐于跟他交谈了。所有人都不再把他当作外国人，而是把他当作自己人。因为那次跟大家一起躲警察的事，使得大家相信他拥有跟大家一样的身份认同。既然都是自己人，那么交往方式就完全不同了。

相信很多人都曾有类似的体验，个人必须遵循某种行为规范，从而证明自己的社会认同。这种群体压力说不清道不明，看似毫无踪迹可循，但内心能实实在在感受到，甚至陪伴多年。

这种群体压力在不同地方有不同表现。比如，在男性占优的行业，女性就会感受到压力，从而不得不自己"去性别化"地变成女强人。再如,在学校等级森严的环境下,一部分占优势的人就会强化这种身份认同,尽可能和同样名校出身的人交往;而另一部分不占优势的人会尽力淡化这种背景,用其他认同来取代这种认同。很多人有这样的感慨:在某些地域、某些领域奋斗几十年,仅仅就是为了获取周围人的一个认同。

身份认同的实验研究

最近二十年,很多学者做了与身份认同有关的实验。密歇根大学的陈岩教授是其中最著名的学者。陈岩引入泰费尔的经典设计,给被试者赋予一种没有意义的群体身份,然后用不同的博弈实验测试被试者的社会偏好。

陈岩的一项研究结果表明,个体知道身份以后,对相同身份成员的仁慈度比不知道身份的成员上升43%,嫉妒心降低93%。在博弈中,假如相同身份成员表现出友善行为,个体对这种行为的报答水平比不知道身份的情况上升19%,而当相同身份成员的表现不尽如人意的时候,个体也会表现出更多的宽容,对他们不当行为进行报复的比率要比不知道身份的情况下降13%。总之,社会身份认同会让个体更多地展示善意,也更多地原谅同伴的错误。除此之外,个体获得社会身份认同以后,也会更加关注同一社会身份成员的整体福利水平,进而会采取整体福利最大化的行为。

陈岩还有一项很著名的关于社会身份的研究,主要讨论社会身份认同是否有助于一个团体工作效率的提高。当下社会,很多工作都是团体协作。团体协作的成效,有赖于每个人的努力投入。陈岩设计了一个实验,叫作"最小努力博弈实验"。该实验的基本思想是,四个人组成一个团队,每个人决定自己要为团队投入多少,而每个人的收益最终是由团队内投入最少、表现最差的那个人决定。

研究表明，如果在团队工作之前，先引入某种社会身份，不管是康定斯基和克利的画的那种认同，还是掷硬币的那种认同，最终都能有效提高团队的合作水平，促使所有人为团队投入更多的努力，从而帮助大家取得更好的成绩。所以，陈岩的研究也为无处不在的"团队建设"活动提供了理论支持。

社会身份认同的实验研究已经进行了很多年，但是仍有大量学术问题有待解决。泰费尔的经典设计可以帮助我们在实验室里研究没有实际意义的社会身份。但在现实中，那些有意义的社会身份，包括性别身份、种族身份、宗教身份、户籍身份等各种身份，都与文化、制度背景紧密联系在一起。从经验出发，我们知道这些社会身份对于个人行为具有重大的影响力。但是，如何在真实世界里测量这些社会身份的影响，经济学家还需要发明更多的新方法。

社会身份认同的反面也就是社会歧视。我们之前讨论过很多种社会歧视。认知科学家的研究甚至表明，遭受歧视时，大脑所反映的对痛苦的感知，与身体上挨打的反应几乎是一样的。所以，社会歧视就是一种直接的暴力。但是，与身体遭受暴力相比，社会歧视没有留下任何直接的、外显的证据，让我们无法证明，从而加深了痛苦。

泰费尔、阿克洛夫、陈岩这些学者的研究，试图用学术的方法把这种身体感受表现出来并加以分析。现在我们明白，有不少经常炒作的社会身份只不过是幻觉，而另一些很少表露的社会身份影响重大。这些社会身份认同，构成了"自我"这个根本性的概念，所以我们还需要更深入的研究。

参考文献

[1] Akerlof G, Rachel K. Economics and Identity[J]. Quarterly Journal of Economics, 2000, 115(3): 715–753.

[2] Chen Y, Sherry X L. Group Identity and Social Preferences[J]. The American Economic Review, 2009, 99(1): 431–457.

[3] Chen R, Chen Y. The Potential of Social Identity for Equilibrium Selection[J]. The American Economic Review, 2011, 101(6): 2562–2589.

第四部分

打工人：劳动经济学

第 31 讲

你的工作是如何找到的

我有一个问题：你正在做的这份工作是怎么得来的？当然，我们可能都听说过很多传奇的、浪漫的有关工作的故事。比如，我有一个朋友，她原本有一份很主流的工作。有一次，她下班后逛街，发现一家书店，然后进书店逛了一圈，就对这家书店喜欢得不得了。她直接去问店员，你们这家店还招不招店员？正好书店的老板也在，当场跟她聊了聊。大家聊得非常愉快，一拍即合。出门的时候，她给原来的老板发了条短信："我要辞职了，明天来办手续。"这种找工作的经历让人佩服，大家可能觉得并不是很常见。

现在大多数人的想法，可能还是直接投简历去找工作。现在有很多招聘网站，比如BOSS直聘、前程无忧、猎聘网、58同城等等，定位都不一样。对于不同背景经历、寻找不同类型工作的群体，总有一个招聘网站是适合的。大家为了在这些网站上投简历，从写简历到拍摄证件照，每个人都费劲了心力。

但是，根据世界各地、不同时代的各种实证研究，我们可以断言，至少有一半的人，也许有三分之二的人，当前的工作并不是通过海投简历、层层面试获得的，而是熟人介绍的。

找工作与弱关系

我们再深入地研究一下，我们把你所有的关系分成两类：强关系和弱关系。

打开微信，你可能有几个群和十来个联系人总是在列表最上面。他们可能是你的亲人，也可能是特别熟的朋友。大家都太熟，平时都不用打招呼或者问候，想说什么就说什么。对于这样的联系人，我们给他们一个定义，叫作"强关系"。

而你的联系人列表里，肯定还有几百位或者上千位联系人。有些联系人，你们平时的交流很少，可能一年也就一两次，有事才说话。逢年过节，大家会发个微信问候一下，偶尔看到发朋友圈，会点赞一下，仅此而已。这样的联系人很多，我们把它叫作"弱关系"。

以我个人的经验，我的微信好友有1000多人，不算很多，但应该也不算特别少。我看过一个抽样调查数据，有1000位微信好友的用户，就数量而言，大概在所有微信用户中能排到前10%。而且，在我这1000多位微信好友中，有相当一部分人我叫不上名字。有一位人类学家叫作罗宾·邓巴（Robin Dunbar）。邓巴指出，我们的大脑皮质结构决定了我们的认知能力。人类能够保持稳定社交好友的数量大概就是150人，所以150这个数字又叫作"邓巴数"。我觉得"邓巴数"对我而言还挺准确，1000人肯定超出我的认知能力，我真正有联系的朋友可能也就150人。当我社恐的时候，有联系的朋友可能连150人都没有。

当然，我也知道有些朋友的微信好友加到了上限5000人，还有些朋友有多个手机，注册多个微信账号，这样每个手机都可以有5000个微信好友。但是这样做的人，多半是为了做微商。不要说几个手机，即使是一个手机，每天要跟5000位好友中的一部分保持联系，想想就是一件很可怕的事情。

回到"找工作"的主题。如果你目前的工作是由别人介绍的，那这里关键性的介绍人到底是你聊天列表最上面的那些"强关系"，还是那些平时不会聊天的"弱关系"？我猜想，极有可能是"弱关系"帮助你得到了这份工作。

1973年，社会学家马克·格兰诺维特（Mark Granovetter）在《美国社会学杂志》（*America Journal of Sociology*）上发表了一篇非常重要的论文，叫作《弱关系的力量》（*The Strength of Weak Ties*）。格兰诺维特首次明确提出强关系和弱关系这样一组对应的概念。他的实证研究表明，在大多数人寻找工作的过程中，弱关系起到的作用最大，弱关系分布范围很广，弱关系比强关系更可能充当跨越社会界限的桥梁。

找工作确实很重要，但是它发生的频率很低，可能几年发生一次，或者很多年发生一次。你周围跟你频繁互动的"强关系"的朋友，大家可能拥有类似的背景、共同的兴趣，但是未必拥有对你找工作有帮助的关键信息或者影响力。而另一些人可能掌握有关工作的关键信息，但是平时也不会挂在嘴边。这些信息只对特别的人有意义。在这种结构下，"弱关系"变得至关重要。

只有在通过一个不太联系的朋友找到工作，解决一些人生中遇到的巨大困难的时候,你可能才会意识到,拥有这个朋友对你是多么重要。其实,你还有不少这样的朋友。如果把每个人视作一个点,两个人相互认识、有点关系,就在两个人之间连上一条线,从空中俯瞰下去,这些点和线就构成了一张网络。我们将这种网络称为"社会网络"(social network)。

我们无时无刻不生活在这张社会网络之中。当然,社会网络是动态的。如果你认识一个重要的人,社会网络就有可能发生很大的变动。或者,因为距离远了等各种情况,你和一些原来的朋友关系慢慢变淡,甚至你们停止交流,这也是生活中很常见的现象。

举个例子,我一直很喜欢看名人日记,不管中国的还是外国的。现在出版社的工作很细,书后会有人名索引。比如你关心胡适在日记里是怎么评价陈寅恪的,跟陈寅恪有哪些交往。那么很简单,你去找《胡适日记》最后一册的索引,找到陈寅恪的名字,后面就写着在日记的哪些页码提到陈寅恪的名字,你按图索骥就好。我看了很多人名索引以后就发现,这些页码往往距离都不远。有些人的名字出现在前两册,第三册很少了,第四册以后就不见了。这说明此人在日记作者年轻时,是社会网络中的重要节点。但随着时间推移,他就慢慢淡出作者的社会网络。这是人生的常态。

现在我们明白,社会网络是劳动力市场中传递工作信息的最重要渠道。一个求职者在当下建立的社会关系越多,社会网络越复杂,他可能得到的工作信息也就越多。社会学家和经济学家很早就注意到社会网络的重要性,这在社会学里已经是一个重要的流派。但是,要研究社会网络绝非易事,需要用到比较复杂的数学工具和实证方法。这些工具直到最近十来年才逐渐成熟,所以社会网络在最近这些年才成为经济学家普遍关注的研究方向。

六度区隔理论

在讨论社会网络之前,我想先展示一下社会网络的巨大潜力。几十年前,哈佛的心理学教授斯坦利·米尔格拉姆(Stanley Milgram)提出一个很有名的猜想,叫作"小世界猜想"。米尔格拉姆经常提出一些富有争议的实验想法。他之前在耶鲁大学任教的时候,提出一个"服从实验"。他让被试者做一些明显有悖道德的行为,比如对陌生人施以电击惩罚,而且可以听到别人的惨叫。当有一个权威不断要求被试者这么做的时候,被试者所有的道德规范都会消失,他会毫无底线地伤害无辜他人,而且并不为此有所不安。这个实验在后来的数十年里引发了巨大的伦理争论,米尔格拉姆也不得不转到哈佛大学任教。后来,他写了一本书,书名为《对权威的服从》(*Obedience to Authority*),对这个实验有所辩解,大家如有兴趣可以找来一看。

米尔格拉姆到了哈佛大学以后,又提出一个新的实验想法。他希望可以证明,这个世界很小,对于世界上任何两个互不相识的人,平均只需要六步就可以在他们之间建立起联系。他当时做了一个实验,在堪萨斯州威奇托市招募了50位志愿者,交给每人一封信,收信人是马萨诸塞州剑桥市某个有名有姓的股票经纪人。米尔格拉姆要求,每个志愿者可以把信寄给某个自己认识的熟人,你认为他在你的熟人中最有可能认识或者接近收信人;然后,这个熟人再把信转寄给他的某个熟人,希望进一步靠近收信人。但事实上,这也有可能距离收信人更远。总之,通过几次辗转,这封信最终会落到收信人的手里。

根据米尔格拉姆后来发表的论文,对于这个世界上任何两个人，一封信平均只要转手六次就能收到。也就是说，任何两个人之间只隔着六个人。所以，米尔格拉姆提出的这个实验，又被称作"六度区隔理论"。

当然，米尔格拉姆的"六度区隔理论"只用很少的人做了实验，很多人对这项实证研究的可靠性提出质疑。另外，这个实验又极富想象力，猜想了整个世界社会网络的某些重要特征。

要用实验来确认这种理论，是非常困难的。但脸书等覆盖全球的大型社交软件的出现，给我们研究这种超大型社会网络提供了机会。我们把脸书上的相互关注视作"认识"。这种认识肯定与现实中的认识不一样，但到底哪一种认识对我们的生活更重要，如今已经变得不太好说了。2016年，脸书公布一份研究报告，人与人的区隔度是4.57，比6小。如果只考虑美国人的话，区隔度更是减少到3.46。

当然，脸书的这项研究仍然值得探讨，而且以后人们的生活，对脸书的依赖程度可能也会变化。全世界人与人的联结始终是一个动态的、不断演变的过程。但是，我觉得米尔格拉姆的这个设想非常重要。我们现在已经有各种清晰的世界地图。可对于这张覆盖全世界的社会网络，我们还需要知道更多细节。

位置决定命运

在这张巨大无比的社会网络中，人与人的位置是不同的。有些人显然处于非常核心的位置。这些人认识非常多的人，而且他所结识的人多半也是有很高社会地位、经济地位的，"谈笑有鸿儒，往来无白丁"；而另一些人就处于比较边缘的位置，熟识的朋友很少，也很难与有钱有势的人群建立联系。

大家都很关心个人或者一个家族在历史长河中的起伏命运。从社会网络的视角来看,决定命运的,往往就是个人或者家族在一个区域性社会网络中所处的位置。简而言之,位置决定命运。

下面,我举一个经典的例子来说明这一点。芝加哥大学政治学教授约翰·帕吉特(John Padgett)是一个极有创造力的学者。他的成名作是对文艺复兴时期佛罗伦萨的美第奇(Medici)家族的研究。

美第奇家族在佛罗伦萨的几个寡头家族中原本并不占优势。现在看来,当时该家族拥有的财富相对而言较少,政治地位也比较低。比如,在当时的佛罗伦萨,有一个老牌家族叫作斯特罗齐(Strozzi)家族。与美第奇家族比起来,斯特罗齐家族拥有更多的财富,在当地立法机关中也拥有更多的席位。

美第奇家族得以中兴,最终成为掌握佛罗伦萨所有权力的家族,还推动了文艺复兴运动,其中的关键人物是"国父"科西莫(Cosimo)。科西莫做的最主要的事情就是政治联姻。他选择性地与一些当地重要的寡头家族联姻,精心设计自己在佛罗伦萨社会网络中的位置,最终一手导演了美第奇家族的权力集中。而在此时,其他家族还在各种具体事务中博弈,并没有考虑佛罗伦萨整体的权力结构。

帕吉特绘制了一张15世纪30年代佛罗伦萨几个重要家族之间的婚姻网络图(见图31–1)。这张图上的每个点表示一个家族,而每条线表示两个家族之间存在政治联姻。

很显然,美第奇家族的政治联姻数量是最多的。美第奇家族与其他五个家族都存在政治联姻。斯特罗齐家族和瓜达尼(Guadagni)家族都只有四个家族作为政治伙伴。而且,美第奇家族有意避开了强大的斯特罗齐家族。

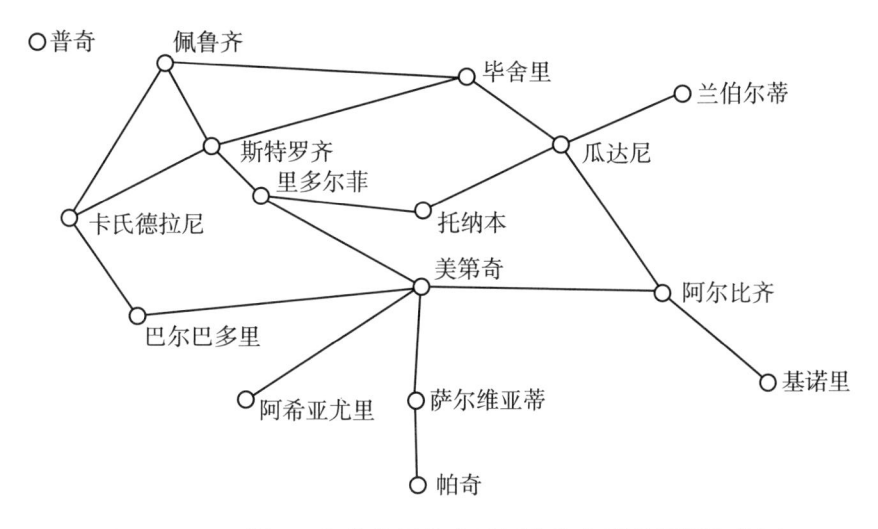

图31-1　15世纪30年代佛罗伦萨重要家族之间的婚姻网络图

除此之外，还有一些衡量在社会网络中地位的指标。其中很常用的一个叫作"中心度"。简单地说，它就是衡量一个节点在整个网络中心程度的指标。中心度越是高，从这个节点到其他任意一个节点的距离就更近。经过计算，美第奇家族的中心度高达0.522，排名第二的是瓜达尼家族，中心度就只有0.255，比美第奇家族低了一半。而斯特罗齐家族的中心度只有0.103。斯特罗齐家族也有四个联姻家族，而且经济实力更强。但是，从社会网络的角度来看，斯特罗齐家族早已被美第奇家族排挤出佛罗伦萨的中心。

这样一来，我们再来阅读美第奇家族发展史，很多事情的逻辑就变得清晰起来。科西莫曾经被其他家族联手排挤，将他流放。但是一年之后，他又回来了。在通往佛罗伦萨的道路上满是欢迎他的民众，连佛罗伦萨城内的街道上也聚满了翘首以盼的市民，等着目睹美第奇家族荣耀的回归。原因很简单，帕吉特概括说，美第奇的政治权力起源于其他家族在社会网络中的分隔，只有美第奇一个家族沟通了他们。

▍参考文献

[1] Padgett J F，Ansell C K. Robust Action and the Rise of the Medici，1400–1434[J]. America Journal of Sociology，1993，98(6)：1259-1319.

[2] 马克·格兰诺维特. 找工作：关系人与职业生涯的研究[M]. 张文宏，译. 上海：华东师范大学出版社，2020.

[3] 马修·杰克逊. 人类网络：社会位置决定命运[M]. 余江，译. 北京：中信出版社，2019.

第32讲

如今还存在种族隔离吗

　　1520年,一艘来自西班牙的帆船抵达古巴,同时带来了天花病毒。新大陆的人从来没有接触过这种病毒。短短几年之内,这种病毒就摧毁了阿兹特克帝国的庞大人口。不到十年,这种病毒又消灭了南美洲的印加帝国的大多数人口。我们并不清楚天花病毒的传播过程。但是很显然,阿兹特克帝国与印加帝国内部都存在非常密切的社会网络,因为人与人有大量互动,这种病毒才能在短时间内横扫美洲大陆。

社会网络与传染病

　　如今,我们都知道一个重要的参数,即"基本再生值",一般称为R_0值。它的含义很明确,一个典型的感染者会让多少其他人受到新的感染。R_0值大于1,表示感染的人越来越多,疾病就会蔓延。R_0值越大，疾病蔓延得越快。R_0值小于1，表示感染的人越来越少，疾病就会逐渐消亡。R_0值越小，疾病就消失得越快。比如，一般流感病毒的R_0值是1—2，1918年的西班牙大流感的R_0值可能超过2，16世纪天花病毒的R_0值大概是5。

但我们现在也明确知道，人的行为是可以改变这个R_0值的。新冠疫情在世界每个地方刚暴发的时候，所有人都缺乏经验，缺乏口罩等防护用品，也没有待在家里或者减少出门的意识，所以R_0值就很高，可能在3以上，甚至在5以上。而随着大家采用各种公共卫生措施，R_0值就逐渐降下来，降到1左右。

而且，R_0值的波动，往往与社会网络中的一些核心人物有关。疫情期间，我们有时候会说，哪里的疫情暴发是因为出现了一个"超级传播者"，这个人把病毒传播给了几十人甚至上百人。这个人一下子就改变了整体的R_0值。如果病毒没有传播给这个核心人物，只是在社会网络的边缘传播，R_0值就不会变得那么大。

新冠疫情给我们带来很多全新的经验，我相信全世界的社会网络会发生不小的变化。很多研究发现，学校的开学季会造成多种疾病的激增，小孩子特别容易感冒。而在暑假、寒假，感冒频率会降低，因为孩子们的相互接触变少了。但是，假期移动距离增加会导致一些传染性疾病的传播范围变广。过去三年，很多朋友都说，自己的身体变好了，竟然不再感冒了，原本每年都会有一两次的重感冒。背后原因很简单，出门少了，不挤地铁了，连带流感这些传染病的频率也降低了。所以，以后在学校的开学季，传染病的频率可能会比过去低，只是因为大家防护的意识增强了。

我最近读到一篇工作论文，讨论新冠感染概率与社会网络之间的关系。它的主要结论很有意思，跟我们的直觉相反。研究者发现，假如你的脸书好友感染新冠病毒的比例越高，或者在新冠严重暴发地区的比例越高，你自身感染新冠病毒的可能性就越低。原因很简单，你的脸书好友所遭遇的困境，会直接影响你的信念和行为。

当你看到很多好友都感染新冠病毒，或者他们都身处水深火热、极度危险的环境中，你会开始重视新冠疫情，对自己的行为举止更为小心。在一个月里，你暴露在疫区的脸书好友的比例每增加1个标准差，你每天待在家里不出门的概率就增加1.2个百分点，而且这种影响是持续的。当你有更多的朋友遭受疫情威胁，从脸书上看，你也越有可能支持"社交距离"等各种举措。

经济学家和社会学家所关心的社会网络，只是一种概念，并不是一张有形网络。人与人的联结，过去可能更多要通过聚会、聚餐、见面频率等加以体现；而到了今天，它可能更多以微信联系、朋友圈点赞、腾讯会议开会次数等加以体现。

人与人总是需要联系的，我们不必拘泥于社会网络的具体表现。不管是面对面的交流，还是通过微信、微博交流，社会网络只要找到一种评估人与人之间关系的方法，就可以宏观地帮助我们理解一些与这种结构有关的真实现象。

社会网络的核心指标

社会网络无非两种形态：一种是点，另一种是线。不同的节点之间，有的有连线，有的没有，这样就构成了网络。

第一个重要的测量概念叫作"度"（degree）。度是指有多少个节点与某个我们关注的节点直接相连，也就是与这个节点的距离为1，我们把相互之间有连线的两个点称作相邻。在有些时候，我们还可以设定连线必须是有方向的,你我之间的连线到底是我指向你还是你指向我,必须要明确。这样一来,我们又可以得到出度和入度两种不同的衡量。所谓出度,就是从我这个节点指向别的节点的连线数量,而入度指的是有多少根不同的连线指向我。

出度和入度并不一定相同。举例来说,我们可以在一个学校班级或者一个单位系统里做调查,要求每个人写出你认为是你的好友的名字。回收数据以后,我们把每个人作为一个点,个人认为此人是好友的就画一条有方向的连线。这个时候,我们就会发现,每个人的出度和入度是不一样的。你认为很多同学、同事都是朋友,但大多数人并不认为你是朋友;也有可能反过来,你觉得你没有什么朋友,但很多同学、同事都把你当朋友。通过分析出度和入度的差异,我们就能得到很多有意思的结论。

第二个比较重要的概念叫作"密度"。对于一个社会网络,上面有若干个点,理论上每两个点之间就能连成一条线,如果是有方向的线,那么连线数量还要乘以2。但实际上,往往没有那么多连线。我们把实际的连线数量除以理论上连线的最大值,得到的结果就称为社会网络的密度。

在研究中,我们接触到的社会网络绝大多数的密度不高,是比较稀疏的。这个世界上,哪有绝大多数人认识绝大多数人这回事。我们每个人真正能保持交往的人也不过150人左右。打开微博或者其他社交软件,每个人关注别人的数量或者被人关注的数量都相差悬殊。如果你是普通人,你可能关注了几百人,但根本没多少人关注你。如果你是名人,可能有数十万人关注你,但你也不过关注了几百人。

对于普通人,微博粉丝数量要超过2万人恐怕也不是很容易。

据说，微博的活跃用户有5亿多人，但粉丝数超2万人的账号不过100万个，所以拥有2万粉丝的用户就已经打败全国99.8%的用户，确实可以算头部用户了。如果你距离这种头部账号比较近，有不少"大V"也关注你了，你的粉丝数量就会比较多。但如果你不怎么关注这些头部账号，只是关注一些亲戚朋友，那么你的粉丝数量恐怕不会很多。

对于一个社会网络而言，找到它的中心很重要，所以有两个网络中心指标值得介绍一下。一个指标是"靠近中心度"（closeness），计算的是一个节点到网络中其他节点的平均距离。很显然，距离越短，说明你越接近这个网络的中心。最极端的情况是，你的"靠近中心度"为1，这就说明你认识这个网络中的所有人。如果其他人不是直接认识的话，那么只要找到你，马上就能找到任何人。所以，你就是这个网络当之无愧的中心。另一个指标是"中介中心性"（betweenness），指的是一个节点成为其他两个节点之间最短通路的中介次数。如果一个节点充当中介的次数越多，它的中介中心度就越大。一个节点的中介中心度越大，它的位置就越关键。其他节点要相互联系，都必须通过这个节点。所以，一个节点不用认识所有其他节点，只要它处于特别关键的位置，它就处于整个网络的中心位置。

同质性现象

理解了这些概念以后，我们再来讨论社会网络引发的一个非常重要的现象，叫作"同质性现象"。俗话说，物以类聚，人以群分。现实生活中，我们很少看到不存在同质性现象的社会。而且，同质性现象会表现在各种维度上，包括性别、种族、宗教、年龄、职业、教育水平等。也就是说，在一个社会网络中，对于性别、种族、宗教、年龄、职业、教育水平比较接近的人，他们的距离也会比较接近。

我们经常说，美国是一个种族大熔炉，你在纽约的皇后区可以听到138种语言。你在纽约街头问路，别人没法给你指路是很常见的事，因为每天都有数十万来自世界各地的人跟你一样。但是，我们同样知道，不同种族会有不同的聚居区。纽约有唐人街，也有韩国城，你可以在各个不同的聚居区里找到非常纯正的有异国风情的餐厅或者商店。中国人去了唐人街以后，会感觉像回到家一样。这些不同种族的聚居区已经存在很多年，为什么这些族群没有被均匀地散布到社会各个角落，而是聚居在一起，并且牢不可破？

这是一个非常重要的问题。美国经济学家马修·杰克逊（Matthew Jackson）是社会网络方面的专家。他做过一项有关美国中学生的友谊关系的研究。因为每个人没法选择自己的出身。比如，你无法选择你的肤色，你小时候也没法选择你的住所。但是，中学提供了选择的机会。一所美国中学里，既有白人，也有黑人，还有西班牙裔人，也许还有少数华裔或者印裔人。大家都是平等的，在一起学习，你也可以选择其他人作为你的朋友。

学校里一直会有种族平等、多元文化等方面的教育，每个人都被鼓励跟其他不同种族、不同文化背景的人交朋友。但现实是怎样的？杰克逊与合作者通过问卷调查了一所学校255名学生所有的朋友关系。而且，他们设定了一个比较严格的标准，如果两个学生每周一起活动超过三次，那么他们才算朋友，其实这已经是比较密切的友谊了。

研究发现，按照这个定义，跨越种族的友谊基本上消失了。在全校255名学生中，只有屈指可数的几对在白人和黑人之间结成了友谊。不管学校怎么进行教育，也不管大家嘴上怎么说，在实际行动中，白人一般和白人玩，黑人一般和黑人玩，美国一所普通高中的朋友关系还是被种族界限严格分隔。这所学校其他少数族裔的学生很少，我们忽略不计。主要研究结论是：无论白人还是黑人，同一种族结成朋友关系的概率相当于跨越种族的15倍以上。

这个在一所高中里得到的结论，在成年人社会里再一次得到印证。在美国，黑人在全部人口中的比重超过10%，但是仅有不到1%的白人同黑人结婚。如果说人与人的联结是随机和偶然的，那么我们应该看到有10%的白人同黑人结婚。同样，虽然白人在美国全部人口中的比重超过60%，但只有不到5%的黑人同白人结婚。

我们也许不应该直接把黑人、白人的婚恋隔离与印度的种姓制度相提并论。但两者的表现是非常类似的，也就是不管法律或者主流文化如何规定，两个群体极少发生通婚。可以想象，两个分别属于不同族群的个体想要通婚，必然面临很大的社会压力。

社群隔离对于我们在日常生活中彼此信任、开展合作非常重要。我们在反复交往中互相帮助，也惩罚有害行为，最终在这个社群中受益。如果社群相互隔离，我们就可以信赖邻居帮忙看管孩子和值钱的财物。如果邻居提出要求，我们也会去做同样的事情。我们总是教育子女要提防陌生人。但如果整个社群是高度同质化的，社群里的邻居就是可信任的，只有社群外的人是陌生人。

随着社会的日益城市化，人们对这些社群的精准定义变得越来越难，所以大家不得不更精准地去寻找共同特征，以建立社会网络。我们更直接地依赖同质性和反复交往来标记自己信任的朋友圈，而不再简单使用诸如地理位置来标记社群。

所以，一个大型的跨文化的社会网络，往往首先分裂成两个或多个子网络。比如那所美国高中，一个黑人学生想要与另一个白人学生建立友谊，就会很困难。他们可能建立联结的渠道很少，那些极个别的黑人与白人之间的友谊联系可能是一个机会。如果这些个别学生属于乐于社交、广结朋友的人，那么他们很容易成为网络中心。但如果他们对结交朋友并无很大兴趣的话，黑人与白人两个子网络的联系就会变得极为困难。

那么，同质化会产生什么样的后果？很简单，同质化必然导致极端化，原本的社会网络在同质化作用下，会趋于分裂成几个相互仇视、非常极端的子网络。因为在同质性网络内部，传播信息非常简单，只需要少数几次交流，就足以让某些信息扩散到整个子网络。但是，它很难把子网络内部的信息传出去，也很难把外部的信息传进来。整个子网络与外部的接口实在太窄了。

同质性网络确实很容易形成共同的价值判断，但是这些判断未经历反思和批判，很值得怀疑。有人把这种现象称为"同温层"，也有人称之为"信息茧房"，每个人在子网络中听到的观点都像是自己发出声音的回声，这是一件很可怕的事。

通过对社会网络的分析，我们可以把一些不容易观察或者意识不到的社会结构揭示出来。就像那所美国高中的例子，每个人都觉得学校很鼓励白人学生与黑人学生交朋友。总体上，白人学生与黑人学生的关系也很不错。但是，只有把整个社会网络画出来，我们才会发现，事实上学校已经形成了种族之间的隔离。

参考文献

[1] Currarini S, Jackson M O, Pin P. An Economic Model of Friendship: Homophily, Minorities, and Segregation[J]. Econometrica, 2009, 77(4): 1003-1045.

第 33 讲
什么是同群效应

"同群效应"（peer effect）是指在一个固定的环境里，人们会受到周围同伴的影响。这是一种非常重要的效应。我们从社会网络的角度进一步分析这个概念。大家对于同群效应可能都有一点体会。但问题是，如何衡量它的效果？比如在中学里，成绩较差学生的家长会经常找老师，希望把孩子安排在成绩优秀学生的身边。另外，成绩优秀学生的家长也会找老师，千万不要让成绩较差学生坐在自己孩子的身边，担心孩子被带坏。那么，结果到底是"坏孩子"被带好，还是"好孩子"被带坏？这两种都是同群效应，但方向很难推测。

社会网络与学习

经济学家用实验方法解决了这个问题。我们来看一项研究，中国人民大学的陆方文老师在中国一所普通的公立中学的初一学生中进行实验。在教室里，每张桌子固定坐两个同学，列与列之间的过道较宽，然后在一个学期之后，检查每个同学的成绩变化与其同桌以及前后四个同学之间的关系。

我先直接说结论：女生多和女生坐在一起更好，男生多和男生坐在一起更好。具体来看，一个学生周边的其他学生的性别确实会影响这个学生的成绩，但这个影响因性别而异。对于一位女生而言，如果周边五位全部都是女同学，那考试成绩会比周围全是男同学要提高0.2—0.3个标准差。而对于一位男生而言，如果周边五位都是男同学，成绩就会比周边五位都是女同学要提高0.1—0.3个标准差。大家都经历过中学，对这个结论应该不会感到意外。

在过去的研究中，同群效应的讨论主要归因于三种潜在的机制。

第一种机制是，教师有机会针对特定的学生类型定制课程内容。比如，这个班级有几位同学的英语成绩特别好，那么教师可能会在课堂上采用一些与其他班级不同的教学方法，进一步提高这个班级的成绩。

第二种机制是，在同质的群体中，捣乱行为会有所减少。比如，男同学和女同学坐在一起，由于性格不同，男同学捣乱的可能性是比较大的。但如果尽量安排同样性别的同学坐在一起，那么这种现象会大幅度减少，也有助于大家学习。

第三种机制是，在同质的群体中，协作学习或者积极互动行为会大幅度增加。女生和女生交流，以及男生和男生交流，都没有问题。如果男生和女生同桌，最大的问题就是双方不好意思交流，积极互动行为大幅度减少。双方都怕积极交流会引起周围同学的闲言碎语，但是这种积极交流对于学习又是非常重要的。这样一来，男女搭配的模式反而不能取得良好的效果。

这篇文章的研究结果，排除了第一种和第二种机制，基本肯定了第三种机制。研究发现，我们很难找到一种最佳的促进学习成绩的同桌组合。但在同桌是女生的时候，无论男生还是女生都没有表现出更好的专注度。这说明，同桌的调皮捣蛋并不是影响自己学习的重要原因，老师和家长也不必把这个看得很重要。当同桌为女生时，女同学表达了更强烈的想要留在现在座位上的愿望，男生则相对无所谓。

但是，前后两排男生和女生的比例确实会对一个学生的成绩产生显著影响。对女生而言，如果前后两排以女生为主，那么她与大家主动交流的次数与时间会极大增加，这对于学习成绩有积极的影响。男生也是如此。所以，老师在安排座位的时候，可以更多考虑学生的交流问题。在很多情况下，老师不需要投入额外努力，只需要改变全班学生的座位，就有可能有效提高全班的学习成绩。这是同群效应的神奇之处。

当然，当我们把视角投向其他年龄和学习环境的学生时，结果可能会不同。比如，有一些研究是在美国针对美国大学生开展的。美国大学生不需要两两同桌，学习的教室也一直换，但是他们需要住宿舍，两个人一间。

有人研究了不同的宿舍分配方案对于他们大学期间学习成绩的影响，结果发现，同群效应确实存在，舍友的背景和当前行为会给对方带来巨大影响。这些影响主要是正面的，也就是如果同伴更努力学习，那么自己也容易受到感召去学习，如果同伴不努力学习，那么自己受到的影响相对较小。所以，老师应该更多地安排成绩优秀学生与成绩较差学生组成一个宿舍，这样可以更好地发挥优秀学生的带头作用。

我们必须意识到，社会网络中的作用非常微妙，目前的研究远远不够。榜样的力量是无穷的，但榜样并不会轻易变成所有人的榜样。人与人的交流模式中有很多细节，需要我们经常反思。

社会网络与婚姻

讲完社会网络对于学习的影响，我们再来看社会网络对于婚姻的影响。婚姻是人与人的联结，但是每个人是怎样遇到另一个人的呢？很多单身的人都想知道。从相遇方式来看，有的是从小认识，青梅竹马；有的是同学或同事，日久生情；有的是朋友介绍，相亲安排；还有的就是偶遇，一见钟情。我们仔细想想，尤其从社会网络的角度去思考，其中也并非毫无规律。

比如，很常见的一种相遇方式，即朋友介绍，或者在某个朋友组织的聚会中认识。从社会网络的角度来看，你们两个人原本就已经在同一个社会网络之中，只是相距一个节点，也就是你们共同的朋友。通过这个朋友，你们就直接认识了。又比如，你们是同一所大学的学生，但是就读不同的专业，然后在一次学校的活动中认识了。所有这些故事都表明，社会网络原本已经存在，只是个人意识不到。最终，顺着这些社会网络，两个人相遇，然后走到了一起。

大家经常说"门当户对"，意思就是，两个人处于比较相似的社会网络中，有比较多的共同的联系节点，这些可以对两个人的关系加以支撑。相反，如果两个人的工作和生活环境、社会关系、社会地位都相差比较远，两个人分别属于很少有交集的网络，就不大容易相遇，两个人的结合也会遭遇更多困难。

我们不妨以印度的种姓问题为例，它也是某种形式的社会网络。所谓种姓，就是印度教经典文本中记载和介绍的一套理想社会秩序。每个人的种姓在出生时就已经确定，终身不能改变。我们不能说种姓在如今的印度不存在，但在实际生活中，它一直是一个可以讨价还价的参照框架。比如，有一个群体过去被称为"不可接触者"。但是，如今印度很多地方都有火车或者地铁，你怎么保证地铁上跟你挤在一起的人不是一个"不可接触者"？所以，这些限制，在有些场景下已经不合时宜了，但在另一些场景中，比如婚姻中，仍然存在。

印度法律从来没有规定不同种姓不能通婚。与之相反，政府还对某些跨种姓婚姻提供补贴。即便如此，目前也只有5%的印度人跨种姓通婚。那么，印度人在婚姻选择中对于种姓问题如何考虑？这个问题很难研究。著名实验经济学家迪弗洛和班纳吉想出一个办法，那就是研究报纸上的征婚广告。

他们找到加尔各答的一份主流报纸，而且是孟加拉语报纸，所以目标肯定是当地读者。这份报纸的订阅户有120万户，每周日都有征婚专版。迪弗洛和班纳吉就对前来刊登征婚广告的人进行了深度采访。他们发现，这份报纸上的征婚广告有63%为女方所登，说明女方要比男方焦虑得多。从收到的来信来看，男方平均能收到83封信，女方一般收到23封信，说明女方征婚比男方要困难许多。这些情况与中国中产阶级婚姻市场也很相似，去过全国各大城市相亲角的人一定知道，在每个相亲角里，女方资料都远远多于男方。

暂且不谈性别差异。迪弗洛和班纳吉仔细分析征婚广告和收到的来信，研究哪些方面是双方最看重的最基本的条件。他们发现，种姓是加尔各答人婚姻匹配时最先考虑的条件。很多时候，种姓不需要直白地说出来，通过姓名或者其他一些条件，人们基本就能判断出来。

在这份报纸上，征婚人群的受教育程度和收入一般不错，大多数人有大学学历，这在印度已经属于中上阶层了。印度的识字率是72%，这是近年来飞速进步的结果。既然在报纸上征婚，那么双方至少都认字，所以征婚广告是一种中产阶级择偶方式。而且，迪弗洛和班纳吉还发现，征婚广告是没有照片的，但征婚广告和应征信都非常强调外表，对外表比对学历有更多的重视，这里面也暗含了种姓考量。越是高种姓，皮肤就越白。由于不同种姓的人在婚姻问题上长期隔离，所以大家的相貌存在一定的差异。

迪弗洛和班纳吉发现，凭借搜集到的访谈信息，他们可以通过数学工具来分析加尔各答中产阶级的真正择偶标准。分析结果表明，女性情愿选择一个同种姓的文盲作为丈夫，也不愿意选一个稍低种姓但拥有硕士学位的男人。她们认为，学位是可以获得的，而且对于一个人来说，种姓越是不利，越容易获得学位。印度采用配额制度，有点类似我们的少数民族加分制度，所以不利种姓的群体更容易获得学位，但种姓是世世代代都无法改变的。

迪弗洛和班纳吉用数学模型做了一个模拟实验。他们根据所有征婚者表现出的所有偏好建模，去除种姓，然后看他们的偏好是否会发生变化。结果很惊人，如果去掉种姓这个指标，同种姓匹配的比例就会迅速下降。人们会真正自由地根据外貌、收入、职业、学历等因素进行考量，这样寻找配偶的结果与考虑种姓的寻找结果完全不同。而且，男性寻找配偶的偏好差异变化更大。所以，假如我们认为种姓与爱情无关，那么种姓极大地阻碍了男性追寻爱情的自由。

由于种姓制度的存在，印度人因自由恋爱而结婚的比例一直很低。直到当下，有三分之二的印度女性在结婚当天才第一次见到自己的终身伴侣。总体而言，在印度，婚姻依然是被安排好的一种社会关系，必须遵守僵化的社群习俗，嵌入已有的社会网络之中。而在报纸上征婚，或者现在流行的网恋，原本可以打破种姓制度的约束。但事实上，跨种姓婚姻的比例仍然很低。传统上，印度人总会遇到疾病侵袭、作物歉收、就业不稳定等问题，或者有各种各样需要现金的紧急时候。在这些困境下，由种姓构成的社会网络就是一把很好的保护伞，可以帮助他们渡过难关。如果采用跨种姓婚姻，双方就会失去这种保护，以后的生活会变得更为艰难。

在婚姻这个问题上，社会网络既是婚姻的支持，又是婚姻的约束。当然，在印度，过去基于种姓的婚姻匹配模式已经开始松动，但大多数人的婚姻选择还是保留在原有的社会网络之中。

▌参考文献

[1] Lu F, Anderson M L. Peer Effects in Microenvironments: The Benefits of Homogeneous Classroom Groups[J]. Journal of Labor Economics, 2014, 33(1): 91-122.

[2] Sacerdote B. Peer Effects with Random Assignment: Results for Dartmouth Roommates[J]. Quarterly Journal of Economics, 2001, 116(2): 681-704.

[3] Banerjee A, Duflo E, Ghatak M, Lafortune J. Marry for what? Caste and Mate Selection in Modern India[J]. American Economic Journal: Microeconomics, 2013, 5(2): 33-72.

第34讲
两个人为什么要结婚

我想聊一个很多人感兴趣的问题,即婚姻问题。一个人和谁结婚,什么时候结婚,永远都没有标准答案。我很喜欢的一句英语谚语叫作"爱与战争皆公平"。就拿我非常喜欢的古希腊哲学家亚里士多德为例,他在《政治学》里就很认真地讨论过结婚问题。他认为,婚姻最核心的标准,是使得配偶双方的年龄彼此相配而不致相差悬殊。那么,什么叫作年龄彼此相配?他给出的标准是男子37岁,女子18岁。我们今天觉得这完全是胡说八道。当下,37岁男子的很多身体指标可能都开始不正常了,怎么会是最优的结婚年龄。

所以,在讨论婚姻的经济问题时,我们并不是说用经济学理论来指导婚姻,每个人的婚姻都不一样。但是,在对人的行为进行研究时,我们必须认真思考婚姻选择。因为对很多人而言,这毕竟是一件终身大事。

贝克尔与家庭经济学

我们从芝加哥大学经济学家、诺贝尔经济学奖得主贝克尔谈起。如今，经济学常被认为"经济学帝国主义"，试图用极端的理性选择理论来解释一切社会问题，这种片面的印象一大半要归功于贝克尔。我谈不上喜欢贝克尔，但他确实是家庭经济学的创始人，所以还是要重点介绍一下。

贝克尔出生于1930年，当时正值美国大萧条，但是他似乎没有受到美国大萧条的影响，没有这样的思想包袱。他在芝加哥大学读书期间，受到弗里德曼的影响，尝试用经济学分析工具对现实问题加以阐释。他抱有一种坚定的信念：人类做出经济决策的方式，取决于一套最基本的经济原则。支撑这些原则信念的就是个体。所以，不管是个人、企业还是政府，都会倾向于理性行为方式，并且追求令其福利得到最大提升的过程。这种理性选择理论可以运用到社会生活的各个领域，帮助人们揭示很多过去难以探讨的问题。

他的博士论文是关于"歧视经济学"的。歧视有很多种，比如对外地人的歧视，对女性的歧视，对同性恋人群的歧视，对写字写不好的歧视，等等。歧视问题之所以能够进入经济学的研究范畴，贝克尔有着开拓性的贡献。在此之后，贝克尔又进一步把理性选择理论应用到人力资本投资、时间分配、犯罪行为、生育行为等等上。他在每一个领域都发表了轰动性的论文，构建了可以自圆其说的理性选择模型，所以其经济学理论被称为"经济学帝国主义"。

他在1981年出版了《家庭论》（*A Treatise on the Family*），这是他成熟时期的研究。贝克尔认为，在每个有文字记载的社会中，几乎所有成年人都在以某种形式进行着婚姻实践。婚姻类型的意义重大，比如它对于生育胎次、人口增长、女性劳动参与率、收入分配不均和其他各种家庭因素都有深远影响。同时，婚姻对于自然遗传选择和闲暇等其他家庭资源的分配也有关键性影响。比如在印度，女性结婚以后可能就要从早到晚做饭，几乎没有闲暇时间；在美国，女性结婚以后可能不用做饭，跟以前没有差别。所以，贝克尔认为，经济学家对婚姻问题的忽略，要么属于严重的失察，要么表明传统的经济分析存在严重的局限，更有可能两者都是。

而在现代经济学，也就是所谓新古典经济学提供的理性选择框架之内，各种人类行为都可以得到满意的解释，婚姻也不例外。贝克尔对此特别自信，就把婚姻问题作为他的经济学帝国向外扩张的又一块版图。

贝克尔认为有两条经典的婚姻理论，所有人都会接受。第一条理论是，现代社会的婚姻几乎总是源于自身意愿，我们不讨论那些胁迫下缔结的婚姻。既然婚姻是自愿的，当然一部分婚姻由当事人决策，也有一部分婚姻可能是他们的父母或者亲戚决定。不管怎样，婚姻当事人或者他们的家长，总是在试图提高他们的效用水平，使得结婚以后的效用高于独身时的效用。所以，经典的偏好理论可以适用于婚姻选择。第二条理论是，无论男性还是女性，在寻找配偶的过程中总是存在竞争，所以我们可以假定"婚姻市场"的存在。当然，这是一个打引号的市场，但是它的运作模式和市场非常接近，就是在环境限制下，每个人都试图寻找最佳的配偶。

这两条理论就可以很容易地解释绝大多数成年人的婚姻，为什么在截然不同的环境下，无论在美国还是在肯尼亚，人们在选择配偶时，都高度相似地注重财富、受教育程度及其他一些特征。当然，我们也很容易观察到，各个社会中的婚姻形式各不相同，而且随着时间变化而变化。20世纪60年代的人的择偶标准与如今的人的择偶标准显然存在巨大差异。这些差异使任何一个单一的婚姻理论都会受到挑战。同时,婚姻的退出成本也是不同的。在某些社会里,离婚比较普遍,根本不算事,比如比利时、葡萄牙。而在另一些社会里,离婚从道德上说是不可接受的。

当然,结婚并不是一刹那的事,而是一个持续性的过程。经济学家并不是特别关心婚礼,而是关心结婚以后的日常生活。所以,有关家庭行为的后续经济学研究,主要关心的并不是结婚以后直接从外部市场购买的产品与劳务,而是每个家庭内部"生产"的商品。一个家庭能买多大的房子,每月能有多少购物支出,这些在结婚前就能大致分析出来。但是,还有更多更重要的事,在结婚之前分析不出来。

比如时间分配。构思这周要吃什么需要时间,做饭需要时间,带孩子需要时间,陪孩子做作业需要时间,处理水电煤账单也需要时间,所有这些家庭内部的事务都需要时间。有些事情也许可以在一定程度上外包,使用市场提供的商品与劳务,比如请阿姨来做清洁,但是不太可能把所有事情都外包出去。这样一定会消耗家庭内部不同成员的时间。而且,从经济学的角度来看,时间这种商品只可能在同一家庭内部成员之间进行转移,比如今晚我去洗碗,你就可以继续看电视,但是这种商品很难进入市场或者很难在不同家庭之间进行转移。

贝克尔认为,家庭生产的商品的范围很广,包括食物的质量、一定数量与质量的子女、声望、娱乐、情义、爱情、健康等等。很多商品可能是非物质的,比如声望、娱乐、情义、爱情等等,但是它们对于我们非常重要。这些商品的生产与消费和普通商品有所不同，它们涉及更为广泛的人类活动和目标。

《圣经》里说"两个人总比一个人好"，这在经济学里称为"规模经济"。同样做一顿饭，一个人也要做，两个人也要做，但一个人做了饭，另一个人就可以坐享其成。但贝克尔并不认为规模经济是导致婚姻的根本原因。如果要实现规模经济，几个男性或女性合租房子、同吃同住就好了，为什么要有婚姻？

贝克尔认为，关键是具有不同专业优势、在能力与收入方面存在显著差异、可以互补的男性和女性，通过婚姻形式可以使得自身及双方的收益达到最大。比如，生意上成功的男人与温柔而有教养的女人结婚，受过高等教育的男人与控制了丰富资源的女人结婚，事业型女人与家庭型男人结婚，这样才会把分工优势最大化。而且，越是有钱人应该越早结婚，这样就能分享分工带来的效用。当年轻人收入水平提高时，他们就会倾向于早婚。与此相反，人们在经济收入比较有限时，就会因为手头拮据而不得不推迟结婚。这些看起来好像都是非常好的模板，但是缺乏人性味道。贝克尔的模型总是很有解释力，不仅可以解释婚姻的稳定性，还可以进一步证明，为什么"一夫一妻"制度比其他制度更为稳定。

此外，贝克尔的理论还可以非常清晰地解释一些大众关注的问题，比如生育率的不断降低。贝克尔在几十年前的这些研究，很快就产生了巨大的影响，对经济学也起到了推动作用，他被认为是芝加哥学派的新一代领军人物。1992年，他获得了诺贝尔经济学奖，获奖理由是"他把微观经济学的研究领域延伸到了人类行为及其相互关系"。贝克尔达到了他的事业巅峰。

新家庭经济学

但是，从贝克尔提出家庭经济学理论以来，人们对他的批评就不绝于耳。如今，我们可以获得大量关于婚姻、家庭的数据，可以检验一下贝克尔的模型到底有没有很强的解释力。2014年，三位资深劳动经济学者马丁·布朗宁（Martin Browning）、皮埃尔-安德烈·恰波里（Pierre-André Chiappori）和约拉姆·韦斯（Yoram Weiss）合编了一本《家庭经济学》（Economics of the Family），牵头的是牛津大学教授布朗宁。这本书由剑桥大学出版社出版，汇总了最近这些年经济学者在婚姻、家庭领域的研究，对贝克尔的经典理论提出了挑战。

分析婚姻数据是一件很谨慎的事，我们需要对此有一些概念。比如，你在任何一个时段调查不同年龄段人群的结婚率与未婚率，20岁的人可能未婚，30岁、40岁、50岁的人也有可能未婚，但是他们不能做简单比较。20岁的人未婚，不表示他到50岁还未婚。反过来，如果50岁的人未婚，那么他在20岁、30岁或者40岁时都从未结婚。同样，对于婚姻历史的研究也都存在这个问题。

布朗宁等人发现了一些重要现象。总体而言，结婚的年龄越来越晚，离婚率越来越高。贝克尔认为，随着经济水平不断提高，人们总体的结婚年龄应该是越来越早才对。但是，现实数据表明，人们的结婚年龄在不断推迟。布朗宁等搜集了六个经济发达国家三个不同时代的婚姻数据。六个国家是美国、英国、加拿大、意大利、法国、丹麦，三个不同时代是20世纪50年代、20世纪80年代和21世纪前10年。在任何一个国家、任何一个时期20岁以上的人口中，不论男性、女性，已婚状态的人都要比未婚状态的人多。

但我们同时可以观察到，随着时代的推移，已婚状态的人口比例在不断下降，降到了60%甚至55%左右。也就是说，现在世界各国已婚的人群，也就比未婚或者离婚独住的人多一点。这背后有两个原因：一个是晚婚，另一个是离婚率增高。以丹麦为例，在年龄为20—25岁同居的丹麦青年中，目前有80%的人选择不去登记结婚。这是一个重要标志，其他国家也都有这个趋势。离婚以后有两种情况：一种是再婚，另一种是保持单身。所以，我们要同时观察这两类数据。这两类数据都清晰地表明，离婚率在不断增加。以出生于1937—1941年的美国人为例，他们成长于20世纪50年代，正是美国经济高速发展时期。到了20世纪90年代，大家也快60岁了。此时，结过一次婚且从未离婚的男性大概占57%，而结过一次婚且从未离婚的女性只有38%。这个数据说明，在美国，随着时代的推移，第一次结婚就想白头偕老的概率有所下降。这也难怪现在很多年轻人选择不结婚。

贝克尔还认为，夫妻双方的背景最好互补，这样才能发挥优势。但是，布朗宁等人发现，现在的趋势是，结婚双方的背景越来越相似，越来越门当户对。经济学家也逐渐发现，"搜索–匹配"模型可能比贝克尔的婚姻市场模型更能有效地解释当下的婚姻状况。

这种模型认为，并不存在一个稳定的市场，让你像逛超市一样去挑挑拣拣。与之相反，这个过程更像投简历找工作或者HR招员工。找工作的时候，你有自知之明，知道朝哪些公司投简历才是有机会的。而招员工的时候，你也绝对不是要招最出色的员工，而是要招最合适的员工。所以，在这个过程中，双方背景的相似性就会成为"搜索–匹配"过程中最突出的特点。

布朗宁等人发现，从美国的数据来看，1970—2010年，夫妻双方的教育背景始终保持非常强烈的相关性。男方的学历背景越好，女方的学历背景也越有可能很不错。与此同时，夫妻双方收入的相关系数也出现显著上升，1970年只有0.2，2010年就达到了0.4。也就是说，大家在寻找配偶的时候，不仅关心教育背景，也关心对方的收入，最好在这些方面都保持同步。保持同步要比双方在家庭内部的有效分工更为重要。

如果更仔细地观察数据，我们就会发现，双方受教育程度相当的配偶比例长期保持稳定，一直在总数的50%左右，也就是有一半的家庭是按照这种模式来寻找配偶的。不过，嫁给受教育程度低于自己的男性的女性比例一直在上升，从过去的20%增加到了30%，这是一个值得关注的现象。与此对应，嫁给受教育程度高于自己的男性的女性比例必然会减少，从30%减少到了20%。其背后最主要的原因是，女性整体学历上升，当然也包含了观念的改变，很多家庭不再坚持男性的教育背景必须高于女性。

那么，贝克尔最为关心的家庭内部的分工情况如何？《家庭经济学》给出的结论是，传统的性别分工模式在逐渐发生变化，但变化速度十分缓慢。大部分国家男女的工作时间在下降，闲暇时间在延长。既然劳动时间在下降，那么不管男性、女性，理应都有更多的时间来料理家务、照顾孩子，双方之间的差距会减少。

但是数据也表明，如果家庭中有5岁以下儿童，家庭的男女之间仍然存在非常明显的劳动分工。男性也许可以帮着洗碗，但很难帮着照料孩子。2003年，如果家里有儿童需要照顾，那么美国女性每天可用于工作的时间平均下来只有2小时。所以，大多数女性选择退出职场，照顾孩子。一直到孩子长大成人，女性才有可能重返职场，但那时已经很难再进入职场了。现在技术不断进步，极大地减少了女性在做饭、清洁等方面耗费的时间，然而照顾孩子这件事情变得越来越麻烦，似乎正在不断吞噬女性的时间。

现在的婚姻不再是贝克尔那时认知的婚姻，现在的孩子也不再是贝克尔那时认知的孩子，这是《家庭经济学》留给我们的重大启示。

参考文献

[1] 加里·斯坦利·贝克尔. 家庭论[M]. 王献生，王宇，译. 北京：商务印书馆，2005.

[2] Browning M，Chiappori P A，Weiss Y. Economics of the Family[M]. London：Cambridge University Press，2014.

第 35 讲
要不要结婚生娃

疫情期间,我在家看视频的时间大大增加,看得最多的是旅行类和美食类的视频。每次看着网红主播在各个地方手舞足蹈介绍当地美食的时候,我经常会想一个问题,到底是谁在帮你拍视频?摄像机背后的那个人是谁?

看多了以后,慢慢就明白了。除了那些有团队的头部主播以外,很多网红是夫妻档。如果男方出镜,那就是女方在拍。如果女方出镜,那就是男方在拍。当然,也有一些双方都出镜的情况,两个人轮流拍。但摄像机背后一定是有人的,完全自拍也不是不可以,但有很多限制,并不方便。如果团队人数过多,还要经常在外面跑的话,成本就很高,也不一定方便。而最有效、最可靠的团队,就是夫妻或者情侣。

男性与婚姻溢价

大家最关心的问题,肯定是结婚对于自身的生活水平、生活质量有没有帮助。我觉得这个问题可以从三个方面来看。

第一个方面,你找一个经济水平、财富积累等都远远高于你目前水平的配偶,那你的经济条件一定会马上改善。这就叫作"向上匹配"。这也是很多人在寻找配偶时最主要的关注点。但这是对称的,如果一方向上匹配,另一方肯定就是向下匹配。而且,越来越多的人寻求门当户对的组合,夫妻之间的背景差距越来越小。一味追求向上匹配会导致很多问题,想必大家见过很多,也听过很多。

第二个方面,你找一个经济水平跟你相仿的人结婚。首先,两个人的平均收入水平不会降低。其次,生活中的很多成本是可以分摊的。人均开支降下来,那么收入也就相对提高了。从这个角度来看,婚姻对于个人的经济水平是有利的。

第三个方面,我们要动态地看待婚姻的后果,两个人都会因为婚姻而有所改变。比如,有一方外语不好,而另一方的外语比较好,那么外语不好的一方可能就会受到影响,慢慢提高外语水平,从而对工作和收入产生积极影响。或者,有一方平时工作生活都比较懒惰,而另一方在自律方面做得比较好,那么懒惰的一方可能就会受到督促,从而提高工作效率,收入也会随之提高。也就是说,婚姻会动态地改变一方或者双方,有可能使得双方的收入都有所提高。

接下来,我们就来试着讨论一下,结婚能否提高男方的收入水平。可能有些读者会有意见,为什么只讨论男方,不讨论女方。因为在现实中,双方结婚以后,女方的平均收入水平在短期内是下降的，这是生育所导致的。这是自然原因导致的，没法剔除这种因素。所以，我们只讨论结婚是否会提高男方的收入水平。

前几年，网上流传了一篇文章非常吸引眼球，即《好男人都结婚了吗？》，副标题是"探究我国男性工资婚姻溢价的形成机制"。这篇文章引起了很大的反响，成为一个笑话。

这篇文章发表在学术期刊《经济学（季刊）》上，主要回答结婚是否有利于男性收入提高。这是一个非常严肃的问题，下面我就试着给大家介绍一下这项研究。

要比较收入高低，就需要有可比性。比如一个30岁的人和50岁的人没法相比，一个研究生学历的人和一个高中学历的人没法相比。作者要先控制其他可能影响收入的条件，在其他条件相同的前提下，发现已婚男性的收入确实比未婚男性的收入高。两者之间唯一的差别就是婚姻状况，所以婚姻导致收入提高，可以称为"婚姻溢价"，这种溢价的水平大概是6.8%。婚姻不仅能提高幸福指数，还能提高男方的收入水平。

接下来的问题是，为什么会这样？这种现象需要解释。作者提出了三种常见的有可能的解释。

第一种解释是，男性节约了家务劳动时间。在单身时，男性一个人不仅要做饭、做家务，也要打扫房间。结婚以后，男性做家务的时间显著减少。男性可以利用这些节约出来的时间赚钱，或者提高自己的人力资本。这是一种可能性，但听起来好像不大靠谱。

第二种解释是，男性在婚后更有"责任感"。在单身时，男性有可能处于躺平的状态，上班也不积极，下班以后就点外卖、打游戏，不去思考自己的未来。但男性在结婚以后就不一样了，他需要考虑整个家庭的前途，可能需要还房贷，还可能要为孩子攒钱。在这些压力下，男性可能比单身时更有责任感，更努力工作，收入自然也就提高了。

第三种解释是，妻子的"选择效应"。也就是说，并不是男性在结婚以后收入水平提高了，而是女性有眼光，选择那些未来有发展潜力、更积极工作的男性结婚。这也就是作者标题所写的"好男人都结婚了吗？"的意思。与之相应，那些没有结婚的男性，有点像被挑剩下的水果，平均收入水平就不及已经结婚的男性。这全是女性精挑细选所导致的结果。

哪一种解释比较正确呢？作者经过仔细的研究以后发现，这三种解释全都不对，全都没法通过实证检验。我们不能说好男人都结婚了。但作者认为，从数据来看，反过来的结论是成立的，男人结婚以后变得更好。所以，作者大胆提出一种解释，称其为"相夫效应"。研究发现，妻子的受教育年限和收入水平，显著地正向影响其丈夫的婚姻溢价。妻子的学历越高，收入越高，丈夫在婚后的收入水平提高得也越显著。

我们还不清楚妻子的学历背景如何影响丈夫的"婚姻溢价"，但这无疑是一件好事。一直以来，社会上存在一种对女性的逆向学历歧视，比如女博士嫁不出去等等。我不大理解这种歧视，而这篇文章更是证明了这种歧视的荒谬性。

女性与生育代价

对于女性而言，一个关键的问题就是孩子。生育会不会影响自己的工资收入？女性是否要为生育付出代价？

我还是要先引用贝克尔对于生育选择的一段著名发言："对大多数父母来说，孩子是父母精神收益或心理满足的源泉，用经济学家的术语来说，孩子将被看成为耐用消费品。作为耐用消费品，孩子应该被看作效用的来源。"什么叫耐用消费品？有些消费品，比如牛奶，你在三天内就会喝掉，但另一些消费品，比如汽车、房子，你买来以后可能要使用十年、八年。后者就被称为耐用消费品。贝克尔认为，孩子和汽车、房子一样，也是一种耐用消费品。这种耸人听闻的理论一经提出，就引起了轩然大波。

汽车是有价格的，可孩子没有价格。但贝克尔认为，孩子虽没有标价，但是有影子价格。比如你选择买房，每月要还多少房贷就可以提前算出来，你可以事前评估房贷会对你每月日常开销造成多大的影响。同样，在选择生育之前，你也可以计算出每月要为孩子花费多少钱。这就是孩子的影子价格。

经济学认为，对于一个家庭而言，在一定时期内，家庭的总收入是固定的，不要总想着公司股票上市、一夜暴富，那都是偶然事件，毕竟，有不少家庭因为意外而一夜破产。正常家庭的总收入是相对稳定的。父母需要用这笔收入来维持生活，购买各种消费品，也包括生育孩子。父母在分配资源和抚养孩子之间求得最大化满足，也就是效用最大化。按照这个逻辑，孩子的数量将与收入呈现出正相关关系，收入越高，孩子就越多。现在所有阶层都能以很低成本获得避孕手段，所以实际生育率应该只和家庭收入有关。但在现实中，我们发现富裕家庭的生育率并不高，甚至比贫困家庭的生育率还低，这是怎么一回事？

贝克尔又提出一种孩子的"数量-质量"替代模型来解释这个现象。贝克尔认为，孩子的数量和质量之间存在替代关系。对于一个家庭来说，在收入一定且父母时间有限的前提下，对孩子质量的需求增加，必定减少对孩子数量的需求。如果家庭中孩子数量比较多，那么平均分配在每个孩子身上的医疗保健、教育费用也会减少，孩子的质量必定降低。所以，一个家庭孩子的数量和质量会相互替代。随着家庭收入的提高，更多家庭会选择高质量的孩子，放弃追求数量。这是一个很重要的视角。如今，我们总是在讲人口数量、人口红利，但没有同时讨论人口质量，这是不对的。

贝克尔认为，随着技术进步以及女性人力资本水平提高，家庭分工模式不再像以往那样高度性别化。女性也可以在外多赚钱，男性也可以在家多做家务，所以由婚姻引起的性别工资差距会缩小。在这一点上，他是对的。但是，女性目前仍然要承担更多照料孩子的责任，所以由成为母亲、照顾孩子导致的工资性别差异仍然稳定存在，这种差异在短期之内不可能消失。

在这个基础上，我们接着讨论，如果女性选择生育，并且在生育之后还要在职场上拼搏，那么生育会对她的职业发展产生多大影响？会对她的收入造成多大影响？这个问题很困难，我要介绍两篇发表于同一时期、研究同一问题但观点不一致的论文。一篇是西南财经大学甘犁等人的论文，发表在《经济研究》上，即《工资率、"生育陷阱"与不可观测类型》。另一篇是密歇根大学谢宇等人的论文，发表在《人口研究》上，即《生育对我国女性工资率的影响》。

什么叫作"不可观测类型"？甘犁等人认为，在生育这件事上，存在两种不同的类型，而这两种类型几乎是不可观测的。第一种是内生类型，也就是主动选择类型。很多女性清楚，生育对于职业发展会产生负面影响。女性完全可以选择生育的最佳时机，最小化生育行为对于职业生涯所产生的负面影响。经济学把这种生育选择称为内生的，也就是由自己决定的。

第二种是外生类型。有一部分生育不是女性自主选择的，而是意外发生的。这种生育选择就称为外生的，不是由个人决定的。

这两种生育类型很不同。而对于这两种生育类型的女性，生育所导致的负面影响也不同。甘犁等人用复杂的医学和数学工具区分了这两类女性，最终发现，对于外生类型的女性，也就是并没有准备好生育的女性，生育当年的工资率会下降18%。但是，生育冲击只对当年工资率产生负面影响，以后几年的工资率都不会受到影响。

对于内生类型的女性，生育这一年的工资率也会降低，但是降低的幅度在统计上并不显著，可以忽略不计。背后最有可能的原因是，内生类型的女性早就做了计划，精心安排自己的生育时间。如果现在的工作不稳定，她们就不会生育。她们之所以选择生育，就是因为有把握。所以，生育行为对其工资率的影响不显著。

甘犁等人的研究，给我们传递了一个信息，即生育行为对工资率的负面影响有限。女性如果想要重返职场，就不必对生育有太大的心理负担。

但谢宇等人的研究结果很不一样。大家使用的都是中国微观调查数据，但每个人处理数据以及计算的方法都有一定的差别。谢宇等人认为，生育对于我国女性工资率存在显著的负面影响。数据证明，女性每生育一个子女，就会造成女性长期工资率下降大约7%。而且，这一负面影响持续存在，并且随着生育子女数量的增多而变大。除了生育以外，女性的人力资本、工作特征以及家庭因素都不能很好地解释这种负效应。

谢宇等人认为，这个7%的生育代价主要来自生产力的差异和雇主的歧视。有了孩子以后，女性雇员可能就不怎么加班了；有了孩子以后，女性雇员就更有可能遭受老板的歧视。这两方面原因的共同作用，导致已生育女性比未生育女性的长期收入低7%。

所以，我们介绍了两种不同的研究观点。一种观点认为，生育会一次性地对工资产生18%的冲击，但没有长期影响；另一种观点则认为，生育会导致长期的生育代价，会造成7%的长期损失。如今，这仍然是一个开放的、值得继续研究的问题。过去的数据样本存在一些问题，学界看法不一，而且如今女性面临的职场环境也一直在演变。生育代价现在到底有多大，我并没有什么把握。但不管怎样，女性存在生育代价是没有疑问的事情。即使女性生育以后不退出职场，也要或多或少为生育付出代价。

参考文献

[1] 王智波，李长洪. 好男人都结婚了吗?：探究我国男性工资婚姻溢价的形成机制[J]. 经济学（季刊），2016，15(3)：917-940.

[2] 贾男，甘犁，张劼. 工资率、"生育陷阱"与不可观测类型[J]. 经济研究，2013(5)：61-72.

[3] 於嘉，谢宇. 生育对我国女性工资率的影响[J]. 人口研究，2014，38(1)：18-29.

第 36 讲
父母该如何教养孩子

育儿应该是每一个国家、每一代父母都会做的事情。但不同国家、不同地区、不同时代的父母，育儿方式存在巨大差异，甚至只要时间、空间发生变化，育儿方式就会出现变化。比如同样的父母，带着孩子从中国搬到美国，教育方式就会不同；从美国搬回中国，教育方式也会不同。

但有一个很基本的出发点需要我们反思，父母对孩子的未来寄予怎样的期望和抱负，他们就会相应地行动。我们应该都听过很多这类故事。有父母表示，为了孩子的前途，为了孩子能够快乐健康地成长，情愿放弃自己在中国的事业，移民其他国家。确实有相当一部分父母，愿意为了孩子做出很大的牺牲。有一次，我在网上输入"为了孩子"，自动关联的第一个句子就是"为了孩子不离婚"，这其实挺让人感慨的。

不同的育儿类型

我们先从育儿谈起。有一本书叫《爱、金钱和孩子》（Love, Money, and Parenting），作者是美国西北大学教授马赛厄斯·德普克（Matthias Doepke）和耶鲁大学教授法布里奇奥·齐利博蒂（Fabrizio Zilibotti），都是鼎鼎大名的经济学家。这本书可读性很强，代表了经济学家对于育儿的基本认知。

父母天然是爱孩子的，但是不知道怎么去爱。所以，民间一直有"第一个孩子照书养，第二个孩子当猪养"的说法。我觉得如果真的要照书养的话，那《爱、金钱和孩子》就是一本挺不错的书。

在齐利博蒂等人看来，父母总是尽最大可能为孩子将来在社会上立足做好准备，这是教育最基本的动机。但什么是孩子的将来？这就与父母对这个社会的认知和判断有关。我们广泛观察到的育儿习俗的差异，其实根植于父母自身成长的社会经济环境。父母是这样长大的，也在这个环境中与子女互动，并期望子女成年后能适应这个环境。父母就是以这样的环境为目标，试图塑造孩子的行为与价值观。但是，在这样做的时候，父母可能会面对着各种各样的约束。

过去的教育学经典理论把亲子关系归纳为三种简单类型：宽容型、专制型和权威型。当然，还有一种家长，属于放任不管型，我们不去讨论。只要是认真投入教育的家长，都可以归入这三种类型中的一种。

宽容型父母总是鼓励孩子按照自己的方式去做事，不干涉孩子的选择并给予支持。专制型的父母习惯于将自己的意志强加给孩子，用经济学的术语表示，就是限制子女的选择集，"你只能从我给定的这几种选择中选择"。权威型父母并不会直接干预子女的选择，但希望通过自身的言传身教间接影响子女的选择。

在经济学家看来，不同的家庭会选择不同的育儿方式，根本原因在于不同的育儿方式有不同的成本和收益，并不是说哪一种育儿方式就一定占优势。

一项在瑞典开展的心理学研究发现，在面对困难时，在权威型教养方式下成长的孩子最主动，他们不畏惧失败，很少把失败归结为自身能力不足。他们也不易抑郁，善于集中注意力并专注于任务。在宽容型教养方式下长大的孩子，表现得也不错。但在专制型教养方式下成长的孩子，表现得就很不尽如人意。所以，瑞典很流行宽容型教育，很少有专制型教育。

但这是否就能迅速否定专制型教育呢？恐怕未必。一些关于美国的研究就表明，美国华裔大多数父母都表现为专制型而不是权威型，父母没有精力为孩子做榜样，而是简单地为孩子设定目标、做出选择。但华裔孩子一般在学校的表现都很好，超出平均水平，也没有造成太严重的心理问题。似乎专制型教育对于华裔特别有效，但对于其他一些族裔就没那么有效。

十年前有一本超级畅销书，那就是耶鲁大学法学院华裔教授蔡美儿写的《虎妈战歌》（*Battle Hymn of the Tiger Mother*）。书里介绍了她怎样用严苛的方法训练出两个优秀的女儿，最终学习成绩、音乐、体育各个方面都极为优秀，但整个过程太过恐怖。用她自己的话说就是："采用咒骂、威胁、贿赂、利诱等种种高压手段，要求孩子沿着父母为其选择的道路努力。"这本书影响很大，虎妈和她的两个女儿还登上了《时代》杂志。

虎妈的这番言行，在美国民间受到广泛的批评，很快就出现了好几本直接挑战虎妈的著作。华人看完《虎妈战歌》觉得内容都很熟悉,似乎大家都能从身边找到虎妈的影子。但是,这种充满专制的亲子关系在美国很难被接受。十年过去了,虎妈的两个孩子怎么样了呢?她们都考上了哈佛大学,并且在日后的工作中也遭遇了一些问题,跟所有年轻人一样。我们在一个人死亡之前没有办法评价他身上的教育是否成功。能够读哈佛大学当然不错,但这并不是人生的终点,还只是起点。

有心理学家认为,虎妈的教育方式在华裔群体中出现并且获得成功绝非偶然。因为华裔父母固然制定了许多规则和禁令,但同时也强调训练,并时刻准备投入大量时间来激励和支持孩子的学习活动。所以,华裔的育儿方式并不只是简单的专制型教育,而是一种专断型和权威型教育相混合的模式。所以,德普克和齐利博蒂认为,过去的亲子关系三分法过时了,应该在华裔的教育经验上提出第四种亲子类型,他们称之为"密集型教育模式"。比如,华裔父母经常会陪着孩子做作业,愿意每天接送孩子去学习班,甚至在学习班上比孩子更认真地记笔记,这样才能回来亲自辅导孩子。这样的教育密集度是其他很多族群都没法做到的。

而这种密集型教育模式在当下变得越来越常见。很多孩子在经济上已经得到充分的满足,而差异往往就在其他的这些投入上。密集型教育模式取得很大的成就,同时也带来不少心理问题,围绕它的争议不少,这是教育学专家应该继续研究的问题。

教育的作用

斯坦福大学经济学家卡罗琳·霍克斯比(Caroline Hoxby)是教育经济学的明星学者。她曾经概括说,最近几十年的教育经济学研究主要集中在三个问题上。第一个问题是同群效应，第二个问题是学生的自我选择，第三个问题是教师在教育中的作用。

教育实在是一件高度信息不对称的事情，要评价一个教师的好坏是极难的。把教育背景作为信号发送，算是其中一种常用的简便方法。大家可能看到过，现在很多著名中学在招聘老师时，都有大量世界名校的硕士、博士前来应聘。这些中学的师资背景，恐怕比很多三流大学的师资背景还要强。

过去我们会觉得这是人才浪费，但如今应该不会这样看了。那些优秀中学里的学生素质肯定高于一般大学生的平均素质，中学生并不是那么容易教的，有时还真的需要高学历、高素质、接触过学术前沿的老师来教。

此外，中小学教育很讲究方式方法，而名牌大学的硕士、博士，更多的是在训练学术研究能力。可以胜任大学教师的人，并不一定能够胜任中学教师。我想每个人都在人生各个阶段接触过大量老师，对此应该都有体会。

这些年来，很多经济学者尝试采用各种不同的测量方法来测量教师的能力，最终逐渐达成了一致的观点，就是在同一个学校、同一年级内，虽然不同教师经常一起备课，采用相似或者相同的教案，但是教学效果仍然存在巨大的差异。这些差异并不能简单地由教师学历的差异来解释。那么，关注教师手里握有的各种证书有没有用呢？似乎没用，握有相同证书教师之间的差别似乎还大于握有不同证书教师之间的差别。

教学效果的差异，部分是由教师的能力决定的，部分是由教师的投入决定的，还有部分是由教师与学生的互动作用决定的。而且，这三种路径还纠缠在一起，无法拆开，这都是由教学的根本方式决定的。教师的努力付出几乎是不可观察的，也不能用粗暴的方式加以干预。

那么，怎样才能吸引更优秀的人来担任教师，同时保证他们的工作投入？大量研究表明，只需改革教师的薪酬制度，教师的收入水平与学生在全国性考试中的成绩表现具有正相关关系，排除掉其他影响因素，这种激励效应仍然显著。所以，提高教学质量最好的方法，也是最简单的方法，就是给教师加薪。

教育是一个良心事业，教师并不完全是看在钱的分上选择这份工作。但给予更好的报酬，不需要额外的监督、惩罚，就能促进教师更好地奉献。

参考文献

[1] 马赛厄斯·德普克，法布里奇奥·齐利博蒂. 爱、金钱和孩子：育儿经济学[M]. 吴娴，鲁敏儿，译. 上海：格致出版社，2019.

[2] 蔡美儿. 虎妈战歌：耶鲁法学院教授的育儿战争[M]. 张新华，译. 北京：中信出版社，2011.

第 37 讲
怎样提高人力资本投资

据说亚里士多德在教育学生时,喜欢边散步边聊天,所以他们这个学派叫作"散步学派",让人非常向往。如今,我们在希腊也看不到柏拉图、亚里士多德的遗迹了。但我经常会想到自己在印度的一段经历。印度西孟加拉邦有一个小城市,叫作圣地尼克坦,泰戈尔在那里创办了一所非常有名的大学,叫作国际大学,很多名人去那里参观过。

我在国际大学参观的时候,就问当地人:"你们的教室在哪里?"他们很骄傲地指着一棵棵大树说:"这就是我们的教室。"为什么大树可以作为教室?因为在这所大学里,传统的上课习惯就是师生在一棵大树下团团围坐,坐而论道。大树既能遮雨,又能遮阴。等到一堂课上完,学生可以离开,去别的大树下找其他老师听下一堂课。这个场景让我非常感动。我觉得最理想的教育环境应该是这样的。

幼儿教育

要讨论教育，我们必须先从幼儿教育说起。父母在孩子小时候的陪伴和教育非常重要。反过来，孩子早年的负面体验会对他们产生持久的影响，很有可能影响成年时期的人力资本，甚至还有可能继续影响下一代的人力资本。也就是说，孩子早年的负面体验会产生代际的负面作用。这一点需要引起我们的重视。很多证据表明，家境贫苦的孩子，在以后遭受生活打击时会表现得更脆弱，也会更频繁地经历负面事件。幼年时的负面经历可以说是对整个人生的诅咒。

为什么会那么严重？有些学者研究了孩子从出生到12岁的人力资本的动态积累过程，尤其关注了其中的认知和健康两项指标。这两项指标特别关键，因为它们很可能是影响孩子未来生产力的关键，也是孩子通过高等教育掌握其他技能的关键。过去，经济学家很少进行这些研究，因为对于孩子各方面的测量都是一件很敏感、很困难的事。但这个问题又很重要。如今，在很多教育学家的帮助下，人们对于孩子的研究工具逐渐成熟。

贫苦家庭的孩子，很可能存在发育缺陷的问题，在认知和健康两项指标上都表现得相对不利。我们一般很重视孩子的认知能力，但对孩子的健康水平重视不够。很多人觉得，随着孩子的发育，所有健康问题都会解决。但是，我们在这里不讨论生理问题，孩子自身的健康状况本身就会对认知能力产生影响，孩子年龄越小，影响就越大。而贫困家庭孩子的健康水平普遍不如一般家庭的孩子，这也导致他们的认知能力偏低。

我们再来看父母对教育的投入对孩子认知能力的影响。第一，孩子小时候形成的认知能力并不是持久的，如果缺乏后天的持续干预，那么孩子的认知能力会有所下降。而贫困家庭的孩子，往往缺乏持续的对认知能力的培养。第二，父母的投入程度对于12岁以下孩子的认知能力会产生重大影响。对于8岁以下的孩子，父母投入程度的影响尤其大。同时，父母的投入程度对于5岁以下孩子的健康程度也会有影响。第三，影响父母投入程度的关键因素有家庭资产、物价水平以及孩子数量。我们永远不要低估孩子数量的影响。在大力推动二孩、三孩的过程中，我们必须认识到，父母对孩子的教育投入程度一定会有所改变。

此外，研究发现，父母自身的认知水平对所有年龄段的孩子都有显著影响，但影响程度会随着年龄的增长越来越低。贫困家庭父母的教育水平一般偏低，这会导致孩子处于一个更不利的位置。所以，扶贫是一个系统性工程。如果能够提高父母的文化教育水平，提高父母对孩子的教育投入程度，那就更有可能改变贫困孩子的发展路径。

此外，我们也要注意父母自身的健康状况，尤其母亲的健康水平对所有孩子的健康有显著的影响。父母自身越健康，越有能力和精力投入对孩子的照料和教育中。此外，还有一个值得重视的现象，一个孩子的哥哥、姐姐越多，他小时候的健康状况就越差，这对学习也是很不利的。

家庭教育

我们再来讨论家庭教育投入对于人力资本的长期影响。这是一项很困难的研究，因为人的教育回报率在不同年龄段不同。小时候积累的知识，在我们刚毕业找工作时可能没有发挥多大作用，但以后会逐渐发挥出影响力。因此,仅仅用调查当期的收入来衡量教育的投入回报比是不恰当的,我们要拉长到终身的长度来加以评判。2017年,几位劳动经济学家在《经济学杂志》上发表了一篇论文,从一个很有趣的角度来阐释小家庭环境与终身收入之间的影响。

调查者利用一项针对欧洲九个国家老人的调查数据,计算了这九个国家的人的一生的收入。调查者让老人们回忆他们童年时家庭的状况,他们都在哪里工作过,他们每一份工作开始时税后的起薪是多少,他们退休前最后一份工作的收入是多少,等等。利用这些信息,调查者可以估算出每个人一生的总收入。

他们又将人群分为城市人和农村人,比较了小时候家里有很多书的家庭和几乎没有书的家庭。他们发现,如果义务教育规定必须接受的教育年限增加,这对于城市人没有多大影响,但是会显著提高农村人一生的收入。那些小时候家里有很多书的孩子,其教育回报率会变得更高。因为书比较多的家庭,总是有更好的文化氛围,更适宜从小培养孩子的认知能力。

我们从逻辑上梳理一下背后的机制。农村孩子读书的成本要明显高于城市孩子。第一,欧洲农村有很多孩子在小的时候就打工,上学就意味着不能赚钱,机会成本很高。第二,农村的学习氛围比较差,不利于孩子上学。第三,农村地区周围的学校比较少,如果上学需要通勤很远的距离,时间成本就很高。

小时候家里书的数量,也会对教育回报率产生积极的影响。对于书很少的家庭,增加一年教育,对他们一生的收入并没有显著的影响;而对于书很多的家庭,增加一年教育,可以显著提高他们一生的收入。从数据来看,书比较多的家庭的孩子的教育回报率是书比较少的家庭的孩子的5倍多。家庭里的书似乎有魔力,可以使得孩子在接受教育以后发挥出更大的作用。

研究者认为，人在小的时候多看书，哪怕是多接触书，也会影响认知能力，从而影响未来的学习及工作。研究者特地寻找一个指标来验证这个影响机制。研究者在调查数据中找到一些样本，他们在小的时候都参与过智力测试。结果发现，小时候家里的书越多的人，其智力测试得分就越高。所以，家庭藏书可以提高孩子的认知能力，这个影响是显著的。

对于那些在农村的、家里又没有多少书的孩子，他们可能对世界的理解比较封闭，所以他们对于教育的选择，往往取决于他们感觉到的可能的收益，而不是实际的收益。他们对于城市里的日新月异的变化缺乏正确认识，所以往往低估教育所带来的收益，这种影响是持续的。

所以，很多农村家庭一直想往城里移民。虽然城市里的消费水平高，但城市生活也会极大地影响孩子的认知能力，而这种认知能力又直接影响他以后接受教育的发挥程度。无论如何，开拓孩子的眼界，让孩子更多地认识外面的世界，是一项极为关键的投资，对于农村孩子尤其如此。

但是，这项研究又给我们提出很多新的问题。比如，研究对象现在已经退休了，在他们小的时候，没有网络也没有手机，甚至电视都不见得很普及，书本是接触外面世界的最重要途径。如今，我们有了互联网，所有孩子都能很熟练地使用手机，他们的认知能力是否已经与城里孩子拉平了呢？

这个问题还真不好说，我没有那么乐观。这需要时间，可能需要再过很多年，我们才能回头加以总结和研究。

学校教育

我们再来讨论最后一个问题,应该让孩子在怎样的环境里学习?到底是去更好的学校做所谓的"凤尾"好,还是去一般的学校做"鸡头"好?这也是很多家长一直在思考的问题。这两种选择自然各有利弊,但是会对学生的心理造成不同的影响。

前几年,《劳动经济学》杂志上就有两位学者研究了这个问题。作者利用一种标准化能力测试结果,这样就使得学生的能力能够在不同学校、不同年级之间进行比较,可以对学生进行排名。每个学生都有绝对分数和在学校、年级中的相对排名。研究者通过比较同一所学校中拥有同样绝对分数但不同相对排名的学生的未来教育结果,来估计学生相对排名对未来教育结果的影响。

两位学者发现,如果把学生的相对排名提高10%,其高中毕业率就会提高1.33%,进入大学的概率会提高3.86%,获得本科学历的概率会提高3.64%。在加入能力、学校和年级的固定效应之后,相对排名的影响力虽然有所下降,但仍然是显著的。

为什么学生的相对排名会对他未来的教育结果有重要的影响呢?第一种可能的解释是,学生会依据相对排名来判断自己的绝对能力。尽管一名学生的实际能力比大部分同龄人要强,但是当他处于较低排名时,他会认为自己不聪明,自己读书的人力资本回报率较低,从而降低学习目标,也就降低了自己的人力资本投资。第二种可能的解释是,拥有较高相对排名的学生会变得更为自信,会高估自己的才华,更有努力学习的动力。排名靠前的学生总是比排名靠后的学生更加乐观,更不会旷课,这是可以验证的。还有一种解释是,老师总是偏爱排名较高的学生,所以会给予他们更多的鼓励和帮助，这就会使得学生觉得学习很容易，从而降低人力资本投资的成本，增加他们对人力资本的投资。

研究结果明确指出，学生的相对排名对于未来教育结果有显著的正向影响。勉强进入一所排名很高的学校做"凤尾"不一定对孩子日后发展有好处。本身能力很强的孩子，如果在所处的环境中相对排名较低，很可能会低估自己的绝对能力，降低对自己的人力资本投资。无论怎样，保持自信，保持一个积极心态，这是学习过程中最为重要的原则。

参考文献

[1] Elsner B, Isphording I E. A Big Fish in a Small Pond: Ability Rank and Human Capital Investment[J]. Journal of Labor Economics, 2017, 35(3): 787-828.

[2] Brunello G, Weber G, Weiss C T. Books Are Forever: Early Life Conditions, Education and Lifetime Earnings in Europe[J]. The Economic Journal, 2017, 127(600): 271-296.

[3] Attanasio O, Meghir C, Nix E. Human Capital Development and Parental Investment in India[J]. The Review of Economic Studies, 2020, 87(6): 2511-2541.

第38讲
你的收入在当地处于什么水平

  中国人有一个习惯,就是喜欢打听对方的工资。其实,大家也不是真的关心对方的生活,而是为了最快地了解对方的社会地位以及现实状态,明确双方的实力对比,为接下来的交谈做好准备。

  有些时候,大家不大好意思直接问收入,就发明了一些曲折的方法。比如,一些民办小学非常希望了解学生家庭收入,就在问卷里加一个问题:"你们家停车位每平方米多少钱?"这种问题比较有深度,可以通过停车位的价格来推测住房的价格,从而推测出家庭的经济实力。当然,这只是一种方法。而且,根据个人或者家庭的支出来判断收入,有时准确,有时不准确,并不是所有人的支出都与收入相匹配。

  中国总体情况是高储蓄率,也就是支出水平严重低于收入水平,所以大多数人的支出偏低。但在社会压力下,为了面子而举债支出的情况也屡见不鲜。尤其这些年来，不断出现新的暴富阶层，通过拆迁、炒币、网红、游戏或者其他方式暴富的人也不少，大多数老百姓搞不清楚这些人的钱是从哪里来的。不管宏观经济形势怎么样，一些非常昂贵的饭店永远座无虚席，也总有很多年轻人在夜店里一掷千金。所以，我们真的很难判断，这个社会的平均收入是多少，到底有多少有钱人。多年前，国内两位资深前辈就这个问题，发生过一场著名的大争论。

中国总体的工资状况

西南财经大学的甘犁教授曾主持了一项全国范围内的大型经济调查，十年的调查数据构成连续的面板数据。根据调查结果，他在2012年公布说，2010年全国的基尼系数为0.61，城镇的基尼系数为0.56，农村的基尼系数为0.60。基尼系数是一种测量收入分配公平程度的指标，必定在0和1之间。这个数值越高，说明收入分配越不公平，富者愈富，贫者愈贫。而甘犁教授公布的这些估计值远远高于之前官方的和民间的估计结果，引发了全社会的普遍关注。

国家统计局公布的基尼系数显示，2010年全国的基尼系数为0.481，明显要比西南财经大学的调查结果低。当时，北京师范大学的李实教授也根据多年来研究收入分配的数据，认为0.61这个基尼系数太高。甘犁教授也做了很多回应。其中有一个理由我很赞同，那就是在过去的调查样本中，高净值人群的比例太低。这导致我们总是低估中国高收入群体的收入水平。

做过社会调查的人都知道，最难调查的就是低收入群体和高收入群体，我们要分别讨论。对于低收入群体研究的困难，主要是他们住得太偏、太远，接触不易。2020年5月，时任总理李克强在一次记者会上提到,中国有"6亿中低收入及以下人群,他们平均每个月的收入也就1000元左右"。这种说法一出来,舆论一片哗然。因为这个结果可能与很多人的感知存在严重偏差,很多人觉得自己身边的有钱人很多,给孩子的零用钱每个月也不止1000元啊。

但是,总理提到的数据也是北京师范大学课题组的一项学术研究得到的结果。这里说的收入是在扣除掉个人所得税、私人转移支付和各种社会保险费等之外还能用于实际使用的可支配收入。在大城市里,人们在吹嘘的时候,习惯说税前收入;在跟人哭穷的时候,习惯说税后收入。这两者本身可能就要相差一大截。

我觉得有必要跟大家仔细解释一下这项研究的测算方法。他们采用分层线性随机抽样,抽取了7万个代表性样本,按比例推算中国14亿总人口的收入情况。7万个样本的规模已经算是很大了,在统计上完全没有问题。测算结果显示,中国有39.1%的人口月收入低于1000元,换算成人口数,那就是5.47亿人,其中还包括546万没有任何收入的人。同时,月收入在1000—1090元的人口大概有5250万人。因此,月收入在1090元以下的人口数量就超过6亿人。这6亿人在人口学上的典型特征是,绝大部分生活在农村,主要分布在中西部地区,家庭人口规模庞大,老人和小孩的人口负担重,教育程度是小学毕业和文盲的比例相当高,大部分是自雇就业、家庭就业或者失业,有些人干脆彻底退出了劳动力市场。

所以,中国确实有那么多穷人。我之前在云南一些贫困农村做调查,很多村子里人们的年收入就在2000元至5000元之间,基本不可能有人达到1万元,平均月收入自然就小于1000元。这是很普遍的现象,但大多处于我们很少接触的地区。

另外,中国的高收入群体也很多。2020年,上海居民人均可支配收入达到72232元，北京居民人均可支配收入是69434元，也就是人均每月收入6000元左右。这也只是平均水平，而每个城市高于这个水平的有数百万人。对于真正高收入的群体，收入有多高，年薪100万元、200万元还是300万元？我们缺乏有效的估计手段。从这个角度来看，甘犁教授认为过去的调查难以体现高净值群体的状况。我觉得这有一定的道理。

人们的收入分布状况是一个世界难题。研究过微观数据的人都知道，在经济学研究中，一般要对工资收入取对数，因为后面的尾巴实在太长了。比如，年薪100万元的人在群体中所占比例应该不算很高。年薪150万元与年薪100万元的差距，感觉似乎要比年薪100万元与年薪50万元的差距小。但从绝对数量来看，这两个幅度是一致的，而年薪200万元与年薪150万元的差距好像就更小了。如果要让年薪150万元的人感受到明显差别，那似乎得把薪水进一步提高到年薪300万元或者500万元。而年薪300万元和150万元的差距，已经赶上年薪150万元和0元的差距了。

这就是长尾。这个尾巴可能很薄，但会很长。比如，我们可以找到年收入500万元的人，也可以找到年收入1000万元的人，但我们已经不再关心这些人的收入到底有多少，我们只关心中国的收入分配状况到底如何。可是，这个问题到了今天变得越发扑朔迷离。自从当年甘犁和李实两位教授围绕中国基尼系数展开争论以后，很多年过去，中国再也没有正式公布过基尼系数。

没有人知道现在官方认可的基尼系数是多少。每个学者都可以根据各种公开数据自行测算，测算出来的结果都比较高。当然，由于缺乏标准、缺乏讨论，这些测算的偏差可能比较大。我们不知道准确的基尼系数是多少，但是根据日常经验，中国收入分配不均的状况比较严重。

技能偏向型技术进步

讨论完中国的工资收入水平以后，我们再动态地看这个问题：哪些职业、哪些行当的收入在过去这些年取得了明显增长，而哪些职业的收入停滞不变，甚至有些行业被淘汰。

牛津大学经济学家希克斯很早就提出过这样一种观点："我们可以根据发明的初始效应到底使得资本边际产量与劳动边际产量之比变得增大、保持不变还是减小，来对它们进行分类。我把这些发明分别称为劳动节约型发明、中性发明和资本节约型发明。"

劳动节约型发明，就是使得增加的资本边际产出大于增加的劳动边际产出。比如，纺织机的发明，使得资本家可以多花钱生产机器，少花钱雇用工人。这样一来，车间厂房里的机器越来越多、越来越贵，而操作管理机器的人越来越少。资本家需要花更多的钱去购买机器设备，但是发给工人的工资就减少了。而另有一些发明，可能不需要太多的机器，但是需要很多劳动力。比如，电脑软件的售后服务，只需要几部电话就好，根本不费钱，但是需要很多人来24小时接听电话，他们的工资是一笔很大的支出。这两种不同方向、不同类型的发明，对于经济发展的促进方向是完全不同的。

后来，麻省理工学院的达龙·阿西莫格鲁（Daron Acemoglu）教授进一步把这种思想归纳为"劳动偏向型"和"资本偏向型"两种不同的技术进步。如果技术进步使得劳动的边际产出相对于其他要素的边际产出的增长幅度较大，技术变革就是劳动偏向型的。如果技术变革使得资本的边际产出相对于其他要素的边际产出的增长幅度较大，技术变革就是资本偏向型的。

当下的经济发展，主要依靠资本偏向型技术进步。因为当下劳动者的体能并不会比以前打工人的体能更好，在我看来，很有可能更差。但是，当下劳动者的收益无疑比以前高得多，这主要依靠资本偏向型技术进步。

而资本中的一个重要因素就是人力资本。在一个知识社会中，技术进步应该更多地偏向于人力资本，也就是说，掌握先进技术、先进知识的人，收入增长的幅度应该变得更大。教育背景好的人，在以后的工作中，收入增长幅度应该更高。这种预测在很多发达国家的经济实践中获得了证实。

但是，这种预测在中国是否成立需要我们进一步研究。20世纪80年代，有一句名言，"造原子弹的不如卖茶叶蛋的"，非常生动地揭示了"脑体倒挂"现象。几十年过去了，这种现象是否有所改善？1999年，中国出台了一个很重要的教育政策，就是高等教育扩招，各所大学都增加招生力度，很多小的专业院校升级成为大学。也就是说，中国受过高等教育的劳动力供给大幅增加。

原本这是一个很好的政策，但很快我们就看到了大学生就业难的现象，很多大学不得不在毕业生就业率这个数据上弄虚作假。很多地方也出现了农民工平均工资接近或者高于普通本科毕业生工资的现象。这些现象说明一个问题，中国目前的就业环境，并不需要那么多受过高等教育的大学生，反而更需要低技能的体力劳动者。

这并不是大学生的错，而是中国的技术进步总体上并没有呈现出技能偏向型的技术进步。少数工业部门的技术进步呈现出一些技能偏向特征，但与西方国家仍然存在巨大差距。西方国家普遍推动技能偏向型的技术进步，并且推动这些技术进步在各行各业快速扩散，中国还存在一定差距。

更进一步推敲，中国技能偏向型技术进步缓慢的原因，又与过去二十多年经济发展模式或者制造业的国际分工地位有关。长期以来，中国本土企业主要从事比较低端的制造业，大量从事代工、贴牌等低附加值活动。这些业务对于非技能劳动力需求不断增加，很难吸收高技能劳动力。大学生学了一身本事，或者到国外学习了最新技术，却没有空间施展手脚。这是中国经济发展模式的隐忧。

中国过去的高速发展，主要依靠大量低技能劳动力的苦干、蛮干，他们工资低，价格有竞争优势。这确实是一条很不容易的道路。但是走到今天，中国经济面临转型压力，必须朝向技能偏向型技术进步来转变，使得更多受过高等教育的劳动力在未来的经济发展中发挥出更大作用。

同时，技能偏向型技术进步引致的技能溢价，也是促进个体人力资本投资的前提。为什么我们如今要花那么多时间、力气来讨论教育，讨论补习班，以及讨论要不要送孩子出国，默认前提就是多读书、读好书，以后就可以多赚钱。如果读书这件事对工作赚钱毫无帮助，大家就不会那么努力地这么做了。

过去，我们已经深受"脑体倒挂"之苦，那么在未来的中国，这种现象是不是会倒转回来呢？我只能保持谨慎乐观的态度，但是还是要指出一点，随着人工智能等技术的快速进步，机器人也在快速取代现有的大量人类工作。很多需要积累大量人力资本才能完成的工作，在未来一些年里，也很有可能被机器人无情地取代。

有很多研究团队做过预测，哪些工作最容易被机器人取代，哪些工作最难被机器人取代。结果让人喜忧参半。因为机器人对人类工作的取代，并不是技能偏向型的，很多人类引以为傲的技能，反而是最容易被机器人取代的。最难被机器人取代的工作大概可以分为两类。第一类是设备维护、安装、检修等一线工作人员。这些工作虽然拥有复杂的工作环境，却并不一定包含复杂的技能。而第二类是与健康、心理有关的工作，比如营养师、内外科医生、心理学家、社会工作者等。他们需要一定的知识，但主要也是与人打交道的知识，并不是当下我们所学习的主流知识。

所以，我们到底应该为自己或者孩子投入多少教育，以及培养怎样的人力资本，需要对未来有一个准确的猜想和判断。

参考文献

[1] 甘犁，尹志超，贾男，等. 中国家庭金融调查报告：2012[M]. 成都：西南财经大学出版社，2012.

[2] 岳希明，李实. 真假基尼系数[J]. 南风窗，2013(5)：65-67.

第 39 讲
退休以后是否会更健康

近些年,全世界范围内都开始流行一种叫作"FIRE"的运动。什么是FIRE?FIRE就是"Financial Independence, Retiring Early"的缩写,也就是"财务自由,提前退休"。这是所有FIRE支持者的奋斗目标。因为很多人会在35岁或者40岁失业,大家有深深的危机感。所以,很多人以FIRE为目标,在年轻时尽可能地存钱,省吃俭用,争取比别人更快地存钱。到了35岁或者40岁的时候,他们就可以潇洒地告别职场。所以,财富自由的根本目标是能做自己喜欢做的事,没有财务上的后顾之忧。这是FIRE运动的精神实质。但是,我们在工作的时候,其实很难设想自己不用做固定工作时候的状态。

很多人在上班的时候,虽有些抱怨,但身体一直是很健康的。尤其到了60岁左右,自己工作了那么多年,也很清楚应该如何平衡工作和身体健康，但是退休以后，无所事事，很不习惯，身体很快就垮了，好像一根支撑身体的支柱突然没了，变得无所适从。有些人退休不过一两年，但大家见到以后都大吃一惊，整个人好像突然就衰老了。退休前后，人会处于完全不同的两个状态，这是一个值得注意的问题。

彩票与长期健康

很多人有这样的口头禅："假如我中了彩票，就不来上班了。"同时很多人也听说过一种现象，叫作"彩票诅咒"，就是绝大多数中奖的人没有好下场，在几年内就会把巨额意外财富挥霍一空。以前我们会说"富不过三代"，但对于中彩票的人来说，常常是"富不过三年"。

我们来看一个简单问题：中彩票以后，一个人的健康水平是会有所改善，还是会变得更糟糕？我们可以从正反两个方面提出假设。当然，收入提高可以使得人们购买更多和更好的卫生服务，更好地享受闲暇时光，这些因素能够改善健康状况，但是常识告诉我们，收入的意外提高也可能诱发很多不良的生活习惯，例如抽烟、赌博，这些习惯都会对健康造成危害。

下面我们来看一篇研究论文，数据来自新加坡生活调查（Singapore Life Panel，SLP）。这项调查自2015年7月开始，每个月都对50—70岁的新加坡人及其配偶进行抽样调查，并且持续跟踪调查。这项调查特意询问了被访者的收入以及购买彩票的支出，这是很有新加坡特色的问题。

我在新加坡的时候，一直为新加坡人对彩票的热情而震撼。绝大多数超市门口都有卖彩票的摊位，不管我什么时候去超市，这些摊位前都有人在排队。我到现在还是不大理解，买彩票竟然还要排队。不仅华人有买彩票的习惯，连马来西亚人、印度人也会买彩票。买彩票是新加坡的一种国民文化，所以这篇论文专门研究新加坡人买彩票的结果。

研究者分析了中彩票的人后来的身体和经济状况，得到了令人振奋的结论：中彩票的人的身体变得越来越健康。中彩票是好事，大多数人身上没有出现"彩票诅咒"。为什么中彩票会促进身体健康？研究者进行了一系列机制分析。

第一，中彩票是否会增加卫生服务购买，促使人们更多地去做体检，更多地进行锻炼，所以健康水平有所提高？这种假设被实证结果拒绝。新加坡原本就有很完善的医疗体制，大多数人有能力获得不同层次、符合自己需要的医疗服务。所以，个人收入的意外改变并不会对卫生服务的消费产生显著影响。

第二，中彩票是否会促进除了医疗保健和香烟之外的其他消费？这种假设被证实。彩票中奖金额每增加1万新加坡元，家庭每月消费支出就会增加463新加坡元，边际影响是比较大的。这说明新加坡人比较想得开，中奖了就多花钱，这些消费支出对个人健康也有积极效果。

第三，中彩票是否会减少劳动投入，增加闲暇时间？如果减少劳动时间，比如从全职变兼职，或者干脆就退休，那可能会影响健康。实证结果显示，中彩票对就业状况没有显著影响，很多中彩票的人还是正常上班，并没有直接选择退休。

第四，中彩票是否会减少精神压力，提高健康水平？这是一种很重要的猜想。我们很难测量精神压力，于是研究者检验了中彩票之后生活满意程度的变动。研究者发现，彩票中奖金额每增加1万新加坡元，总体生活满意度就会提高0.134%，在1%的水平上具有统计学意义。这个发现非常重要。我们平时上班，除了身体疲劳以外，很重要的一点是背负精神压力。而中了彩票以后，个人财富大幅度增加，上班时即使面对同等性质的工作，压力也会急剧减少。工作中的精神压力减少，对于个人的身体健康可能具有极为重要的积极影响。

第五，中彩票是否会增加危险的健康行为，比如抽烟和酗酒？新加坡烟酒的价格都挺贵，很多人会在进出海关时买一点免税的烟酒。但实证结果显示，彩票收入和烟酒的支出之间没有显著关联。

我们可以总结说，对于新加坡这样一个全民都有买彩票习惯的国家来说，中彩票是一件好事。中彩票并不会使一个人头脑发热，马上辞掉手头的工作，但是会急剧降低他在工作时承担的压力，从而对个人的身体健康产生积极的影响。

退休与生活

退休是人生中非常重要的转折点。所有顺利退休的人都值得祝贺，因为他们成功活到了退休。这不是一件太难的事，但也不是每个人都能做到的。我们要进一步思考一个问题，中国的预期寿命是77.3岁。不管60岁退休还是65岁退休，从退休到生命终点，都还有十多年的时间。此外，还有一个很基本的事实，一半人口的实际寿命会超过他们的预期寿命，所以如何安排后面十多年的生活，是一件非常重要的事情。

退休生活中有两件最重要的事：一件是金融，另一件是健康。

我们先来看金融问题。老年人的退休金收入是固定的，没有多少灵活空间。更重要的一点是，很多统计发现，老年人的财务知识水平比较低，低于社会平均水平。老年人退休金低并不是大问题，老年人财务知识水平低才是更为严重的问题。

金融素养对于财务决策至关重要。具备良好金融素养的人，更有可能为退休制订规划，进行适度的储蓄，并开展更好的投资，他们承受的财务压力也相对要小一点。曾有研究发现，在同一企业退休员工中，最熟悉财务的员工的年收益率比一般员工要高出1.3个百分点。退休金的多少是很难改变的，但金融素养和财务知识是可以学习的，这是影响老年人生活品质的关键。

还有一些研究专门对比退休后经济状况最好的老年人和经济状况最差的老年人。研究发现，金融素养可以解释其中30%—40%的贫富悬殊问题。当然，金融素养对于年轻人也重要，但年轻人手头没多少钱，生活也充满了不确定性。而老年人生活品质的差异在很大程度上取决于金融素养。此外，研究还发现，退休福利金可能会阻碍人们对于财务知识的积累。很多老年人聚在一起，喜欢讨论每人每年退休工资的变化幅度。这背后有很多具体的制度，外人不容易搞清楚。但是研究发现，每年增加的这些退休金对于老年人未必是好事。如果退休金增加幅度大，老年人可能就会花费更多时间去关心这些制度，反而减少了对于金融和财务的学习，从而会对自身财富增值造成非常不利的影响，最终可能导致自己收入偏低。这个现象很值得老年人深思。

说完金融，我们再来讨论退休以后的健康问题。这是一个复杂问题。首先，退休带来的身心放松可能会改善健康水平。其次，退休导致人们与社会脱节，有可能会带来一定的心理创伤，从而影响健康水平。最后，还有反向因果关系，健康水平急剧下降很有可能导致一个人提前退休。所以，退休和健康之间的关系，受到了多重因素干扰，我们很难清晰地对此进行识别和研究。

有一些学者就对这个问题进行聚焦，不是研究一般化的老年人健康，而是研究老年人如何利用医疗服务。

研究发现，退休使得老年人更多地跑医院。与退休前相比，老年人在退休后每个月要多跑一次医院看门诊。这是一个重要的结论。而且，看病次数的变动存在性别差异。女性跑医院看门诊的次数与退休前没有显著差别，但是男性跑医院明显要跑得勤快很多，男性看门诊的次数甚至还要高于女性。对此的合理解释是：男性在退休前工作繁忙，即使身体不舒服，只要不是很严重，就会扛过去；等到退休以后，有更多时间了，男性才会去看多年积累下来的各种小毛病。

为什么老年人在退休以后对去医院的次数会出现那么大的差异？研究者分析了三种可能的中间传导机制。

第一种传导机制是健康。退休以后，老年人如果出现健康水平恶化的情况，自然会更多地跑医院。但目前我们还不清楚退休如何影响健康。一方面，有些退休人员不太活动身体，或者退休后失去了有价值的社会交往、身份认同和自尊，健康水平就会降低。另一方面，我们也看到很多退休人员把额外的时间用于增进健康的体育锻炼和社交活动。与此同时，退休也使得他们可以从艰苦或者危险的工作环境中解脱出来。所以，他们的健康水平也有可能提高。

第二种传导机制是时间。退休以后，老年人用于医疗服务时间的机会成本显著降低，促使大家更多地跑医院。这种机制很难直接进行检验，但研究者提供了一些间接证据，值得关注。研究者认为，对于小型私营公司的工作人员或者临时工来说，工作压力很大，平时不敢请病假；而对于在政府机关、公共机构或国有企业工作的人来说，机会成本相对较低，请假比较容易。所以，在退休之后，前一类人群的行为模式会发生比较大的变化，他们住院治疗的次数和费用会有较大幅度的增长。研究证实了这一点。

第三种传导机制是收入。看病总要花钱，如果退休以后，不必要的支出减少，相对收入提高，老年人就有可能更多地去看病。但是，研究者没有发现老年人退休以后的收入会出现显著变化，这就说明收入变化可能并不是影响医疗行为的最主要的机制。

但是，进一步分析，我们可以看到不同学历背景的人群在选择医疗服务时存在一定的差异。对于没有受过中、高等教育的人来说，他们对于医疗的费用和效果相当敏感。他们在退休以后虽然愿意多来医院看病，却不愿意多花钱。如果看病的结果需要住院治疗，他们放弃住院治疗的可能性会比退休前增加20%以上。而受过中、高等教育的人群，会更多听从医院和医生的安排。如果需要住院治疗，那么退休之后与退休之前相比，选择放弃住院的人群只是增加6%左右。

参考文献

[1] Kim S, Koh K. The Effects of Income on Health: Evidence from Lottery Wins in Singapore[J]. Journal of Health Economics, 2021(76): 102414.

[2] Zhang Y, Salm M, van Soest A. The Effect of Retirement on Healthcare Utilization: Evidence from China[J]. Journal of Health Economics, 2018.

第 40 讲
我们如何保持心理健康

社交媒体会对人们产生怎样的影响？人们早期是抱有乐观态度的，因为社交媒体可以把距离很远的朋友聚拢在一起，同时，社交媒体又可以帮助我们认识很多陌生人。这是社交媒体最初带给我们的惊喜。

但是，如今人们已从乐观转变成深深的忧虑，因为人际关系是影响个体幸福感的非常重要的因素。但是，社交媒体并没有改善我们的人际关系，没有促进个人的主观幸福。使用社交媒体的频率越高，使用时间越长，主观幸福感就越低。随着手机和社交媒体使用的普及，抑郁症患者数量明显有上升的趋势。

此外，社交媒体对于信息获取也具有非常突出的负面影响，使得个人更容易被煽动。在这样的环境下，全体人民尤其老年人的主观幸福水平和心理健康就成为一个非常重要的问题。

幸福指数的变动趋势

我时常听一些20多岁的年轻人讨论自己的痛苦。我虽然感同身受,但是说不出可以安慰的话。根据大量有关中国人幸福指数的研究,有一个结论很明确。从统计的角度来看,20多岁的年轻人在未来一段时间里会越来越不快乐。眼看幸福指数一步一步地走低,这是一种挺绝望的心情。

但是,柳暗花明又一村,等到40岁以后,幸福指数就会出现拐点。从此以后,日子就会一天比一天快乐,50岁比40岁更快乐,60岁比50岁更快乐,甚至一直到70岁,幸福水平似乎还在继续增长。所以,每个人都应该努力活得长久一点。只有活得够久,才能体会到更高水平的幸福。

也就是说,中国人的平均幸福指数呈U形,它的最低点就出现在40岁。而所有已经过了这个拐点的人,都很值得祝贺。因为在中国,老人是比较幸福的。中国的储蓄率一直很高,所以很多老年人有足够的资产支持晚年生活。而且,中国经济在过去几十年里飞速发展,这就使得子女过上了比父辈更富裕的生活。这并非总是历史常态,能赶上这个时代算是很不容易的。

中国老人与子女的关系算是比较紧密的。很多子女虽然自立门户、独立生活,但也可以为父母提供一定的经济支持。老人退休以后,卸下工作包袱,有时可能需要为子女带带孩子,做点家务,虽然有点小烦恼,但总体而言是很快乐的。

诺贝尔经济学奖得主安格斯·迪顿(Angus Deaton)做过全世界很多国家幸福指数的研究,认为中国老人与全世界的老人相比,是比较幸福的一个群体。幸福指数呈现出"U形曲线"是一件很正常的事，因为这代表了人类生活的一种基本样态：年轻时无忧无虑，中年时背负上有老、下有小的包袱，老年时又重新寻回自我。

但是，许多国家表现出了不同的模式。比如，在多数非洲和拉丁美洲国家，幸福指数或者对生活质量的评价，会随着年龄增长而下降。最糟糕的是东欧和一些苏联国家，这些国家的老年人对生活质量的评价非常低。对于他们而言，过去几十年政治、社会的转型是灾难性的，他们失去了一直以来的信念。他们也许认为子女会有比较光明的未来，但他们自己没有。这是他们最不幸的地方。

我们经常觉得老年人政治观念保守，沉迷于一些早已消失的事情，对现实中的巨变视而不见。这其实是老年人自我安慰、提高幸福水平的一种方式。他们必须要说服自己，现在的政治、文化等与过去一样好，而经济会比过去还要好。

交通与心理健康

幸福水平受到很多因素的影响。退休以后，老年人不需要每天上班，不需要忍受交通拥堵，可以在人流量很低的时候享受这个城市，在街上散步，这本身就对幸福水平有着积极的影响。而每天不得不上班通勤的人，要付出身心两方面的代价。除了时间成本以外，通勤也会直接影响幸福水平。

很多人表示，为了免除每天一两个小时的通勤，自己情愿在公司附近租房，租房当然意味着不小的额外开支。还有一些人选择自费打车去上班，一般的公司不会报销上下班的打车费。如果开车的话，自己在车上不能睡觉，碰到堵车会感到无比郁闷。但是打车的话，心理会不太一样，你可以心安理得地在车上睡觉，或者听听广播节目。只要事先把堵车时间计算在内，打车就不会严重影响自己的心情。

不管是选择租房还是选择打车,都要支出一笔额外的费用。每个人都愿意花一点钱来减少交通拥堵所带来的痛苦。可问题是,你到底愿意出多少钱?每个月多支出2000元、3000元还是5000元?打工人看着自己的工资条,想想还是算了。

对于时间成本的估价是一件很难的事。传统的研究方法是"情景想象法"。就像我们前面举的例子,调查者问被调查者,认真回想一下你每天上下班通勤的情景,然后回答你愿意花多少钱来免除这些痛苦,这就是支付意愿价格。这种方法有一些问题,因为被调查者对于这件事的认知不一定很清晰,所以结果可能具有不一致性。比如,上班路上,地铁实在太挤,以致我和旁边的人吵了起来。这时候你问我这个问题,我一气之下会报一个高价,比如1万元。但我是否真的愿意出1万元呢?等过几天气消了,冷静下来想想,我还是舍不得1万元,宁愿每天挤地铁。

为了研究拥挤、堵车等对个人幸福水平的影响,中国人民大学的陆方文老师和一些合作者进行了一项非常有创意的研究。他们研究了北京每天的拥挤程度、空气质量和个人幸福水平之间的关系,证明了交通拥堵和空气质量都会显著影响个人幸福,这些都是决定个人幸福的关键性因素。

一定有人会问,这里面是否存在内生性问题?比如,并不是交通拥堵降低个人幸福水平,而是那些幸福水平低的人因为收入低、住得远,不得不在上下班高峰出门上班,以致堵在路上。这原本就是他们自己的选择。

陆方文老师利用了一个自然实验来解决其中的内生性问题。2008年11月10日,北京五环内开始在工作日施行交通限行。这个限行最初是为了缓解奥运会时期的交通拥堵，但这个制度之后也延续了下来。交通限行主要基于车牌的尾号，保证每辆车在周一到周五内必然有一天不能出行，每隔13周循环一次。比如2008年10月，尾号是1和6的车周一限行，尾号是2和7的车周二限行，以此类推。

但是，北京的车牌尾号并不是均匀分布的。从统计数据可见，尾号是4的车牌大概只占总体车牌数量的2%左右。按照概率，它原本应该占到10%。但是，中国人有特殊的忌讳，很多人不愿意选择尾号是4的车牌，使得尾号是4的车牌数量特别少。于是，就会出现一种情况，轮到对尾号是4的车辆限行的那天，被限行的车辆最少，北京的路上会非常堵。于是，那天的交通数据就可以拿来当作一个工具变量，用于分析交通拥堵和个人幸福之间的关系。

研究结果显示，交通拥堵严重影响了个人幸福，工具变量也证明了两者之间的因果关系。老年人退休以后，一下子摆脱了上下班高峰堵车的折磨，这就使得老年人的幸福水平有一个向上的飞跃。

环境与心理健康

既然老年人不用上班，那么他们住在哪里也就变得不重要了，只要生活方便就好。于是，很多人想过，在年老以后要换个地方住。这个世界很大，有很多的所谓的养老胜地。到底哪些地方才真正适合老年人养老呢？

假如你在退休以后可以移民到两个环境都很好、适合人类居住但气候迥异的国家，比如加拿大和泰国，你会怎样选择？加拿大是世界公认的最好的移民国家之一，尤其是温哥华，始终被评为世界最宜居城市的前几名。加拿大是很冷的，但温哥华有暖流，冬天最冷月份的平均气温也在0℃以上,这是它的特殊之处。泰国的生活条件也很好,永远是夏天,永远是阳光、沙滩,物价低,拥有很多美食,是很多欧美老人最喜欢的国家。加拿大与泰国都是很好的国家,最大区别就是一冷一热。那么,哪个国家更让人幸福?

已经有大量经验研究证明,气温和心理健康之间呈现出一种递增的拟线性关系,也就是温度越高,人们的心理健康水平越高,幸福指数也就越高。这是我们现在观察到的结果,但其中的机制并不是很清楚,很多因素可能受到气温影响,最终影响心理健康水平。

有一项新的研究,采用气温的月度数据,排除上述所有长期影响心理健康的渠道,更深入地从身体和行为方面进行分析,探讨为什么气温高会使得我们更快乐。我觉得很有意思,把研究视角分享给大家。

第一,温度会影响自身或他人的身体健康,进而影响心理健康。大量的心血管疾病和其他疾病,很容易受到温度的影响。当然,太冷或太热都不好,但热要比冷好一点。

第二,温度会影响时间分配,进而影响心理健康。天气热的时候,人们更容易早睡早起,不会因为早晨天气太冷而不愿意起床或者不愿意出门。这些时间分配对于我们的主观福祉非常重要。

第三,温度会影响认知功能,进而影响心理健康。我们经常说,天气太冷,脑子都冻僵了。周围环境温度升高,体温也升高,有助于大脑更活跃地思考。

第四,温度会影响情绪状态和调整,进而影响心理健康。在比较热的环境下,我们的情绪似乎更容易调整。

第五,温度可能扰乱睡眠,进而影响心理健康。

第六,温度还可能直接影响心理健康。如果读者在比较冷和比较热的环境下都长期生活过的话，那么可以回想一下，在这两种不同的环境下，睡眠质量会有什么差异。

当然，每个地方的自然环境都远不是温度这一个指标就能解释的。比如，东南亚这些国家的气温都很高，但是老年人的关节炎发病比例奇高，很多老年人走路不方便。为什么会这样？我的一个猜想是，很多东南亚国家的室内空调温度太低，一般定在16℃左右。长期生活在东南亚的人，都知道要随身携带一件外套，甚至有带毛衣和羽绒服的——进了商场、地铁以后就要穿外套。很多年轻人不在乎，但到了老年的时候，就有可能患上关节炎。

又比如，作者研究了温度这个指标，但是没有研究湿度。就我自身体验来说，温度高是一件挺好的事，但真正可怕的是湿度高。赤道一带的国家，不仅热，而且湿，新加坡的湿度经常会达到80%或者90%。湿度大会影响人的行动，你在户外很快就会觉得疲惫，这个特点自然也会影响到人的心理健康。

还有一点，就是环境、气温的变化频率。整个世界不同地区气温变化的方差存在巨大差异。比如，在中国，我们每天听天气预报，最高温度与最低温度不会差太多。但是在南半球，一天之内的气温变动幅度非常大。以墨尔本为例，这个城市有"一天四季"的说法，一天之内气温变化二三十摄氏度都很常见。而在全球变暖的今天，恐怕更多城市会遭遇气温剧烈变化的情景，这一点也是值得我们重视的。

参考文献

[1] Allcott H, Braghieri L, Eichmeyer S, Gentzkow M. The Welfare Effects of Social Media[J]. The American Economic Review, 2020, 110(3): 629-676.

[2] Anderson M L, Lu F, Zhang Y, Yang J, Qin P. Superstitions, Street Traffic, and Subjective Well-being[J]. Journal of Public Economics, 2016(142): 1-10.

[3] Jamie T. Mullins and Corey White.Temperature and Mental Health: Evidence from the Spectrum of Mental Health Outcomes[J]. Journal of Health Economics, 2019(68): 1-22.

第五部分

经济史：东西方经济学

第41讲

古代人都拿什么当钱

从古代到当下，从东方到西方，我们使用的货币已经发生巨大的变化，而且仍处在变化之中。例如，支付宝是在2004年出现的，微信是在2011年出现的。这些发明在很多地方已经取代了流通多年的纸币。如今，我们出门跟朋友聚会，能掏出几张纸币的已经是少数人，绝大多数人出门只带手机。

有关货币的问题非常多，下面我们就来聊聊古今中外货币发展历史中我认为最重要的一些问题。

钱币的收藏

以前，买卖钱币有一个专业性很强的圈子，水很深。买卖钱币的人，一般也做邮票和磁卡，钱币、邮票、磁卡也被圈内称为"邮币卡"。在邮、币、卡这三个门类里，我觉得币这个门类最难。

钱币的历史最悠久，往上可以追溯两千多年，材质又涉及铜钱、银币、纸币等多种。收藏钱币必须学习大量的知识，包括判断钱币的真伪、年代、品相、价格等等。新手需要学习大量知识才可能入门，更麻烦的是，新手并不知道所学的知识对不对。市面上骗人的知识实在太多，存在非常严重的信息不对称。对于新手来说，刚开始收藏钱币的时候，被骗是免不了的，这也就是俗称的"交学费"。

我在读书的时候读的是经济系，不少老师对钱币有深入研究。他们会收藏一些钱币，上课时还会拿出一些钱币给大家观摩。但到了我这一代，在身边研究经济、金融的老师里，收藏钱币的似乎很少。如果大学想给学生开设一些钱币的课程，好像很难。因为真正懂钱币的老师已经退休了，现在学校不知道到哪里找老师。这些专业性的知识传承在大学里基本断绝，只能在民间流传。

我看了古钱币的直播，最吸引人的一个项目叫开"筒子钱"。所谓筒子钱，就是以前古人下葬时，习惯用成串的古钱陪葬。现在有些铜钱就是从古墓里被挖掘出来的。因为铜钱会生锈，就被锈粘成一坨一坨的。这种形态的一串铜钱，无法从外观来判断里面有哪些年份的铜钱。因为过去在使用铜钱的时候，后代可能使用前代的钱，比如明朝可以使用宋朝的钱。所以，即使可以准确判断一个古墓的年代，我们也不能保证里面没有前代的钱。

不过，话说回来，古钱币的价值主要不是由年代决定的，而是由流通量、出土量决定的。比如汉代的五铢钱，或者宋朝大多数年份的钱，流通数量很多，所以并不值钱。而那些在历史上一晃而过的朝代的钱币，就很值钱了。比如，清初的吴三桂曾经造反称帝，铸过钱。吴三桂造反很快就被康熙平定了，所以这些钱的流通数量很有限，这些钱就很值钱了。虽然历史上吴三桂打不过康熙，但是现在吴三桂的钱肯定比康熙的钱要值钱,这就是经济学定理。

在网上,那些筒子钱有时是论斤卖的,比如300元一斤。买下来以后,把这些钱泡在温水里,可以轻轻地一枚一枚揭开,这就是"开筒子钱"。绝大多数古钱是不值钱的,但万一其中有一枚罕见的钱,那么你买好几斤筒子钱的成本便回来了。这些玩法成本不高,又比较有知识性,所以深受广大网友的喜爱。

而我一直觉得,真正研究钱币史,好像也没有那么难。比如中国国家博物馆、上海博物馆、辽宁省博物馆,都有非常完整、系统的中国古钱币收集,也展示了大量稀有钱币,我们多去看看就熟悉了。既然钱币是货币,其目的就是流通,铸造的数量不会少,存世的也不会少。那些大名鼎鼎的钱币,比如王莽"一刀平五千"的金错刀以及宋徽宗瘦金体的"大观通宝",在博物馆里都很容易看到。

而且,我们在博物馆里学习钱币有一点好处,那就是学术界对于钱币的看法和收藏界的评估标准正好相反。市场上价值昂贵的钱币,往往是流通时间短或者根本不以流通为目的的钱。但是,对于经济史学界而言,那些钱币流通有限,所以就不那么重要,我们知道其存在就好。我更关心的问题是,钱币在生产和演变的过程中能反映出哪些重要的历史信息。

中国古代钱币的形态

接下来,我们来复习一些中国古钱币的基本知识。中国最早的钱币是海贝,我们与经济有关的很多词,比如"贵""贱""货""赏"等,都是贝字旁。虽然商代有冶炼青铜的技术,但青铜仍是非常昂贵的金属,并没有成为日常货币。商代日常交易主要使用海贝,一直延续到东周。例如,殷墟的妇好墓里出土了6800多枚海贝,这就是证据。而我国云南地区到汉代甚至更晚都还通行贝币。云南青铜器的一种代表性器物叫"贮贝器",就是用来储藏海贝的。有学者认为,印度洋沿岸有一个发达的海贝货币文化圈,云南也受到这个海贝文化圈的影响。

但是,用海贝作为货币,存在一些局限。第一。海贝的供给数量掌握在海边渔民手里。整个市场上到底有多少海贝流通,取决于南方渔民打捞有多努力。对于中原地区并不靠海的政权来说,这是一件很难接受的事情。第二,海贝上很难做标记。人们没法标明这些钱属于哪个朝代。

因此,中原地区的政权一直在思考用金属货币取代传统的海贝。到了东周,铜的使用范围变得更广,中国终于进入青铜货币时代。为什么中国一开始就选择青铜作为货币,而不是黄金和白银呢?原因很简单,中国当时几乎没有黄金和白银。当时,这两种贵金属在中国的产量都极低,远不足以构成市场所需的流通钱币。

我们如果在一个战国古墓里看到金器出土,那么多半可以推断,它与西北游牧文化有关,而不是中原汉文化的东西。但也有例外,楚国曾将黄金作为货币的一种,叫作"郢爰"。"郢"是楚国的国都,"爰"是楚国的重量单位,"一爰"就是"一斤"。从外观来看,郢爰就是一大块黄金板,重量大约是现在的250克。郢爰上整齐刻印着很多小方块,如果有必要,人们可以把一大块郢爰裁开,每一个小块是基本单位。这是中国最早的金币。

但是,这种金币的价值太高,肯定不是日常流通的货币。楚国最主要的货币形态是蚁鼻钱,就是用铜铸造的模仿海贝的钱。除了蚁鼻钱之外,在春秋战国时期,中国当时流行的钱币还有布币、刀币和环币三种形态。有学者认为,布币是从农具铲子演变而来的,刀币是从武器刀演变而来的，环币是从纺织器具纺轮演变而来的。

这几种货币的流通范围也有些差异。布币主要是在中原地区流行，南方也有。刀币在东部、北部比较流行，比如齐国、燕国都很流行，甚至我们在韩国乃至日本都能找到刀币，说明它曾经的流通范围很广。而环币主要在西部比较流行，后来也逐渐流传到魏国、赵国等。

我们必须意识到，一种钱币可以流通到很多地方，同时，一个地区也可以同时流通多种货币。货币就是用于交易的，只要交易双方都认同就可以使用。所以，在现代意义国家出现以前，一个地区同时流通很多种货币是很常见的事。

到了秦始皇统一六国，中国的很多制度也随之统一。我们都知道"书同文，车同轨"，货币形式的统一也是其中重要一环。以前的布币、刀币、蚁鼻钱，到了秦代就都废除了，统一为圆环状铜钱，中间则是一个方孔。而且，秦始皇规定了货币的重量，重量为半两。当时的指定货币上面就有"半两"两个字。秦始皇统一币制，影响了中国之后两千多年的货币制度。我们后来之所以把钱称为"孔方兄"，也是这个原因。

以前的布币、刀币，偶尔还是会在历史中出现。比如，王莽在复辟的时候，一直尝试更改币制，尝试了很多种形态的钱币，也包括布币、刀币。其中，有一种变形的刀币很有名，叫作"金错刀"，上面有"一刀平五千"的字样。这种刀币非常精美，但没有流通多久。后来的文人雅士倒是很喜欢收藏这种货币，所谓"美人赠我金错刀，何以报之英琼瑶"。

但总体而言，刀币、布币这些形态的货币，在战国以后基本上退出历史舞台。我们接下去讨论的货币，如果说的是铜钱的话，主要就是指圆形方孔的铜钱。这些铜钱的形式非常接近，但是重量、尺寸、材质等变化极多，这些问题是经济史里最核心的问题。

通货膨胀的方法

秦始皇规定了货币的形态和重量。形态一直延续下去，重量则不然。到了汉代，经过一些波折后，汉武帝在位时定下规矩，铜钱的重量定为五铢，而且在铜钱上铸"五铢"两个字，也就是五铢钱。自汉代到南北朝以及隋代，五铢钱一直是中国最主要的货币形态。不同时代、不同地区的政权会各自铸币，但铸币的形态主要是这种五铢钱。这种传统延续到唐朝初年。唐初铸造了"开元通宝"，开创了"通宝"这种名称的铜钱，然后又延续了一千多年，直到清朝末年。

在明确货币形态之后，我们就可以从统治者的角度来聊聊，如何利用铸钱的手段来掠夺财富。历代政权其实都有利用铸钱来掠夺财富的习惯。掠夺手段一般可分为三种：铸小钱、铸大钱、换币材。这三种手法略有不同，我需要向大家介绍一下。

第一种叫作铸小钱。铸小钱就是铸劣钱。统治者可以发行含铜量更低、铸造水平更差的新钱，同时规定它与含铜量更高的旧钱等值，新钱和旧钱可以相互兑换。如此一来，统治者基于更少的铜或更少的钱，发行了更多的钱，也就是从拥有旧钱的人民手中掠夺财富。这种手段很常用，因为它相对隐蔽。我们在博物馆里很容易看到各种劣钱，一般尺寸非常小，厚度非常薄。汉代有很多劣钱，当时的人称其为"榆荚钱"。这种劣钱重量很轻，据说放在水里都能漂起来。

第二种叫作铸大钱。铸小钱容易理解，铸大钱怎么理解呢？铸大钱确实是铸质量比较好的铜钱，但强行升值，规定它要"当十""当百"甚至"当千"。它的实际含铜量可能只是"当二""当三",价值却要"当十""当百"。统治者通过铸大钱这种做法来掠夺民间财富,非常直接,毫无遮掩,但也最容易引发人民的反抗。比如王莽的金错刀,上面刻着"一刀平五千"。这种货币确实很精美,还用上了错金银这种技术,比一般的铜钱要费工费料。但是,一枚货币要兑换五千枚当时流通的五铢钱,这实在是太夸张了。老百姓一般认为,铸大钱往往是一个政权的亡国之兆。

第三种叫作换币材。我们知道,铜钱里不仅有铜,还有铅、锡,青铜器也是如此。重要的是,铅和锡的价格一般比铜便宜。所以,如果在铜钱里降低铜的比例,提高铅或者锡的比例,这样做就可以达到降低成本、以劣钱冒充好钱的目的。更直接的做法是铸铁钱。虽然中国古代的主要货币是铜钱,但也有不少时期出现了铁钱。地球上铁的储量要比铜多得多,铁的价格比铜要便宜很多,铁也比铜更容易获得。所以,一个政权如果发行铁钱,就很难避免私铸。比如南北朝的时候,梁武帝废除铜钱,用铁来铸造铁五铢。很快民间就出现了大量的私铸,使得迅速发生通货膨胀,物价飞涨,教训极为惨痛。

从货币看三国时期经济

在了解了通货膨胀理论之后,我们不妨以三国时期魏、蜀、吴各国的铸币情况为例,尝试分析一下三国时期各国的经济状态。汉末货币制度崩坏,有一个重要的发端,那就是董卓铸小钱。董卓占据长安之后,指使手下挖坟掘墓,到处搜集铜材改铸小钱。董卓小钱的质量太差,以致"文章轮郭不可把持",而物价就此飞腾,"谷一斛至数百万"。

董卓铸小钱就彻底破坏了原有的五铢钱系统，而要让老百姓重新恢复对旧有五铢钱的信心是十分困难的。而且，时局混乱，很长一段时间，无人主导铸币，市场上的货币流通极为不足，必然促使货币经济向实物经济倒退。

董卓小钱对于后来盘踞中国北方的曹魏政权影响最大。现有考古证据表明，曹魏五铢确实存在，都是小钱，但其质量极差，远不能与汉代五铢相比。曹魏时期古墓中发现的曹魏五铢数量也极为稀少，比不上汉代五铢。这一切都说明，曹魏的货币制度不健全，铸币太少，当时市面上流通的货币以汉代五铢为主。

大量文献表明，曹魏地区大规模采用实物租税，同时在各地都大规模推行屯田，用管制经济取代市场经济。在强有力的官营经济模式下，货币的使用范围被进一步缩小，货币使用机会也大大降低。官营经济确实保证了曹魏政权的社会稳定，但缺乏货币也就缺乏交易机会，这也阻碍了经济潜在的发展。

对比之下，蜀汉政权的货币政策更不如曹魏。蜀汉政权是外来政权，基础不稳，尤其需要铸币来充实财政。刘备一入成都，就听从谋臣的建议铸造"直百五铢"，利用贬值的大钱来敛聚财富。从刘备到刘禅，蜀汉政权始终没有停止铸大钱的进程。在蜀汉早期，铸大钱不多，市面上的流通货币以汉代五铢为主。而到了蜀汉后期，由于诸葛亮持续北伐，军费耗费极大，财政枯竭，铸大钱的频率迅速增加。在蜀汉后期的古墓里，直百五铢、太平百钱等成为主要的货币。蜀汉政权就在这个货币趋于失控的背景下消亡了。

蜀汉政权一直发行劣币，而且劣币数量不少。但这些恶劣做法与孙吴政权相比，又算不上什么。孙权在称王之后，马上就铸造了"大泉五十"。这种劣币与蜀汉的直百五铢相比相差不多，可以理解。可是十多年后，孙权又接连铸造"大泉五百""大泉当千"，这就很离谱了。近代考古甚至发现，孙吴政权曾铸造过"大泉二千""大泉五千"，这些大钱的价值不可想象。一旦拿到市场上，这些大钱必然会遭到严厉抵制。

不过考古也证明，孙吴政权的这些大钱并未得到广泛流通。在孙吴时期的古墓中，数量占优的货币也不是这些钱，而且主要不是孙吴时期的货币，而是蜀汉的直百五铢。一方面，这说明蜀汉与孙吴的经济关系十分密切，蜀钱能在吴国广泛流通；另一方面，这说明蜀汉与孙吴的铸钱数量都严重不足，都面临流动性不足、通货紧缩的问题，孙吴还需要使用蜀汉的大钱。两国都没有耐心铸大量足值的五铢钱来满足市场的交易需求，而是采用了急功近利的铸大钱方法。最终，两国的经济秩序都趋于崩溃，政治统治也宣告终结。

历史上的政治、军事教训，经常为后人所总结。可是，经济、货币上的教训一直少有人总结。三国时期铸币不足、通货紧缩的状况到了两晋不仅没有改善，反而变本加厉。后人常用"两晋不铸币"来形容这一时期中国总体的货币政策。而不铸币的后果就是，日常经济交易需求难以满足，货币经济向实物经济退化。仅从这一事实出发，我们就能推断两晋时期经济水平之糟糕。这个基本的道理，直到近代经济学昌明，才逐渐为人所理解。

▌参考文献

[1] 彭信威. 中国货币史[M]. 上海：上海人民出版社，2007.

[2] 陈彦良. 币制兴衰四百年：魏晋南北朝的通货膨胀与紧缩[M]. 上海：格致出版社，2019.

第 42 讲
以前人们是如何应对通货膨胀的

货币是一种极为古老的现象，可是它的形式到今天还在变。从早期的海贝、青铜、黄金、白银，再到纸币、数字支付、虚拟货币，每一种货币都有自己的优势和劣势，都是彼一时，此一时。

很多人会关心数字支付或者数字货币会有哪些问题。会出现计划经济吗？还会有通货膨胀吗？对于这些问题，我觉得简短地给出一个答复并没有意义，因为政策一直在变，只要一个细微的政策变动就可能彻底改变它的性质。

从私铸到短陌

我们还是从铜钱说起。铜钱主要是用铜做的，而铜本身是有价值的，所以铜钱的面值需要与铜本身的价值相比较。设想一下，如果市面上铜的价值很高，而铜钱的实际价值（实际购买力）很低，那就会发生一种情况：会有人把手里的铜钱全都融化掉，变成铜块，然后把这些铜块拿到市场上出售。把铜钱化掉，竟然可以赚钱。用不了多少时间，市场上就不会再有铜钱了。

反过来，如果市面上的铜钱比较有价值，而铜块本身价格很便宜，那么理论上就会发生相反的情况：很多人会去买铜块，然后偷偷摸摸铸造铜钱，通过这个手段就可以牟利。当然，这也很麻烦。所以，在历史上大多时候，铸币权都被国家垄断，国家不允许私人铸币，这样就用法律禁止了私人把铜块变成铜钱的行为。

当然，最理想的情况是，铜钱的价值基本等于铜块的成本加上铸造费用。这样一来，大家经过评估，自己私铸钱币以后，获得的收益和铜钱本身的价值相仿，那自己何必辛辛苦苦去盗铸呢？如此一来，盗铸行为自然也就消失了。

所以，成本收益方法是我们认识货币稳定性的一种基本思考方法。在数字支付还不普及的年代，我们使用纸币和硬币。很多人会习惯检查一下50元或100元钞票的真伪，但一般不会去检查1元硬币的真伪。因为大家都知道，1元硬币的制造流程很复杂：有很精致的图案，周围还有齿轮。如果有人想要伪造假币，那么他绝不可能伪造1元硬币，因为制造1元硬币的成本应该不止1元。如此一来，我们就可以非常安心地使用低价值的1元硬币。

国家在垄断了铜钱的发行权以后，主要可以依靠铸小钱、铸大钱和换币材等方法来使得货币贬值，从而掠夺人民财富。而在民间，老百姓也有不少方法来改变货币的价值。比如，政府要发行小钱，也就是劣币，而且强行规定劣币也是币，不足重量的铜钱也是铜钱。那么，老百姓就会把手头优质的前代钱币收藏起来，仅仅使用劣币。如此一来，市场上充斥着劣币，再无良币。后来的经济学家总结了这一规律，就叫作"劣币驱逐良币"。

老百姓收集良币有什么用呢？一种方法就是把铜钱化掉，将其作为铜块卖掉。我们前面说过，如果铜钱的实际价值很低，铜块的价格就很可能超过铜钱。还有一种方法就是把铜钱剪边，把良币变成劣币。反正市面上一文钱就等于一文钱，在你把良币剪边以后，它还是一文钱，你则收获了一些铜屑。久而久之，市场上的劣币尺寸越来越小，你剪一圈，我剪一圈，剩下的铜钱简直没法看。

如果国家铸大钱，那么老百姓也有对策。所谓大钱就是在钱上铸有文字，这枚钱可以当十、当百、当千。问题在于，虽然国家规定它当百、当千，老百姓在私下交易时却未必认可，可以约定它只是当二、当三。除了税收等特定场景之外，国家没有能力规定一枚钱在每一种交易场景下的价值。老百姓就是这么来对付大钱的。当然，老百姓每次交易都要根据大钱的实际约定价值来计算，交易起来也有很多的不便。

此外，民间还有一些更灵活调整货币价值的手段。因为每一枚铜钱的价值都很低，所以人们在使用时经常把铜钱穿起来，一百枚穿一串，或者一千枚穿一串。民间习惯把一百枚一串的钱叫作"陌"，陌也就是一百的意思。

在具体操作过程中，一陌未必真的就是一百。在南北朝末期的陈朝，由于铜钱短缺，所以铜钱价值不断上升，市面上就出现了"短陌"这种奇特现象。比如一担粮食，过去民间约定的价格是一陌，一陌应该是一百文钱。但在现实中，钱贵物贱，所以大家约定，九十文钱就算一陌了。如此一来，一担粮食过去能换一百文钱，现在只能换九十文钱。

根据历史记载，全国绝大多数地方采用"短陌"，而且各地

"短"的程度各不相同。陌的长短，就相当于货币在不同地区的汇率。距离首都越近，陌就越长，而离首都越远，陌就越短。比如在首都，一般以九十文钱为一陌。而距离首都有一段距离以后，一陌就只有八十文钱。在最偏僻的地方，一陌就只有三十五文钱。可以想象，这些地方的铜钱实在稀缺，民间基本只能退回到以物易物的自然经济状态。

这种短陌现象其实很普遍，历朝历代也多有所见，唐朝基本是足陌的，可到了宋代又变成短陌。而且，短陌现象并不仅发生在铜钱上，其他计量单位也都可以作弊。例如一石米、一匹布，在不改变价格的情况下，通过调整单位就可以变相涨价。这是我们研究历史上经济问题的一个重要陷阱。比如，我们查找史料发现，宋朝的一石米是多少钱，明朝的一石米是多少钱，可问题是宋朝的一石米不等于明朝的一石米。又比如，我们比较宋朝一亩地能产粮多少斤，明朝一亩地能产粮多少斤，但再仔细研究，宋朝的一亩地不等于明朝的一亩地，宋朝的一斤也不等于明朝的一斤。衡量单位有数不清的陷阱。

到了当代，这种与单位有关的问题也屡见不鲜。比如，可口可乐公司在面对成本上升时，知道消费者对于每瓶可乐的价格十分敏感，不太敢轻易涨价。而它乐于采用的方法就是推出新包装，以及新的饮料瓶。新瓶子的容量必然要比原有的来得小，这样一来就达到了变相涨价的目的。

从交子到会子

在之前的讨论中，我们默认全社会只有一种货币，那就是铜钱，但这种情形并非历史的常态。如果这个社会有不止一种货币，比如既有铜钱又有银币，或者既有铜钱又有纸币，又或者铜钱、银币、纸币都有，情况就会变得更为有趣。接下来，我们就来聊聊中国历史上早期的纸币。

历史教科书上都会描述，中国在宋代出现了交子，这表明中国是世界上最早使用纸币的国家。再往前追溯，在西汉的汉武帝时期，中国可能发行过白鹿皮币，那可能是纸币的雏形。但白鹿皮币流通时间太短，我们至今也没见到实物，就不多去谈了。我们现在再来看纸币，会觉得纸币是一个早晚要被时代淘汰的货币形态，就跟白银一样。

交子的出现当然跟中国的造纸技术开始普及有关，这是技术背景。北宋建国，政府就已经体会到全国铜钱不足、铜钱外流严重的问题。所以，政府在保证中原使用铜钱的同时，规定四川等边境地区使用铁钱，用一个铁钱使用区把外国与铜钱使用区隔离开。四川原本也缺铜，而铁是绝对不缺的，所以四川就开始用铁钱。

铁钱的购买力是很低的，一枚铜钱可以兑十枚铁钱。比如，当时要买一匹优质的丝织品，需要花费两万枚铁钱，这些钱有数百斤重，人是背不动的，需要车来拉。可见，人们用铁钱进行交易是极不方便的。四川成都的十六家富户深感铁钱太重，运输困难，于是就联合起来，共同发行一种代金券。他们在纸张上印上货币数量，做好各种检验和防伪标记，然后面向社会发行，自己收取一些手续费。这种交子很快被市场承认，涉及金额动辄万贯。

但是，这十六家富户，自身有起有落，信用并不那么可靠。而且，国家看到这样的机会，必定会将其抢夺过来。宋仁宗在位年间，就在四川设立了"交子务"，派官员管理和监督交子的发行过程，这就是所谓的"官交子"。

官交子最初还是有一些原则的。首先，它的流通范围基本局限在四川，不在外地发行。其次，它是有时间限制的，每三年为一界。到期以后，政府要收回原来的旧交子，发行新交子。最后，它是有保证金的，以铁钱为保证，即"钞本"。折算下来，最初的交子有28%的保证金，保证金也不算很低了。

但是，政府很快就发现，纸币很容易实现通货膨胀，是掠夺老百姓财富的最佳手段。用铜钱的时候，通货膨胀还挺麻烦，而用纸币的时候，只要不断加印就好。交子发行未必真的需要钞本，增发也没有什么大不了的。而且，交子三年一界的约束也被打破，政府逐渐允许新旧两界交子并行，那么市场上的货币数量又翻了一倍。

北宋的军事压力很大，边境打仗或者防卫都需要大量支出，而政府就开始把增发没有钞本准备的交子，作为筹措军费最简便的手段。在几十年时间里，交子发行数量翻了二十倍，导致极为严重的通货膨胀。到了宋徽宗时期，眼看交子贬值，他就把交子改为钱引，并且宣布不再兑换之前的交子。宋徽宗此举，等于一举剥夺所有持有交子的人的财富，引起全社会的极大不满。

钱引比交子印刷得更为精致。但钱引有一个根本特点，就是不能兑换钱。既然不能兑换，它的发行也不再需要钞本作为准备金了。与钞本解除关系的钱引就如脱缰野马，大量印制发行，导致严重通货膨胀。北宋在不久之后被金国灭亡了，南宋政府则很快停止了交子、钱引的发行。

但是到了南宋，财政压力仍然巨大，发行无须兑现的纸币对于财政吃紧的国家具有无限大的吸引力。1160年，也就是绍兴三十年，临安府重新发行纸币，改名为"会子"。临安府在发行会子的时候，参考了交子的经验，最初也是小心翼翼。当时的规定是，三年立为一界，界以一千万缗为额，也就是限定了市场上可以流通的纸币。

为了稳定会子的信用，南宋政府还规定，老百姓在向官府缴纳税赋的时候，必须一半用钱来缴，另一半用会子来缴。这些举措确实加强了会子的信用。但过不了几年，故态复萌，症状和之前的交子一模一样。会子使用的时间越来越长，三年一界无法得到落实，市面上新旧会子并存。而会子的发行数量，也从最初的一千万缗增加到后期的五六亿缗，那就根本无力收回了。而且，南宋政府也把发行会子作为筹措军费的主要手段。筹措军费越是艰难，政府就越是大量发行会子，最终又走上了崩溃的老路。

从交子到钱引，再到会子，宋代发行纸币崩溃了好几次，而且崩溃的过程是极为相近的，无法摆脱这种宿命。所以，我们也可以理解，中国古代一直把发行纸币与铸大钱的行为同等看待，这种举措极为危险。发纸币和铸大钱都可以在短时期内筹集大量资金，立竿见影，但这就是饮鸩止渴，对于国民经济的损害可能是致命的。

咸丰大通胀

宋代发行纸币以失败告终，后来的元代、明初也曾大规模发行纸币，也都以失败告终。尤其是明代的那一次失败，与后来明代转向白银有着密切关系。

我们再来看中国历史上另一次通货膨胀——清代咸丰年间的通货膨胀。整个清代主要采用白银和铜钱并行的货币方式，即小规模的交易使用铜钱，大规模的交易使用白银。

清朝在货币政策上十分保守，既不敢发纸钞，也不敢铸大钱，就是使用白银和铜钱。而这两种货币的价值一直在改变。清初的时候，官方默认的汇率是一两白银兑换一千文铜钱。但是，随着国际贸易的变化，白银和铜钱的汇率也时常处于变动之中。钱贵则银贱，钱贱则银贵。虽然这种二元状态使得银钱汇率不一致，但整体经济实现了稳定。

可是，这个稳定状态在19世纪50年代被打破了。1853年，也就是咸丰三年，太平军攻占南京，不但占据了江南这片富庶地区，也切断了大运河和长江这两条最重要的水利运输干道。清政府的财政顿时陷入困境。战争需要大量军饷支出，并且军饷必须及时支出，不能耽误。

咸丰皇帝本来也应该铸造自己年号的铜钱。可之前铸钱使用的主要是云南的滇铜，大运河一断，滇铜没有办法运输到北京。咸丰必须想办法。经过反复商议，咸丰亲自下旨，开铸大钱。清朝开国两百年都没有铸过大钱，但咸丰别无他法，觉得只有铸大钱这一条路。

咸丰铸了不少大钱，一当五十以下的称为"咸丰重宝"，一当五十以上的称为"咸丰元宝"。这一批大钱发行不久，就遭到了严重的盗铸。我们在前文讨论过，只要发行货币面值远超实际价值的大钱，民间就有私铸、盗铸的倾向。而且，清代铜钱都是由各地铸币局自行铸造的，材质、字体等都有一些差异，这就为盗铸大钱留下更大的空间。

对于政府发行大钱，民间并不一定承认。咸丰重宝钱上的字是当十，但老百姓只愿意把它当二来使用。人们又发现新的投机赚钱机会：用两枚普通的钱换来当十的咸丰重宝，然后把它化掉当铜块卖，又可以赚不少钱。如此一来，市面上又兴起私毁大钱的风气。咸丰看到这种情景，只能马上叫停铸大钱，咸丰大钱实施了一年就以失败而告终。

眼看铸大钱失败，咸丰又想到了印纸币这一招。陕西道监察御史王茂荫向咸丰皇帝递交了《条议钞法折》，提出发行纸币的建议，这正中咸丰皇帝下怀。1853年，政府开始发行纸钞。纸钞分为两种：一种称"官票"，又叫"银票"，以白银作为单位；另一种称"宝钞"，以铜钱为单位。具体发行办法是，户部把印出来的纸币发给官银钱号，由其发向市场。同时，在给各级官吏发工资的时候，一半发银钱，另一半就发纸币。但是，纸币与银钱之间不得相互兑换。

既然没有兑换压力，那么户部一定会不顾一切地发行纸币，很快就导致严重的通货膨胀。王茂荫见状十分忧虑，又递交一份《再议钞法折》，希望实现纸币与银钱之间的相互兑换，将通货膨胀压下去。但咸丰正处于财政困难时期，军费捉襟见肘，怎肯放弃？咸丰申饬了王茂荫，继续推行纸钞。到了咸丰十年（1860），面值一两的银票只能兑换两百文铜钱，而真正的一两白银可以兑换一千文左右的铜钱。到了同治元年（1862），同治终于下令，接受户部的申请，各省一律停收钞票，废除咸丰年间发行的纸币。咸丰发行纸币的尝试彻底失败。

咸丰在面对财政压力的时候，先后尝试了铸大钱和发纸币，可是这两种尝试都失败了。这在某种程度上是一部失败的货币政策史。

■ 参考文献

[1] 燕红忠. 中国金融史[M]. 上海：上海财经大学出版社，2020.

第43讲
白银如何成为世界重要货币

中国历史上最重要的一种货币形态,那就是白银。白银的发现很早,但由于它的储量很少,所以几乎没有作为货币进入流通领域。但是在欧洲,比如古希腊,就有比较丰富的白银矿产,所以古希腊就有不少银币流通。

对于中国而言,金银虽然在相当长的一段时间内不是国内货币,但是它是国际贸易很好的中介。比如,在"澶渊之盟"以后,北宋每年要向辽国支付大量"岁币",其中相当一部分就是白银。到了元代以后,中国和中亚以及距离更远国家的交往日益密切,白银也变得更为常见。著名的南宋时期沉船"南海一号"里发现了银铤,也就是银块,证明白银当时在国际贸易中就已经发挥了作用。到了元代,开始有把五十两以上的白银铸成船形的习惯,人们称之为元宝,也就是大元之宝。这种习惯慢慢延续了下来。

虽然白银有名，但是民间对它充满了误解。我知道有很多朋友都从历史小说中接触到白银的使用方式的。但大量描绘唐、宋、元、明故事的小说都是后来人的作品，对当时货币制度缺乏准确了解。比如，很多小说里有"赠送纹银千两"之类的桥段，但这在现实中是不可能的。南宋时的名将张俊，聚敛了很多财富。他很害怕盗贼，就干脆把财富兑换成白银，再把每一千两白银铸成一个大银球。他还给银球起了个名字叫"没奈何"，意思是，小偷即使看到这个银球也搬不走，无可奈何。

中国使用白银的历史是一段比较复杂的历史，我们需要分几次慢慢展开讨论。

日本的白银

首先，我需要指出一个事实，中国古代很少生产白银。直至近代，中国产银量仍然非常有限，北洋政府时期最高年产量不足5万两。1925年，全国矿产调查发现，中国可以出产白银的地方只有5个省，每年产银总额为3.5万两左右。甘肃有个城市叫"白银市"，但只是因为这个地方曾在明代设有炼白银的机构，并不是这里真有很大的白银储量。白银市最主要的矿产不是银矿，而是铜矿。

随着近年来勘探技术进步，中国已经发现越来越多的银矿，但主要都是伴生矿，就是伴随着铅、锌一同存在的银矿，而独立银矿一直比较少。到了近几年，白银早已不再被视作货币而被视作工业金属，全世界产银量都不高，中国则变成了世界数一数二的产银国。

16世纪初，世界白银产量每年只有约42吨。16世纪中叶，即明嘉靖年间，世界白银产量发生了重大的变化。日本银矿和南美银矿先后被发现，世界白银产量一下子提高到每年280吨。到18世纪中叶，也就是清代乾隆年间，世界白银产量保持在250吨至480吨之间，比之前翻了六七倍甚至更多。这种变化也为白银逐渐转变成为世界货币提供了物质基础。

日本和南美银矿的发现，其背后的意义重大。17世纪前，日本白银产量约占世界总产量的20%，南美16—18世纪的白银产量更是占到世界总产量的近80%。在此之前，日本的货币十分匮乏，一直从中国走私铜钱。因为日本非常缺少铜矿，没办法铸造足够多的铜钱。

但是到了1526年，也就是日本的大永六年，日本发现了石见银山。这是一座富含白银的银山，位于如今的岛根县大田市，是日本的世界遗产之一。发现银山以后，日本如何快速有效地提炼白银，这又是一个技术难题。

统治者知道石见银山的宝贵，所以必须要用最好的技术来提炼，才能真正把它变成宝藏。他们不惜重金招募工匠。听说中国有一种特别的精炼白银的技术叫作"灰吹法"，可以大幅有效提升白银的产量，日本就专门从中国招募懂这种技术的工匠尝试石见银山矿石的提炼。

什么是"灰吹法"呢？我尝试简单描述一下。银矿石刚刚采下来，首先把表面的泥土等杂质都洗掉，此时矿石内部一定还含有其他各种金属杂质没法分离。然后，就把银矿石与铅一同高温炼烧。银与铅有一个特性，就是能够相互融合。在把银矿石与铅一起炼烧之后，铅就把矿石中的银提取出来，成为银铅合金，中国传统的炼丹术把这种合金叫作"密陀僧"。炼丹术很重要，为技术进步做了大量实验，积累了宝贵经验。在炼出银铅合金以后，可以挖地为炉，在炉里填上厚厚的草木灰，把银铅合金置于其上，再用大火炼烧。在烧制的过程中，还要不断吹入空气。银与铅的熔点不同，在大火炼制下，铅就逐渐融化，渗入灰的下面，而银就留在灰的上面。等灰冷却以后，直接拿取灰上的那些金属，那就是纯度很高的白银。这种做法简便、高效，是提取白银很好的方法，一直延续到当代。

在石见银山采用"灰吹法"以后，银产量迅速提高，并在17世纪初达到顶峰。据当代一些学者推算，石见银山的白银产量可能占到当时世界白银产量的三分之一，鼎盛时年产量高达200吨。这些白银大部分通过贸易流入了中国，用于购买中国特产生丝和丝绸。日本当时还远没有发展出自己的丝织业，所需生丝和丝绸都必须从中国进口。

石见银山带来了巨大的财富，自然也引起周围很多大名（日本古代封建制度对领主的称呼）的眼红。经过多年征战，石见银山最终落入毛利元就手里。后来，毛利家又臣服于丰臣秀吉。丰臣秀吉晚年发动战争入侵朝鲜，中国管这场战争叫万历朝鲜战争。战争需要巨额的经费，而这场战争最主要的资金来源就是石见银山。

德川幕府控制日本之后，石见银山被收归国有。但就是从这时起，石见银山逐渐枯竭，产银量越来越低。大家想了很多办法，但也无力回天，最后在第二次世界大战期间关闭了石见银山。我们不妨为石见银山算一笔账，从1560年到1644年，日本流向中国的白银总量为八九千吨，平均每年大约100吨，前后持续了80多年。

南美洲的白银

我们再来看欧洲的贵金属市场。整个中世纪，欧洲社会和中国一样，一直受到货币短缺的困扰。1530年，欧洲白银年产量达到历史最高，也就90吨。欧洲地域广阔，每年几十吨的白银产量已经远不能满足市场的交易需求。例如，当时欧洲每年都要购买自己无法生产的东方香料，这一项每年的花费就超过60吨白银。欧洲自己生产的白银往往不足以与东方交易香料。如此一来，欧洲的白银也总是很紧缺，黄金反而相对宽裕，因此经常出现银贵金贱的局面。

在波托西银山被发现以后，这一切就都改变了。在如今的玻利维亚有一座小城，叫作波托西。这里曾是印加帝国的古城，也是改变世界的地方。不知道大家对于南美洲西海岸的地理有没有直观的概念。南美洲西海岸大部分都是悬崖峭壁，安第斯山脉贯穿了南美洲。安第斯山脉非常高，平均海拔超过3500米，还有很多地方的海拔在4000米以上。曾经的印加帝国就位于安第斯山脉之中。著名的古城马丘比丘的海拔约2300米，这已经是整个山脉中地势比较低的地方了。

1545年，西班牙人知道了波托西这个地方。虽然这里地理偏僻，从利马骑骡子过来要走两个月，但是这里有白银，所以走再远的路也是值得的。1545年，波托西银山开始开采。从海拔4000米以上的山峰开采白银，对于身体的消耗可想而知。而且，南美大陆缺乏大型畜力，没有我们在旧大陆所熟知的牛、马，最常见的牲畜可能只有羊驼，运输能力可想而知。所以，当地人在采出银矿之后，必须在当地炼出白银，然后再想办法运下山去。

刚开始，波托西的银产量不高。原因和日本石见银山一样，缺乏有效提炼白银的技术。但是在1565年，西班牙人在离此不远的万卡韦利卡发现了大规模的水银矿，这简直就是天意。有了大量水银，提取白银就很简单了。人们可以用水银提取矿石中的银，然后加热，使其挥发，最终得到的就是高纯度的白银。水银的挥发会对操作工人的身体造成恶劣影响，但这已经不是西班牙殖民者所关心的问题了。

西班牙派遣的秘鲁总督弗朗西斯科·德·托莱多（Francisco de Toledo）精心指导了波托西银山的采矿和维护。开采出来的银矿需要压碎，这需要大量的动力，最好由水力实现。同时，开采银矿需要大量的劳动力，他们也需要饮水。而山区是非常缺水的。所以，托莱多建造了4个大型蓄水池，同时还修建了大量的水坝、地道、运河，确保淡水能很好地传输与储藏。现在你要是去波托西银山参观，必定会被如此复杂的水利设施震惊。如此一来，波托西银矿的开采量终于出现井喷式增长。1581—1600年，波托西银山每年生产白银254吨，约占全世界白银总产量的60%。

波托西银山的开采，需要极大规模的劳动力：采矿需要劳动力，炼银需要劳动力，修造和维护水利设施也需要劳动力。采矿者需要在灰尘满天的矿道深处工作，一周工作6天甚至7天，还时时有塌方被埋的危险。而炼银工人更惨，必然会吸入大量的水银。所以，在波托西银山劳作，九死一生，谁都不愿意去。

托莱多总督了解印加人的传统，知道他们有一种叫作"mita"的徭役传统。托莱多就要求，周边地区的印第安村庄必须施行这种徭役，给殖民者提供劳动力到波托西去服役。矿山上常年需要1.5万名以上的劳动力，而如果是已婚男性被抽到，更是不得不带着家人孩子一起长途跋涉来到波托西工作。

波托西四周的自然环境非常恶劣，除了岩石和皑皑白雪之外，没有任何景观可言。但就是这么一个地方，在短短几十年内竟然迅速扩张到16万人，成为南美洲最大的城市，城市规模几乎与伦敦或阿姆斯特丹相当。这是一座精心规划过的典型的西班牙城市，拥有棋盘式的城市结构，还有众多的豪华教堂。

波托西的地理条件恶劣，粮食产出有限。十多万人生活在这里，粮食必然只能从外部运来。这里有一半的人在矿上工作，另一半人则从事后勤工作。这里除了不缺白银以外什么都缺，所以生活用品的价格也是惊人的高。在矿上工作的穷人买不起东西，只有一种特产能给他们带来安慰，那就是古柯叶。古柯叶也就是可卡因的原料，早在印加帝国时代就是神圣的树叶。嚼食古柯叶能够给人带来兴奋，这就成为所有矿工每天下矿必带的东西，比粮食更重要。

全世界最大的银山、mita强制劳役制度以及无比廉价的古柯叶，这几项东西结合在一起，共同造就了波托西的奇迹。波托西银山的白银储量要比日本石见银山多不少，所以一直开采到18世纪后期，它的产量才逐渐有所减少。波托西这座曾经能与伦敦、阿姆斯特丹媲美的城市也逐渐荒凉下去。最终，mita制度被废除了，但它的长期影响仍在。

白银流入中国

我们花费了很大力气来讨论石见银山和波托西银山，就是因为其中大部分的白银流入中国。据金融史学家查尔斯·P. 金德尔伯格（Charles P. Kindleberger）估计，美洲白银最高年产量为300吨，波托西是其中最主要的产地。1565—1820年，美洲通过欧洲转手运到东方的白银大约有8000吨，其中大部分流入中国，估计有

5000吨。

殖民者组织印第安劳工把山上出产的白银运到山脚下，然后通过水路运到西班牙人在墨西哥的据点阿卡普尔科。下一步，就是利用所谓的"西班牙大帆船"，顺着洋流把白银从墨西哥运到太平洋对面的菲律宾马尼拉。马尼拉有大量中国商人，这些商人将中国的瓷器、丝绸运到马尼拉，与西班牙商人交换白银。源源不断的白银就是通过这条线路流入中国的。当时的中国人并不知道那么多，还以为南海的吕宋岛有一座神秘的"银山"。

往前推一两百年，在明朝初年，白银并不是中国的合法货币。明朝初年官方唯一承认的货币就是纸币大明宝钞，金银则被禁止用于交易。《明会典》是记载明朝典章制度的著作，其中只有"钞法"和"钱法"，但就是没有"银法"，也就是不承认白银在中国是合法货币。

但是，大明宝钞不能兑换，必然会陷入通货膨胀的陷阱之中。没过多少年，大明宝钞就不断贬值，最终变得一钱不值。宝钞退出流通，中国民间的交易又恢复到传统的铜钱。问题在于，明朝初年主要依靠宝钞，铸造铜钱有限，不足以支持大额交易。白银的出现，正好填补了这个空缺。

源源不断的白银进入，并没有导致传统铜钱退出流通，而是白银与铜钱同时作为主流货币使用。在日常生活中，铜钱拥有不可替代的地位，白银则更多作为大额交易或储值工具使用。同时，白银的流通，在不同地区、不同产业之间是不平衡的。比如明末，东北地区军事吃紧，大量饷银流向东北，必定导致东北银贱钱贵。而其他地区缺乏白银，银贵钱贱，铜钱流失，影响日常经济。王夫之批评说："白银之用流行于天下，役粟帛而操钱之重轻也，天下之害不可讫矣。"也就是说，白银流入中国之后，对中国造成了极大的危害。

参考文献

[1] 彭慕兰，史蒂夫·托皮克. 贸易打造的世界[M]. 黄中宪，译. 西安：陕西师范大学出版社，2008.

[2] 邱永志. "白银时代"的落地：明代货币白银化与银钱并行格局的形成[M].北京：社会科学文献出版社，2018.

第44讲

鸦片是清代中国白银外流的主要原因吗

马克思在《资本论》第一卷里明确指出,货币有五种主要职能:价值尺度、流通手段、支付手段、贮藏手段以及世界货币。这个分析框架非常有名,相信大家都接触过。这个框架确实精彩,值得我们反复体会。

货币的新形式

经常有人问我怎么看各种新形式的货币。有的人把希望寄托于新形式的货币,比如比特币等等;另一些人则很复古,认为新东西靠不住,不可能成为普遍接受的货币,而主张回到古老的金本位。从历史来看,曾有不计其数的东西担任过货币职能。例如,在第二次世界大战期间的战俘营以及一些盟军占领区里,最重要的货币不是美元,而是香烟。美军会给士兵定期发放香烟。当时的火车票很紧张，用钱未必能买到，但用香烟就能买到。

后来，香烟成为世界很多监狱里的重要货币，谁掌握了香烟，谁就在监狱里拥有最大的权力。《肖申克的救赎》是大家再熟悉不过的电影，里面就反映了香烟在监狱中充当货币的职能。

但是，现在这种情况又有了一些改变。2016年，美国亚利桑那大学的青年社会学者吉布森·赖特（Gibson Light）发表了一篇文章。他对美国监狱进行了深度调查，发现美国监狱里最主要的货币不再是香烟，而是方便面，主要是日本拉面。在监狱里，这种外面只卖59美分的速食拉面非常有价值，两包拉面就可以换一件市场价值11美元的运动衫。拉面是监狱里的硬通货，几乎可以兑换一切，但狱方规定每个囚犯所收藏的拉面不许超过20包。监狱里经常发生为了拉面大打出手的事情，甚至有人为此丧命。

我们应该如何来看待香烟或者拉面成为货币？它们的流通范围是否可能超出监狱的边界，扩展到更大范畴？我们不妨就先用它们作为例子来分析一下。香烟和拉面本身都具有储藏价值，因为它们本身是可以使用的，还可以存放挺长一阵。同时，香烟和拉面也有比较明确的单位，香烟是一根一根的，拉面是一包一包的。香烟和拉面作为价值尺度的功能有点不确定，在监狱里还行，到了外面可能会有点麻烦。对于世界货币这一职能，香烟和拉面的属性就有些缺陷。因为它们没有技术门槛，大家都会生产，不可能垄断。所以，香烟和拉面一旦置于更广阔、更开放的环境，就吃不开了。

这种分析方法也可以探讨纸币、数字货币或者比特币的优劣。这些货币最突出的一点就是储藏价值令人怀疑。在通货膨胀时代，纸币很快就会变成废纸。在那种时代，老百姓的直觉就是把货币变成黄金。黄金并没有那么好的流通性，很多日常小店恐怕没有能力接受黄金支付，但是黄金的储藏价值是最高的，大家看重的是这一点。而数字货币呢？如果数字货币是中央银行发行的，那么它与传统纸币一样也会面临通货膨胀问题，所以它不值得储藏。

但是，比特币比较特殊。根据算法设定，比特币供给数量的变动有固定速度，几乎不能人为干预，所以它就不存在通货膨胀问题。没有通货膨胀危险的东西就具有储藏价值。比特币的流通属性、交易属性都没什么问题，但是到了最后，我们考察它作为世界货币，问题就来了。比特币是超越国界的，所以它要成为真正的世界货币，就要挑战目前全世界所有的主权货币。每个国家都很看重自己的货币主权，绝不可能将这种权力轻易转交出去。比特币在一个国家的成功就意味着这个国家货币主权的失败。在当代，几乎没有一个国家会承认这一点。所以，比特币的发展前景必然面临这种政治压力。

"一条鞭法"与统计银两化

两千年来，中国都在使用铜钱，经过这么长时间的实践，铜钱作为流通货币已经深入人心。中国的铜矿分布并不均衡，但是全国各地后来都使用铜钱，即使本地没有铜矿，人们也都习惯了使用铜钱。但中国铜钱的铸造数量始终不足。我们之前讨论过，从汉代到唐代，从五铢到通宝，中国的铜钱数量始终不够。

在一般的年份里，假如国君碌碌无为，那么市面上铜钱数量不够就单纯地导致市场经济衰退。铜钱相对于一般商品的价格变高，经济学上称其为通货紧缩。当代经济学理论认为，通货紧缩对于一个国家的经济发展非常不利；而在另一些年份里，有些国君想要做点事情，比如修建公共工程或者发动战争，他必然要面对财政不足的困境。解决财政困境的常用手段就是通货膨胀，因此铸小钱、铸大钱这些事情都来了，结果民不聊生。

所以，单一铜钱时代的中国经济，总是交替处于"通货紧缩—通货膨胀"这样的周期性折腾之中，无法跳出这个怪圈。把握这个周期律，是认识中国古代历史的一个重要工具。那么，我们有什么办法可以跳出这个周期呢？也不难，就是要求国家大量铸造普通的钱，满足日常市场交易的需求。

中国直到宋代才真正理解这个原理，开始大规模地铸钱。所以，如今我们能接触到宋代各个时期通宝的数量最多。这真实地反映出，宋代是中国历史上市场经济比较发达的时期。

但是，铸钱较多也有麻烦。中国的铜钱不断外流，如今在东南亚、西亚甚至非洲都能发现不少宋钱。世界很多地区没有自己的钱币，就直接用宋钱作为货币。中国铸再多的钱，也不可能满足海外那么多国家的需要。所以，北宋设置了铁钱隔离带，后来铁钱又演变成纸币。

宋、元以及明代初期的纸币实践，证明了不能自由兑换的纸币是很脆弱的，极容易通货膨胀。经济活动暂时还要回到铜钱上，但铜钱固有的问题仍需解决。中国的铜矿储量和国家铸币的能力，应付先秦、两汉比较落后小规模的市场经济可能还行，但要应付明代中后期这种规模的市场经济，已经力不从心了。

大规模白银流入，给中国带来新的契机。白银本身有价值，大额储藏没有问题。但我们知道，白银要变成日常流通货币，一定要解决标准化问题。白银不可能是纯银，它的纯度或者成色是很难测量的。我们经常说的"纹银"就是一种交易标准，按照后来清代的规定，含银量达到93.5%就称为纹银。成色不足的白银当然也能交易，但交易中就必须升水，也就是支付更多数量的白银。

这样的交易方式，只有大规模、大额度的偶尔交易才有可能，日常交易绝不可能是这样的。普通老百姓也不需要远距离交易，绝大多数交易可以在附近实现，所以并不需要白银。但是，有一个特殊场景涉及远距离交易，那就是税赋。明代初期采用传统的两税法，也就是一年缴两次税，以实物为主，由官方押送到北京。

但是，实物税收必然面临一些交易上的阻碍。比如江南的很多地方，按照规定要上缴粮食。但是，当地普遍都种植棉花，棉花的收益比粮食高，老百姓都不种粮食，甚至自己的口粮都从外地购买，哪里有那么多粮食可以上缴。所以，民间一直有各种呼声，希望把上缴的粮食折成银钱，这样老百姓把棉布卖掉就可以直接缴税了。

从运输成本来看，这种做法也是有利的。一方面，北京作为首都，会聚了大量人口，确实需要消费大量粮食。这些粮食主要有赖于大运河从南方运来。另一方面，粮食不一定完全从各地来。比如四川、湖北这些地方，把粮食运到与大运河交汇之处的成本非常高。如果当地把粮食折成银钱，然后派人在大运河沿岸收购粮食，运输成本就会显著降低。

所以，从财政或者税赋的角度来看，实物税收朝向货币税收转换，是一个必然的规律。我们都知道，张居正大力推广"一条鞭法"。所谓"一条鞭法"，就是把各州县的田赋、徭役以及其他杂征都合并为一条，合并征收银两，按亩折算缴纳，这样就极大地简化了税制，方便征收。"一条鞭法"是明代财政最重要的变革，它既不是张居正最先提出的，也并没有在张居正手里彻底完成。"一条鞭法"在16世纪初就已被提出，一直在推进，而张居正只是这个变革中最有力的一位推动者。

"一条鞭法"的核心是所有税赋都用白银来计算，这一点非常重要。但税赋用白银来计算，并不意味着当时白银就已经成为主要的流通货币。武汉大学的陈锋教授有一个重要的观点，那就是从明代一直到清代初期，中国主要发生的变革是"统计银两化"，而不是所谓的"白银货币化"。

所谓"统计银两化"，主要不在于白银在市场上的流通，而在于赋税的征银和支出的用银。也正是在这一点上，"一条鞭法"改革具有特殊的意义。这种折银征收制度就奠定了"统计银两化"的基础。明朝有很多财政统计数据，其中最详细、最完整的一部书叫作《万历会计录》，近年来已经有学者重新整理点校出版了。从《万历会计录》里，我们就可以发现各项统计从实物朝向银两单位的重要变化。

白银外流与银贵钱贱

我们再来看清代的货币制度。日本和南美生产的白银源源不断流入中国，推动了中国的"统计银两化"。白银作为大额财富的储藏手段，在明末清初并没有成为主要的流通货币，大家还是用铜钱。从事国际贸易的客商从海外收到银圆后，会把银圆重新融化铸成银锭，用于国内的缴税和大额贸易。

明清鼎革，朝代换了，但货币制度并没有大的变动。清代主要还是延续明代制度，小心谨慎地铸铜币，也允许白银流通，尽可能不碰纸币。清初规定了银钱的兑换比例，官方指导价格：一两白银兑换一千文制钱。

所以，白银和铜钱的关系有点像当下10美分硬币和100美元纸币的关系。用过美元的朋友可以回想一下：你去买杯咖啡，用100美元纸币就很不方便；但你要是去买个大件商品，用硬币就不方便。这两套系统唯一的区别是，100美元纸币和10美分硬币的兑换率是固定的，但铜钱和白银的汇率是不固定的。虽然当时官方指导价是一两白银兑换一千文制钱，但民间实际汇率随着两者在市场上数量多少而变动。在钱贵的时候，一两白银就只能兑几百文铜钱；在银贵的时候，一两白银就能兑一千几百文铜钱。政府没有能力管理这个汇率，只好让它自由波动。

到了18世纪后期，市场上的银圆开始多起来。银圆是一枚一枚的，可以直接流通。一枚标准的西班牙银圆，含银量是七钱二分，大约就是一两白银打个七折。随着物价上涨和跨区域交易需求的增多，银圆逐渐变得和铜钱一样适合现实经济。所以，在乾隆年间，也就是18世纪中后期，银圆在流通中的影响力越来越大，逐渐成为主流货币。到了19世纪初，也就是嘉庆、道光年间，银圆已经成为中国最主要的货币，铜钱则变得有些次要了。

19世纪上半叶，也就是1800—1850年，中国货币制度的变化是一个非常吸引人的话题。众所周知，1840年前后，鸦片战争爆发，随后清政府签订中英《南京条约》，割让香港岛，五口通商，中国历史发生了巨大的转折。那么，货币制度的转变在这个过程中发挥了什么作用呢？我以前经常疑惑一个问题："《南京条约》里约定，要向英国赔偿2100万银圆，而在以后的一些不平等条约里，比如《马关条约》就约定，要向日本赔偿2亿两白银。为什么之前赔的是银圆，后来就变成了白银了呢？"

下面我们就试着来讨论一下。我主要引用的是台湾"中央研究院"林满红教授的观点。林教授有一本著作叫《银线》，原书是英文写的，得过很多奖，现在已经有中译本。林老师经过分析大量史料，得到一些特征事实。乾隆时期，政府就在使用铜钱和银圆问题上有过斟酌，在白银短缺时就鼓励使用铜钱，在铜钱短缺时就鼓励使用白银。我们不要忘记，统计银两化是很重要的。当大多数商品习惯用银两作为标价以后，白银就会被更多人追捧。

乾隆后期，中国的铜钱铸币数量开始下降。同时，进口银圆的质量有所提高。早期各国银圆质量不一，银圆周围还经常缺少花纹。老练的中国人就会对银圆剪边，以前对铜钱就是这么干的。而在乾隆后期，流入中国的银圆主要是墨西哥铸造的西班牙银圆，品质优异，上面有国王的头像，老百姓管这种银圆叫"佛头"。当时，人们仿不出这种高质量的机器压制的银圆，这种银圆比需要称量的银锭方便很多。政府看到老百姓都喜欢用银圆，也无法阻拦，最后干脆规定，缴税也可以用银圆。过去的研究往往低估了银圆在中国的快速普及。例如，嘉庆帝查抄和珅家产，在查抄出来的财物中，有近6万枚银圆的存折，都储存在各地的钱庄里。

在银圆普及的同时，有一些小银锭或者更小的细银在民间流通。总体来说，银圆主要从广州流入中国，所以主要在南方流行。而北方或者更偏远的地方较难获得银圆，又需要用白银交易，这才会使用小型银锭。总体而言，银圆更好用，银圆的使用范围要大大超过银锭。银锭由于缺乏管制而没法做到标准化，每次使用都要看成色、称分量，非常麻烦。一旦市场上银圆数量多起来，人们很快就会转向简便易行的银圆。

虽然如此，但是从1800年到1850年，老百姓都有一个明确的感觉，那就是白银越来越贵，铜钱越来越贱。银贵钱贱，一两白银兑换的铜钱很快跌破1500文，低的时候甚至跌破2000文。为什么会这样？有一种很有影响的传统观点，英国从印度殖民地向中国输入大量鸦片，交换中国白银，导致中国白银外流。白银外流致使市面上的白银少了，自然表现出银贵钱贱的状态。

这套说法看似很有说服力，但与事实不符。林满红教授指出，从统计数据上看，1850年以前，鸦片输入与白银外流确实同时存在。1850年以前，每年鸦片输入的数量不到6万担，而1850年以后，每年鸦片输入的数量超过6万担，甚至超过8万担。而中国白银外流的趋势奇迹般停止了，大量白银转而流入中国。事实上，我们观察更长的时间段，比如1720—1900年，白银在绝大多数时间流入中国，只有在1800—1850年出现了白银外流的现象。鸦片输入不是白银外流的主要原因，它远不如茶叶或者生丝重要。甚至我们可以找到相反的逻辑，白银外流才是鸦片输入中国的主要原因。

白银外流的根本原因是南美白银供给的急剧减少。1800年以后，南美的白银矿山开始枯竭。同时，大量南美国家在这个阶段争取独立，使得当地政府无力维系原有的生产模式。白银生产是劳动密集型产业，弱政府是不可能组织大规模白银生产的。白银产量减少，极大地影响了中国的出口，从数据上看，就表现为明显的白银外流。白银的减少，也使得很多原来在马尼拉从事国际贸易的商人失去了机会，他们不得不转向其他商品，鸦片就是一种很好的替代品。在这些商行中，最出名的一家就是我们熟悉的怡和洋行。所以，鸦片并不是导致中国白银外流的原因，而是中国白银外流的结果。

总的来说，探讨乾隆之后的中国货币，需要看两个方面。一方面，以西班牙银圆为代表的银圆在中国快速普及；另一方面，由于供给短缺，中国出现大量白银外流，银贵钱贱。这两种现象并存，并且导致了中国内部和外部的一系列变动。

参考文献

[1] 林满红. 银线：19世纪的世界与中国[M]. 南京：江苏人民出版社，2011.

[2] Gibson-Light M . Ramen Politics：Informal Money and Logics of Resistance in the Contemporary American Prison[J]. Qualitative Sociology，2018(3)：1–22.

第45讲
山西票号是如何产生的

白银与铜钱的汇率是不稳定的。清朝初年,政府规定白银和铜钱的汇率是1∶1000。但政府没有能力在全国范围内设立国有兑换机构,只能任由民间自发成立银钱兑换机构,也就是钱庄。只要国家不能控制所有钱庄,钱庄就必定遵循市场经济规律,根据市场上银钱供给数量来调整汇率。

当时多数人不懂经济规律,把银钱兑换比率的波动完全归咎于钱庄牟利。比如乾隆二年(1737),户部就上了一道奏折,说当时北京城里一两纹银只能兑换八百文铜钱,而不是法定的一千文铜钱。原因就在于,"兑换之柄操之于钱铺之手,而官不司其事,故奸商得任意高昂,以图厚利"。解决办法就是,加强对钱庄的管理,防止这些钱庄相互勾结。但这个说法,显然没有抓住要害。

从如今人所共知的经济学原理来看,铜钱和白银作为货币,其流动性最强，数量众多，属于完全竞争。如果你要管理钱庄，除非把全国各地钱庄都严格管制起来，否则根本无法调整银钱之间的汇率。要想改变钱贵银贱的局面，最根本的办法就是多铸钱，使得铸钱的速度赶上白银进口的速度，这样汇率就逐渐稳定下来了。

而到了乾隆中后期，钱庄发展的速度越来越快，并逐渐具备了信用的功能。钱庄不仅能兑换银钱，还能发出"钱票"。钱票就类似于现在的存折和支票。乾隆年间，中国的国内贸易和国际贸易水平都有巨大的发展。当时，中国采用"一口通商"的国际贸易制度，就是所有外国的商船都只能到广州，通过中间经纪人也就是"十三行"来进行交易。虽然交易的地点在广州，但交易的商品，比如茶叶、瓷器、棉布，都不是产自广州的。

茶叶的主要生产地在安徽；瓷器的最著名生产地在江西景德镇；棉布里最大宗的一类叫作"南京布"，主要生产地在江南。这些商品千里迢迢运输到广州出口，如此远距离的运输，不知要经历多少困难。而货币的流动方向是相反的。如果你是"十三行"派出来采购的，那么从广东到安徽，你一定不愿意随身携带上千两白银，使用钱票势在必行。同时，一些大商人从贸易中获取大量资金以后，没有明确的投资渠道，所以也希望将部分资金存放在钱庄里获取利息。钱票就是在这种背景下出现的。

钱票是本地钱庄发行的，见票即付，所以，它就具有"准货币"的职能。比如，你在广州，现在手里持有一张南京著名钱庄发行的一百两白银的钱票，你就可以将其当作一百两白银来使用。这在小范围里是没有问题的。只要大家都信任这家钱庄，这张钱票就可以在大家手里一直流传下去，没人真的会到南京把它兑现。

但是，钱票是以本地钱庄作为信用担保的。当大家使用一张外地钱庄发行的钱票时，内心一定还是有些担忧的。你可能都没去过那个城市，也不知道那家钱庄规模怎么样，更不知道它现在经营情况怎么样，所以接受一张钱票是有风险的。到了道光年间，北京的外地钱票就很泛滥，曾经出现过信用危机。

所以，一种更专业的金融机构应运而生，就是票号。

票号的诞生

山西有个著名的古城，叫作平遥。平遥古城的西大街有"大清金融第一街"的称号，这里诞生了中国第一家票号——日升昌票号。如今，原址设立了中国票号博物馆，大家有机会不妨去参观一下。日升昌票号影响深远，它的口号是"汇通天下"。不知道大家有没有看过电视剧《乔家大院》。电视剧里，乔家的理想是"汇通天下"，就是从日升昌这里挪过来的。乔家大院在祁县，不在平遥。在清代，平遥、祁县以及旁边的太谷——几座山西小城——传奇性地成为中国的金融中心。

一切都要从日升昌说起。最初它是个做颜料的商号，叫"西裕成"，总号就在平遥的西大街，东家叫李大全。颜料的作用可不是画画，而是染布，所以应用范围很广。它的很多客户在北京、天津、汉口等地。他们在做颜料生意的时候，就面临一个基本的问题，即钱的转运。动辄几百两白银，要从北京运到山西，这是很危险、很麻烦的。

当时，北方有一个特种行业，叫作"镖局"，就是做押运的。这个特种行业的兴盛时间不长，也就百余年，很快就消失了，如今只有在武侠小说里还留下一点印记。镖局是伴随白银作为货币流通而出现的，镖局又是随着票号等金融市场的发展而消失了。

西裕成在北京的生意做得很好，负责人叫雷履泰。雷履泰在经营业务的时候发现周围人有很强的汇兑银两的需求，他的头脑极为灵活，就发明了汇票的手段。比如，你在北京，想要带一百两白银去山西进货，那么你可以在北京把钱交给西裕成分号，分号给你开一张汇票，你带着这张汇票去山西。汇票只是一张纸，随便藏在哪里也没人知道，所以你根本无须找镖局，自己去就可以了。到了山西，你可以去平遥的西裕成总行取钱，总行见票即付，你就可以拿着一百两白银去买东西了。

1823年，雷履泰被调回平遥，担任西裕成的大掌柜。他就和东家李大全商量，现在资金汇兑、存款等业务需求已经超过原本的颜料生意，干脆我们转行，专业来做这种票号生意。李大全答应了，投资三十万两白银，由雷履泰担任大掌柜，成立日升昌票号。日升昌的意思就是"如日东升，生意昌盛"。

日升昌成立以后，生意马上变得很火爆。雷履泰很有眼光，在全国40多个城市设立了分号，也就是全国各地都有网点，都可以汇款、存款。日升昌繁荣了数十年，在鼎盛时期，它的业务甚至遍及日本、东南亚，无人不知。

日升昌火了，周边很多人也跟着模仿。到了19世纪50年代，山西已经形成平遥、太谷、祁县三帮十八家票号。平遥帮实力最强大，日升昌自不用说。日升昌的二掌柜叫毛鸿翙，他与大掌柜雷履泰时常有一些矛盾。东家更支持雷履泰，于是毛鸿翙就在别人撺掇下另立门户，担任了另一家票号蔚泰厚的大掌柜。蔚泰厚就开在日升昌隔壁，大量照搬日升昌的管理制度，很快成为足以与日升昌抗衡的大票号。

再往后，蔚泰厚越做越大。蔚泰厚的东家是山西介休原本做绸布生意的侯荫昌。毛鸿翙建议侯荫昌把原本的绸布庄全都改成票号，于是就有了蔚丰厚、蔚盛长、新泰厚、天成亨，再加上原来的蔚泰厚，一共有五个票号的品牌，人称"蔚字五联号"。蔚字五联号后来居上，不断扩大，逐渐成为平遥规模最大的票号，分号也是遍布全国各地。

到了19世纪中后期，不要说在全国各大城市，即使是在人口稀少的少数民族地区，比如打箭炉、巴塘、理塘这些地区，也都有山西票号的分号。山西票号每年的营业额高达四五千万两，纯利润也有四五十万两。

创业艰难，而守业更难。山西票号自1823年诞生以来，经历了数十年的风风雨雨。我们知道19世纪中后期，中国可谓多灾多难：先是太平天国运动，然后是很多次的国际战争，还有大量的自然灾害，都对自然经济产生重大冲击。而山西票号挺过了一关又一关，甚至还时常利用战乱机会壮大自身，一直延续到20世纪初。这背后有很多原因需要总结。

票号的管理制度

山西票号成功的主要原因就是它的制度设计。我们都知道，金融是一个需要高度信誉的职业。要让大家对它有信心，它就必须认真地控制外部和内部的各种风险。山西票号在发展过程中，发展出很多种精密复杂的制度，对于后来中国的银行业也有重要影响。接下来，我们就以日升昌为例，来看看山西票号的这些制度创新。

日升昌从创办初始，就引进了当时世界上最先进的印刷技术，用"水印"法印刷汇票，并在关键部位如四个角上都加盖戳印。汇票的印数及领用均有严格控制。外人并不知道日升昌印制了多少汇票、如何印刷，日升昌内部则清清楚楚。

当时没有打字机，汇票必然手写。日升昌的汇票内容都由经过严格培训的专职人员用毛笔书写，而且写汇票的人的笔迹，必须通报日升昌遍布全国各地的数十家票号。各地票号见到汇票上的笔迹，就能与开票行联系起来，这也算是一种初步的防伪检验。

更重要的是，日升昌汇票上有大量的密押，类似于密码。例如，现在有一张汇票，内容是"五月十八日给×省票号分号汇去白银五千两"。旁边写着几个暗号密押，"冒害看宝通"。外人看着这几个字莫名其妙，不知何意。好在如今的票号博物馆里有一张密押表，也就是密码本，我们对照着一看就清楚了。

"谨防假票冒取，勿忘细视书章"，这12个字就表示1—12个月；"堪笑世情薄，天道最公平。昧心图自私，阴谋害他人。善恶终有报，到头必分明"，这30个字表示1—30天；"坐客多察看，斟酌而后行"，这10个字表示数字1—10；"国宝流通"，这4个字分别表示"万""千""百"和最后的"两"字。所以，"冒害看宝通"就表示"五月十八日，汇款五千两"，密押内容和票面内容是一致的。这个密押表是山西票号的极端机密，只有极少数内部人员知道。

票号在收到汇票准备兑付时，先要查对书法笔迹，然后查对水印图章，最后还要看密押内容与票面内容是否相符。在这几关都过了以后，票号才能爽快付钱。有人会问，如果我搜集了很多汇票以后，是否能根据不同汇票的密押来破解呢？确实有这个可能。所以，山西票号会做两件事。一是不定时地更换密押，把之前的密押体系作废；二是收到汇票后及时销毁，绝不保存，减少在外部流动的汇票，也就降低了密押体系被破解的风险。在日升昌的历史上，自从发明这套密押体系后，还没有出现过冒领的事件，说明它确实是非常有效的。但同时，山西票号的汇票流传下来的并不多，绝大多数被销毁了，这也是一件挺可惜的事。

除了这些技术手段，山西票号还非常注重内部管理。有金融实践经验的人都知道，风险并不总是来自外部，有时来自内部。如果票号内部有人与外人勾结，出卖票号秘密，那会是一件非常可怕的事情。所以，票号在内部管理上会做一系列的制度创新。

首先是两权分离、经理负责。从日升昌到蔚泰厚，山西票号的运作都是由东家出钱，由大掌柜负责。大掌柜在票号内部有无上的权力，诸如用人标准、业务开拓等，全都是大掌柜一个人说了算。即使是东家，也只有建议权而没有决策权。这种两权分离制度是山西票号最重要的特色。如今，我们说到山西票号，就会想起那一个个大掌柜的英雄事迹。

其次是股份制。票号创办所需资金众多，一般用股份制方式筹资。股份又分为银股和身股，"出资者为银股，出力者为身股"，东家出银股，伙计出身股。当然，创始人也可能同时有银股和身股，比如在日升昌创办时，东家李大全出了三十万两，大掌柜雷履泰出了二万两，银股一共有三十二万两。雷履泰因为参与经营，还能享受身股。

银股与身股会一同参与收入分配。所有在票号工作的伙计，除了获得每年应得的工资以外，也都会根据表现获得身股。身股的设计非常复杂，分成一至十厘十个档次。身股与伙计工作的年限、职位等都密切相关。从某种意义上说，身股的多少就代表了一个人在票号中的职务高低，也决定了年底分红的数量。

一般来说，年底分红的权益是银六身四，银股占六成，身股占四成。比如有一份记录，泰丰源票号在1908年这一年获银一万二千两，按照银六身四分红，银股股东可以获得七千二百两，而身股股东可以获得四千八百两。这是一种非常有效的激励机制，和现在的职工持股计划如出一辙。只要进入山西票号这个行业，由于身股的约束和激励，大多数人就会兢兢业业干下去。

票号的消亡

接下来我要问的问题是，既然山西票号创造了如此精密和巧妙的管理制度，为何后来消失了呢？如今，我们只知道银行，不知道票号。对于鼎盛一时的山西票号，我们除了从山西的王家大院、乔家大院的建筑里还能看出一些痕迹以外，余下的只能通过电视剧来脑补了。那么，山西票号为何迅速地在历史上消失了？

很多经济史学家对这个问题感兴趣。山西票号挺过了一关又一关，但最后在清朝灭亡时期，一家连着一家倒闭，一发不可收拾，就像是要为清朝陪葬一样。到了民国初年，山西票号基本没剩下几家。到了20世纪20年代，所有的票号都消失了。

我们可以观察到，在这个时期，大量新式银行如雨后春笋般地出现。最初是大量外国银行，随后出现了很多中国银行，大家都可以从事汇兑和存款业务，与票号的业务相重叠。是不是这些外资银行把票号挤垮了呢？

经济史学家目前已有一些初步结论。山西票号在发展过程中，与中央政权的关系越来越紧密。比如，在八国联军入侵北京时期，慈禧与光绪西逃，主要就是依靠山西票号的资本设立行宫，协助解决路费等一切开支。慈禧回到北京后，给予回报。所以，在清朝的最后岁月里，山西票号几乎垄断了清政府的日常财务开支，皇室欠了山西票号大量的钱。在正常情况下，一个国家欠钱没什么关系，因为有国家信用作为担保。但在辛亥革命以后，清朝终结，清政府欠山西票号的那些钱也无从追讨，山西票号银根断裂，连锁式崩盘。到了民国时期，军阀混战，各地票号被抢劫，内部人员趁机携款潜逃，这种混乱局面最终葬送了山西票号近百年的基业。

其实，山西票号在最后岁月里，也有一些稍纵即逝的机会。"蔚字五联号"中的蔚丰厚北京分号的掌柜李宏龄，是山西票号经营者中极有见地的一位人物。他目睹新式银行迅速发展，这对传统山西票号构成了巨大的挑战。1908年，他向祁县、太谷、平遥三帮的总号发出倡议信，呼吁大家合资，将票号改组为新式银行。他的倡议信在发出去后，得到各地分号很多高管的积极支持。但是，山西票号中最为德高望重的蔚泰厚大掌柜毛鸿翙反对，使得李宏龄的倡议未能实现。没过几年，辛亥革命爆发，山西票号就再也没有机会了。

参考文献

[1] 张国辉. 晚清钱庄和票号研究[M]. 北京：中华书局，1989.
[2] 黄鉴晖. 山西票号史[M]. 太原：山西经济出版社，2002.

第 46 讲
现代银行是如何诞生的

如今，我们不再使用铜钱，也不再使用白银，但仍然在跟银行打交道。在未来相当长的时间里，我们恐怕仍然要接触银行。

银行的诞生

银行是一种古老的金融系统，又是一种比较新的金融系统。之所以说它古老，是因为根据记载，古巴比伦时代就有类似银行的金融机构存在；之所以说它新，是因为1694年英格兰银行才初步奠定现代银行的制度，到现在不过300多年。对于中国而言，银行是外来品。最早进入中国的外资银行是英国的丽如银行（Oriental Bank），于1845年在香港和广州设立机构，于1848年在上海设立机构，这就是中国现代银行的发端。

"Bank"（银行）这个词，最早源于意大利文"Banca"，原意是长凳、椅子。它是早期市场上货币兑换商的营业工具。因为在早期，从事货币交易的人都在港口或集市上等人来洽谈，他们就坐在长板凳上。后来，这些人有了一个统一的称呼"Banca"，就是说他们是"坐长板凳的人"。而这些坐长板凳的人其实就是最早的银行人员。"Banca"传到英语地区以后，逐渐转变为"Bank"。

在这种机构刚刚进入中国的时候，中国人也不知道怎么翻译"Bank"这个词。中国人只知道钱庄、票号，不知道"Bank"为何物。"银行"这个词，在中文里最早是指银号行业，还不是指发行钞票、汇票的现代银行。到了19世纪50年代，当时在香港的著名传教士、学者同时也是翻译家的理雅各（James Legge），首次把"Bank note"翻译称为"银行钱票"，这才有了现代银行的意思。

后来，太平天国的干王洪仁玕在《资政新篇》里提出过一项重要主张，叫作"兴银行"，指的就是创办现代银行。这是中国人第一次明确提出要创办自己的银行。当然，太平天国最终也没有创办自己的银行，但是这个词留了下来。为什么洪仁玕那么有眼光？因为他在香港待了很多年，与理雅各等传教士非常熟悉，深受他们的影响。所以，《资政新篇》是一本很精彩的书，里面提出的大量政策建议都远远领先于时代，除了创办银行以外，还有修建铁路、创办邮局等，这些都非常了不起。

自从英国丽如银行进入中国以后，很快各个国家的许多银行纷纷进入中国。比如英国的汇丰银行、惠通银行、中华汇理银行，法国的法兰西银行、东方汇理银行，德国的德华银行，以及俄罗斯的华俄道胜银行，等等，足足有几十家。而中国的金融主要依赖于钱庄、票号，对于银行这种新式金融机构的反应非常慢。一直要到

1897年，盛宣怀才创办了中国人自办的第一家华资银行，名叫"中国通商银行"。

1905年，清政府成立了大清户部银行，这是中国最早的国家银行，总行设立于北京。1907年，大清户部银行在济南设立分行。1908年，大清户部银行更名为大清银行，终于有点像是现代银行了。而到了1911年，大清灭亡，大清银行变身为中国银行，成为民国政府的中央银行。目前，中国银行是中国规模最大、最重要的商业银行之一，也是中国现在唯一持续营业超过百年的大银行。

美第奇家族与美第奇银行

那么，银行是怎么来的？为什么"Banca"最早源于意大利？我还要从大名鼎鼎的美第奇家族说起。意大利的历史挺复杂。有一部英剧叫《美第奇家族：翡冷翠名门》，不知大家看过没有，如果看过，梳理这段历史可能会相对容易一些。

1397年，在罗马从事多年银行业务的乔瓦尼·美第奇（Giovanni Medici）决定迁居佛罗伦萨，在这里开设一家自己的银行，这就是美第奇银行。美第奇银行创立时并不起眼，但开启了美第奇家族以及整个佛罗伦萨崛起的传奇故事。在此之前，1309年至14世纪末期，连续几代教皇一直生活在现在属于法国的阿维尼翁，都没能返回罗马，历史上称之为"阿维尼翁之囚"。但是1410年，罗马终于有机会迎来自己的教皇。乔瓦尼看准这个机会，把赌注压在未来教皇身上，帮助他取得宝座，并返回罗马。美第奇银行从此与教皇攀上了关系。

美第奇银行算不上意大利土地上最早的银行。在它之前，佛罗伦萨就已经有一些合伙制的商业公司和银行公司，其规模也曾经做到很大。这些银行支持的贸易网络可以远至英格兰和北欧，但是这些银行都在14世纪的经济衰退中破产。而刚刚返回罗马的教皇，急需一个能够为自己打理遍布欧洲甚至亚洲业务的金融业务理财者。乔瓦尼就利用与教皇的特殊关系，成为教皇的理财者。当时，教皇的位置并不稳固，教皇的生意也常常处于风险之中，但美第奇银行始终坚定地支持教皇，从此确立了自己的声誉。

乔瓦尼虽然身处险恶的政治环境中，却没有对政治表露出强烈兴趣。他是一个真正的银行家，精通各种金融运作手段，迅速壮大美第奇银行的规模。早期意大利地区的银行多采用单一经营结构，而其最主要的业务必然是长距离贸易。这种贸易风险极大，很容易被违约债务人拖垮。乔瓦尼在控制风险上拥有极强直觉，坚持主张多元化经营，又引入合伙制度，降低风险。乔瓦尼还特别注重财务分析。他曾偷偷保留了一本有关美第奇银行的秘密账本，连续记录多年，内容极为翔实。没人知道这些账本存在，直到20世纪40年代被人发现。

1429年，一辈子小心谨慎的乔瓦尼逝世，把银行帝国转交给了儿子科西莫·美第奇（Cosimo Medici）。科西莫年纪轻轻就掌握了惊人的财富，马上引来无数人的关注。1433年，在政敌的运作下，科西莫和他的支持者在市民公投之中被认定犯有叛国罪，被强制流放到威尼斯。等到美第奇家族离开佛罗伦萨后，市民才意识到美第奇银行对于佛罗伦萨的重要性。很快，失去经济支柱的佛罗伦萨在战争中败给了米兰，一批拥护美第奇家族的官员上台，高调迎回科西莫。

科西莫回到佛罗伦萨，真正成为佛罗伦萨的无冕之王。在他的影响下，佛罗伦萨变成了"托斯卡纳自由的保卫者"。佛罗伦萨坚守共和主义，追求城市自由，后来被认为这也是文艺复兴的精神。科西莫在掌权时期，继续扩大美第奇银行的规模，同时大量投资公共事业，在佛罗伦萨赢得了很高的声誉。连教皇也不得不说："政治事宜应该直接在科西莫家中解决，他的亲信把持着政权，由他来决定战争还是和平，法律也在他的控制之下。虽然没有名号，但他是真正的国王。"

在乔瓦尼时代，美第奇银行还只是低调地经营贸易和金融业务，不会直接参与政治。而到了科西莫时代，美第奇家族已成为佛罗伦萨的实际统治者，要直面各方政治压力。科西莫手段高明，为了制衡教皇和威尼斯，他巧妙地把佛罗伦萨与那不勒斯、米兰结盟，构成关系紧密的三角形，保证了佛罗伦萨的稳定。

据瑞士历史学家雅各布·布克哈特（Jacob Burckhardt）在《意大利文艺复兴时期的文化》中的记录：乔瓦尼去世时，留下了18万金币的财富；而从1434年到1471年，美第奇家族为公共事业的付出不下66万金币，其中仅科西莫一人负担的就有40多万金币。例如，科西莫支持了艺术家多纳泰罗雕塑《大卫》像，也一直支持天才建筑师布鲁内莱斯基修建圣母百花大教堂的穹顶。这项工程在当时的技术水平下极为困难，但科西莫坚定投资，毫不动摇。当巨型穹顶真正建成时，整个佛罗伦萨都轰动了。圣母百花大教堂至今仍是佛罗伦萨最为标志性的建筑。

到了1464年，一直被痛风困扰的科西莫去世，被佛罗伦萨政府授予"国父"的称号。不幸的是，他的儿子皮耶罗·美第奇（Piero Medici）也身体不佳，于1469年去世。维护美第奇家族荣耀的重任，就落在科西莫的孙子洛伦佐·美第奇（Lorenzo Medici）与朱利亚诺·美第奇（Giuliano Medici）身上。

尤其是少年得志的洛伦佐，不仅继承了美第奇银行，也继承了祖父科西莫对古典文化的兴趣。他挥金如土，不计成本地赞助公共建筑、文化教育以及慈善活动，身边永远簇拥着数量庞大的哲学家、学者、诗人和艺术家。洛伦佐很快获得了"奢华者"的称号。他在圣马可修道院旁开办了一所艺术学校，将自己的各类收藏以及艺术大师的优秀作品在这里展示，欢迎每个有兴趣的学生来此学习，而且他们都享有与洛伦佐同桌共餐、热烈交谈的待遇。米开朗琪罗和波提切利都出自这个学校。

可惜的是，"奢华者"洛伦佐并没有像科西莫那般同时具备经营和管理才能。他不会理财，所以美第奇银行在洛伦佐手里开始衰落。美第奇银行源自西欧、北欧贸易的利润不断萎缩。在洛伦佐主事期间，许多美第奇银行在国外的分行因为坏账而破产，包括在伦敦和布鲁日的分行都先后破产。为了继续支持他的奢华消费，洛伦佐四处挪用资金，甚至取消了公民大会管理财政的权利，直接动用信托基金和国库。意大利历史学家弗朗西斯科·圭恰迪尼［Francesco Guicciardini，也是尼科洛·马基雅弗利（Niccolò Machiavelli）的好友］认为，洛伦佐就是一个不折不扣的僭主。

圭恰迪尼在《意大利史》中指出，现代历史的开端是1494年。在此之前，意大利半岛尤其是佛罗伦萨经历了空前的繁荣，美第奇家族在不到百年的时间里迅速崛起，富甲天下。但是，在"奢华者"洛伦佐死后，佛罗伦萨引来法国国王查理八世入侵。很快，美第奇家族被逐出佛罗伦萨，佛罗伦萨正式进入共和国时期，而美第奇银行没能转变成为现代银行。

美第奇银行剩余的几家分行在1494年被强行关闭，这个依靠银行发达的家族最终离开了银行业。1949年，美国经济史学家雷蒙·德鲁弗（Raymond de Roover）与妻子偶然地在佛罗伦萨档案馆里看到一套"机密账本"，仔细查阅，发现这竟是当年美第奇银行的账本，账本详细地记载了从乔瓦尼时代到科西莫时代经营美第奇银行的账目。德鲁弗以这套珍贵的账本为基础，倾十年之力写出《美第奇银行的兴衰》，于1963年出版，轰动了学界。

英格兰银行的历史

说完美第奇家族与银行业之间的传奇故事，我们再来看看英国。美第奇家族的银行业给我们留下众多值得思考的教训，它最终是失败的。而英国是一个成功的例子。英格兰银行是英国的中央银行，也是世界上最早的中央银行，它建立至今已有300多年的历史，现在仍然发挥着巨大的作用，对英国国家的货币政策负责。

英格兰银行的出现与17世纪末期的欧洲战争有着直接的关系。17世纪时，欧洲大陆和英吉利海峡一直笼罩在接连不断的战火之中。战争是所有欧洲国家必须面对的最严峻考验，而且战争似乎无所不在，每个欧洲国家都面临着其他所有国家的战争威胁。战争依赖于军队，军队的建设则依赖于军费，必须要有庞大的金融体系加以支撑。

有历史学家统计过，在16世纪打一场战争，大概只需要几百万英镑；到17世纪末，军费价格飞涨，大概需要几千万英镑。当时最富裕的国家，比如西班牙和荷兰，都无法依靠正常的财政收入和投资回报来应付巨额的战争开支。我们之前讲过，西班牙从美洲开采了大量的白银。但是，这些白银被运回西班牙之后，也没法一直支持西班牙的军事支出。打了好几场仗之后，西班牙从南美的获利都消失了。所以，当时欧洲各国君主为了打仗，都不得不四处筹钱。

复辟称帝的英格兰国王詹姆士二世就面临这样的问题。詹姆士二世为了扩大军队规模、筹措战争费用，与英国议会发生了激烈的冲突。在这种背景下，1688年就发生了著名的"光荣革命"。这场革命的结果是，支持议会的辉格党人、托利党人废黜了詹姆士二世，并邀请詹姆士二世的女儿玛丽和正在荷兰的女婿威廉共同担任英国国王。因为这场革命未发一枪，没有流血，历史上被称为"光荣革命"。

法国国王路易十四却收留了詹姆士二世。1689年开始，英国与法国开始战争。这场战争打打停停，打了100多年，直到威灵顿公爵在滑铁卢打败拿破仑。所以，后来有人把这场战争叫作"第二次百年战争"。

这场旷日持久的战争自然要花费很多钱。当时，伦敦的民间借贷非常活跃，但民间普遍不愿意借钱给王室，因为王室之前有各种赖账的劣迹。英国议会确实有规定，国王向人们借钱必须归还，可是谁能保证这一点呢？所以，直到战争开始的时候，英国王室都没有筹到钱。这时候，一筹莫展的英国财政大臣蒙泰古，从荷兰阿姆斯特丹银行的运作经验中得到启发。他提议成立一个贷款机构，该机构专门负责为国家筹款。这个想法立刻得到英国议会和国王威廉三世的支持。经过一番紧锣密鼓的筹备，1694年，英格兰银行诞生了。

为了增强人们对英格兰银行的信心，英国议会专门颁布了一部法律——《英格兰银行法》。英国王室也赶紧向英格兰银行颁发皇家特许执照。英格兰银行从创建开始，就采用了股份制运作模式。英国人当时对股份制有很深的认识，马上就看到了其中的巨大商机。只花了11天，就有总共1286个伦敦商人以黄金和白银的形式，向英格兰银行提供了120万英镑的股本。

英格兰银行马上把120万英镑资金借给了英国国王，并约定年利率为8%。当时，英国社会上流通的货币主要是金币和银币。1694年，英格兰银行在成立以后，就开始发行纸币，也就是我们所熟悉的英镑。那时的英镑还不能算真正的货币，更类似于支票。因为当时主要以金币和银币为流通货币，英镑这张纸只是记录黄金的单位，本身没有价值。而英镑的面额种类极为繁多，市场上比较混乱。

第二次百年战争结束以后，英国于1821年正式明确金本位，英镑成为英国的标准货币单位。法律规定，每1英镑含7.32克纯金。人们拿着一张英镑钞票，就可以去银行兑换黄金，银行必须接受。1844年，英国国会通过《银行特许条例》，规定英格兰银行分为发行部与银行部，发行部专门发行纸币，不再经营一般的银行业务，这样就把中央银行的职能与商业银行的职能区分开来。

从此，英格兰银行就具备了中央银行的职能。一直到1946年，英国才在法律上正式明确英格兰银行的中央银行地位。英格兰银行一步步走来，最终成为稳定的中央银行，英镑也成为稳定的英国货币，给其他国家的金融发展提供了很好的样板。

我们现在知道，现代国家不是天然存在的，现代银行更不是天然存在的。现代银行分化成为发行货币的中央银行与经营存贷业务的商业银行，也经历了上百年的实践和演化。直到最近几十年，全世界才终于普遍接受现代银行这种金融形式。

参考文献

[1] 雷蒙·德鲁弗. 美第奇银行的兴衰：管理教皇财富的银行家：上卷[M]. 吕吉尔, 译. 上海：格致出版社, 2019.

[2] 让·里瓦尔. 银行史[M]. 陈淑仁, 译. 北京：商务印书馆, 1997.

第 47 讲
为什么金本位是金镣铐

2020年11月17日，埃及旅游和文物部部长亲手向中国驻埃及大使移交了近年在埃及查获的31枚中国古钱币。据悉，这些古钱币最早可追溯至中国西汉甚至更早的战国时期。这个新闻很有意思。首先我们要明确，任何非法走私偷运中国古代文物出境的行为都是违法的，不管你运的是精美绝伦的青铜器，还是毫不起眼的铜钱。我从新闻图片里看到，移交的钱币里有秦半两，这确实是秦代乃至战国的东西。但市场上，一般品相的秦半两只要100元就可以买到，特别精致的也只要几百元。而稍微稀罕一点的民国钱币，动辄被炒至数万元。埃及这批中国古钱币无疑具有重要历史价值，但估计并没有很高的市场价值。这也能给我们提供一些启示。很多年轻朋友想收藏一些历史古物，但是去拍卖会上买几件青铜器，恐怕力所不及，而古钱币就是一个很好的起点。

什么是金本位

所谓金本位，其核心有三点，就是黄金自由铸造、黄金自由兑换、黄金自由输入和输出。采用金本位的国家，如果使用纸币的话，就必须明确宣布纸币的含金量，就是每一元钱的本币能够兑换多少重量的黄金。一国之内所有商品都是用本币标价的，比如一杯咖啡多少钱，一件大衣多少钱，那么消费者也可以算出来，一件大衣相当于多少黄金。

在使用金币的时代，任何人都可以按照法定的含金量，把一块金砖交给铸币厂，将其铸成金币，当然还要扣掉工艺费和铸币税。但每个人手里只要持有黄金，就是持有货币。到了纸币时代，任何人都可以去银行把黄金兑换成纸币，也可以去把纸币兑换成黄金，双向自由兑换，银行将黄金作为准备金。

这是一种非常高的要求。对于政府而言，如果采用金本位的话，就必须承诺纸币可以自由兑换为黄金。人们手里有多少黄金，就能发多少货币，金本位不存在政府超额发放货币的情况，也就不存在通货膨胀的情况。如果政府超额发放纸币，那么大家要是拿着纸币去银行兑黄金兑不出来，整个货币体系就有崩溃的危险。所以，金本位是一种极为稳定的货币制度，它就是一副金手铐，把政府看不见的手牢牢固定住了。

19世纪后半叶，可以说是人类历史上前所未有的最繁荣、最富于创新和硕果累累的时期。黄金作为主要货币，可能也对世界经济发展起到了至关重要的作用。当时，白银和其他货币媒介不断地去货币化，大家不再把白银看作货币，只认黄金。于是，地球上大多数人开始使用相同的金本位，全球贸易和资本积累开始以空前的面貌大步向前。

我们可以看一下世界各国采用金本位的时间，法国是1814年，荷兰是1816年，英国是1821年，德国是1875年，意大利是1883年，如表47-1所示。欧洲国家只要经济发展得不错，就会转向金本位。到1900年，约有50个国家正式采用了金本位，几乎所有欧洲工业国家都采用了金本位。此外，还有一些国家虽然没有正式宣布采用金本位，但也使用金币作为主要的交易中介，这在本质上也与金本位类似。

表47-1 世界各国采用金本位的时间

货币	金本位时期（年）	延续年数（年）
法国法郎	1814—1914	100
荷兰盾	1816—1914	98
英镑	1821—1914	93
瑞士法郎	1850—1936	86
比利时法郎	1832—1914	82
瑞典克朗	1873—1931	58
德国马克	1875—1914	39
意大利里拉	1883—1914	31

金本位的好处

金本位可以防止政府滥发货币。政府有时候是靠不住的，这种严格约束制度是很有必要的。那么，除了这种作用之外，金本位还有什么好处呢？

我还记得小时候读过凡尔纳的小说《八十天环游地球》，那是1872年写出来的故事。书上说，主人公福格先生临时起意，跟人打赌，匆匆忙忙地出门。出门的时候，"顺手塞进一大沓花花绿绿的钞票，这些钞票在世界各地都能通用"。这种做法跟我们现在的习惯很不一样。我们出国时，尤其像福格这样要去很多国家的话，一定会事先去银行换外币。而换外币需要预约，因为除了美元、日元这些常用外币以外，银行不会事先预备很多外币。

个人在兑换外币的时候只是进行小额数量的货币兑换，但国际贸易就涉及很大数量的货币兑换。如今，国际贸易已经演变出一套复杂的规则。贸易双方必须约定，采用哪一种货币进行结算，以及汇率是多少。因为签合同和商品实际交易存在时间差，几个月时间过去，汇率可能产生极大的变化，对于交易双方都存在巨大的风险。

而福格在一百多年前周游世界时，完全没有这些顾虑。他随手抓的一大沓钞票显然就是英镑，英镑在全世界都能通用。除了英国国力强盛以外，最主要的原因就是当时全世界大多数地方使用金本位。福格甚至不用像我们现在这样关注外汇汇率。我们经常被教育，换钱时最好不要在机场里换，市中心的汇率更划算。而且，汇率一直在浮动，我们在网上查到的只是最理想的汇率，而现实中面临的汇率总要在此基础上做出一些调整。我在一些发展中国家旅游时，每一个换钱地方的汇率都是不同的。总之，汇率是一件很重要又很烦人的事情。

但是，100多年前，人们出国旅游时竟然可以不用关心汇率。当两个国家都使用金本位的时候，不同货币之间的区别仅仅是每单位黄金的重量不同。所以，不同国家货币之间的汇率就是简单的不同重量单位之间的换算，这个数值是稳定不变的。我们永远不用担心在汇率上遭受损失。金本位更是为国际贸易提供了极大的便利。双方甚至不用明确约定交易采用哪一种货币进行结算，因为每一种货币都表示黄金，用哪一种货币结算，结果都一样。这样一来，我们现在所面临的麻烦问题就都不存在了，交易费用会极大地降低。

可以说，19世纪的金本位应该是人们见过的最理想、最健全的货币制度。金本位如此完美，为什么现在全世界几乎没有国家继续采用金本位呢？下面我们就来分析一下金本位的不足之处。

第一个问题，也是最根本的问题，在金本位体制下，中央银行所能发行货币的数量，取决于全世界黄金的储量以及每年新增的产量。所以，在金本位时代，也就是第一次世界大战之前，中央银行发挥的作用很小，甚至可以说无足轻重，因为中央银行创造货币的能力受限于现实中的金银存量。

货币又是决定一个国家价格水平的根本性因素。如果发行货币的速度超过实体经济产出的速度，物价就会上升，也就是通货膨胀。反之，如果发行货币的速度太慢，物价就会下降，也就是通货紧缩。在金本位之下，总体价格水平的稳定不得不依赖于黄金的发现。黄金被发现的速度又是不可控的。在实践中，这就是所有麻烦的源头。

正常情况下，全世界黄金的发现速度比较慢，而且速度会越来越慢。这就使得英国这样采用金本位的国家在19世纪的很多时候不得不处于通货紧缩之中，物价不断下降，这也不见得就是一件好事。在通货紧缩状态下，经济很难取得有效率的增长，失业率也会增加。最麻烦的问题，是劳动力市场上的问题。经济学家很早就观察到，工资有一种刚性的特征，也就是工资只能往上提，不能往下压。

比如，你大学刚毕业，拿到的工资是每月5000元。过了5年，你还在同一家公司，工资变成了每月1万元。在这个时期，通货膨胀也存在，物价也出现了上涨。你很难评估，在工资的上涨过程中，有多少是通货膨胀造成的，以及有多少是劳动经验提升造成的。但不管怎样，你还能接受这样的结果。但如果反过来，你刚毕业的时候，工资是每月1万元，但过了5年，工资变成每月5000元。老板告诉你，这是通货紧缩造成的，外面的商品都在降价了，所以你的工资也必须降低。你会接受这种解释吗？你为这家企业工作了5年，经验越来越丰富，业务越来越娴熟，而老板发给你的工资反而降低了，你还能忍吗？大多数人是没法忍的。所以，工资只能往上涨，不能往下降，这就叫作工资刚性。而这一点与金本位相互矛盾。

我们再来看另一种突发情形。19世纪中叶，原本是不毛之地的美国加利福尼亚州发现了金矿，马上引来无数人淘金。夏威夷从事种植的华人很快也得到了消息，于是大批移民到加利福尼亚州去了。没过几年，加利福尼亚州的黄金产出就开始减少，淘金越来越难。这时候，新兴的澳大利亚墨尔本又传来消息，这里也发现了黄金，于是又有很多华人移民到澳大利亚去淘金。华人就把墨尔本称为新金山，把加利福尼亚州的那个城市称为旧金山。

美国和澳大利亚的金矿被发现，完全是偶然现象。金矿的出现，使得全世界黄金储量猛增，全世界物价也都有所上涨。这是一个不错的现象，全世界采用金本位的国家都可以趁机发行更多的货币。但是，这种机会并不掌握在这些国家中央银行行长的手中，而完全掌握在美国和澳大利亚的淘金客手中。这样的一个特征很难被人接受。后来，英国经济学家凯恩斯说，黄金简直就是一种"野蛮的遗迹"。

第二个问题，虽然理论上说，政府只能根据黄金储量发行货币，但是黄金本身不会说话，政府或银行发行出来的纸币数量，总会超过其储备的黄金数量。在没有出现黄金挤兑情形的时候，这样做也没什么，但是潜在的风险已经在那里了。

而且，很多国家不仅把黄金作为储备，还把其他国家发行的纸币作为储备。比如，英国是当时的超级强国，很多国家把英镑作为储备货币，把英镑也看作黄金。英国趁机多发行了不少英镑，从中得到了不少好处。而大家都这样做的后果是，真正拥有黄金背书的货币供应实际上只占货币总量的一小部分。风险被逐渐积累起来，越来越大。

我们设想一下挤兑情形。任何一个国家，只要经济出现问题，国家信用出现问题，大量民众手持纸币要求兑换回黄金，这个国家的金本位就面临挤兑风险。如果这个国家老老实实根据中央银行持有黄金数量来发行货币，那么国家发生挤兑也无所谓。可是，现在中央银行里并没有多少黄金，倒是有不少英镑。而英格兰银行的金库里其实也没有很多黄金。大家都知道，实物黄金的结算总是笨重、昂贵和不安全的。金块、金砖不可能用于日常交易，只能将实物黄金集中储藏在商业银行或者中央银行的金库里。拥有黄金的中央银行，并不是利用黄金来发行货币，而是将信用本身充分地货币化。

所以，一旦有国家出现黄金的挤兑，这就是对金本位的全面开战。

金本位的生与死

金本位其实是一种金镣铐。当社会上的人普遍受过良好教育，理解不顾黄金储备而增发货币的风险时，金本位可以对制度安排形成一定的牵制。但是，随着一代又一代人目睹账面财富增加，陷入智识上的自满，越来越多的人将无法抵御这种诱惑。只有真正理解金本位的经济学家和历史学家才知道，金本位的目的就是防止人们在货币供应上以作弊手段获得财富。

一旦一个国家采用金本位，那就是把自己和黄金绑在了一起。在经济繁荣的时候，金本位看起来一切都很美好。1880—1910年，金本位给英国带来世界金融领袖的荣耀，英国利用这个地位发行了更多货币，赚了很多钱。但是，在经济衰退的时候，金本位就不那么美好了。采用金本位的国家必须苦苦支撑这个汇率，只是为了维持金本位的基本特征：纸币与黄金之间的自由且强制兑换。

在第一次世界大战之后，英国经济实力衰退，以凯恩斯为首的经济学家就大力主张脱离金本位。凯恩斯说："很少英国人不想敲开我们的金镣铐。"但是，凯恩斯的观点没有获得采纳。毕竟，金镣铐的吸引力是巨大的，难以抵御。只是时代变了，金镣铐再也没有办法帮助英国再现辉煌。后来，美国经济史学大师巴里·艾肯格林（Barry Eichengreen）有一本于1992年出版的名著，书名就叫作《金镣铐》。

而另一些经济学家，比如奥地利学派的经济学家，则主张拥抱金本位，因为他们看到了人性的狂热，只有金镣铐能把这些狂热控制住。路德维希·冯·米塞斯（Ludwig von Mises）表示，金本位有很多敌人。民族主义者反对金本位，因为他们试图将自己的国家与世界市场隔离开，尽可能让自己的国家在所有的事情上自力更生；干预主义者反对金本位，因为金本位是他们操纵价格和工资水平的重大障碍。而那些试图扩张信贷水平的人，对金本位发起最狂热的攻击。这些人认为，信贷扩张可以解决所有的经济问题。而米塞斯表示，只有金镣铐能够限制这些人的狂热。

我们还是从历史的角度归纳一下金本位的命运。19世纪末，大多数国家已经采用了金本位。1880—1910年，金本位运作得很好。1914年，第一次世界大战爆发。对于一个国家来说，打仗需要花费巨额的钱，但是金本位约束国家不能发行货币，所以包括英国在内的几乎所有国家都在第一时间放弃了金本位。第一次世界大战一直打到1918年。此后，有关英国是否要重返金本位的争议不断。直到1925年，英国终于重回金本位。但这一次，英国经济环境很不好，再加上1929年美国爆发了严重的经济危机，大萧条迅速传播到全世界。英国在1931年9月再一次放弃金本位。从此以后，全世界的金本位就逐渐崩溃了。

中国那时因为太穷，根本无法采用金本位，一直沿用传统的银本位，也就是对外贸易、结算、清偿都用白银来计算，而且白银价格与黄金价格脱钩，与金本位没有一点关系。1929年，美国经济大萧条，所有采用金本位的国家都受到牵连，经济受到重创，金本位崩溃。可中国由于有银本位制这道防火墙的保护，受到的冲击缓和许多。对于大多数中国产业而言，20世纪20年代末到30年代初，可能是历史上非常美好的时期之一。

那么，日本的情况怎么样呢？日本在明治维新之后，一心想加入黄金俱乐部，但日本的外汇储备不足，经济实力也不够。中日甲午战争之后，日本获得大量赔偿，这下外汇够了。1897年，日本推动改革，采用了金本位。但是到了1914年，全世界都脱离了金本位，日本也不得不脱离金本位。1925年，日本看到英国恢复金本位，又跟随英国加入了金本位。1931年，大萧条在全世界蔓延，日本再一次脱离金本位。日本前前后后为了金本位折腾了几十年。

第二次世界大战以后，全世界的经济学家又聚在一起讨论世界货币体系问题。金本位是回不去了,所以讨论的结果,就是把全球货币体系从金本位变成了布雷顿森林体系。而布雷顿森林体系存在内在缺陷,并不稳固,终于在1971年彻底崩溃。直到现在,全世界仍然没有统一的货币体系。

参考文献

[1] Eichengreen B. Golden Fetters: The Gold Standard and the Great Depression, 1919-1939[M]. New York: Oxford University Press, 1992.

第 48 讲
为什么金本位会导致美国大萧条

所有经济系的学生应该都熟悉1929—1933年的美国大萧条。这次经济危机直接催生出经济学的一个流派——宏观经济学。1936年，英国经济学家凯恩斯出版了《就业、利息和货币通论》。这本书很快就被认为是解决美国经济危机的理论指南。罗斯福新政确实与凯恩斯理论高度一致，最终帮助美国走出了危机。从此以后，以凯恩斯理论为基础的一门全新学科就诞生了。

美国黄金时代的到来

1873年，美国通过有关金本位的法案——《铸币法》，从此由金银复本位转向单一的金本位。但是，美国转向单一金本位也并非一帆风顺，其间经历了很多抗争。一直到1896年，美国才算彻底成为金本位国家，加入以英国为首的"黄金俱乐部"。

美国加入金本位的过程，与一个著名的童话故事密切相关，我们就从这个童话故事说起。这个童话叫作《绿野仙踪》，作者是美国作家弗兰克·鲍姆（Frank Baum）。大概很多读者在小时候看过或听过这个故事。这个童话故事在全世界都非常流行，于1939年被搬上银幕，后来又多次被翻拍以及改编成各种舞台剧。可是，这个童话故事背后有一段沉重的历史。

历史上，美国的主要货币储备一直是白银，而不是黄金。南美洲是白银的主要产地，自然有很多白银流入美国。虽然美国在19世纪中叶发现了金矿，但是黄金数量仍远不能与白银相比。如果美国要向英国等西方国家靠拢，采用单一金本位，那么它所拥有的白银便完全失去了作用。所以，1873年，在美国通过有关金本位的法案后，美国西部的大批农民就提出了白银自由化运动，主张回到传统的金银复本位。在金银复本位下，任何人拿着白银都可以去铸币厂兑换成银币。

金本位的支持者主要是美国东部的金融家和大企业家，他们和欧洲有更密切的经济往来。而持有白银自由化观点的西部农民干脆就组成了一个政党——平民党（Populist Party）。恢复白银的复本位是他们的重要诉求，所以人们又把这个政党称为"白银党"。两派斗争了数十年，而金本位支持者逐渐占据上风。1896年，白银党推举威廉·布莱恩（William Bryan）参选美国总统，他的主要竞争对手是共和党的威廉·麦金莱（William Mckinley）。1896年的这场总统竞选非常重要，影响了之后美国数十年的走向。

最后，共和党人麦金莱当选。麦金莱上任后，更为主动地推动金本位，这也标志着白银自由化运动彻底失败。之后，平民党自然也就泡沫化，失去了重要性。而鲍姆正是白银自由化运动的活跃人物，一直在为布莱恩奔走。白银自由化运动失败后，鲍姆也失业了，不得不靠写剧本谋生。

1900年，鲍姆写出了《绿野仙踪》这个剧本。《绿野仙踪》直译为《奥兹国的魔术师》，其中奥兹国是金银重量"盎司"的缩写。主人公多萝茜，据说是一位平民党的著名演说家，绰号就叫"堪萨斯的龙卷风"。被多萝茜压死的东方女巫，据说影射当时的美国总统斯蒂芬·格罗弗·克利夫兰（Stephen Grover Cleveland），因为克里夫兰在1893年主张废除购银法案，恪守单一金本位。故事中多次出现的"黄砖路"指的是金本位，"翡翠城"指的是首都华盛顿，"稻草人"指的是西部农民，"懦弱的狮子"指的是总统候选人布莱恩。"多萝茜从东方女巫那里获得的一双神奇的尖头银鞋"指的就是银本位。可惜故事的结尾是这样的，"那双银鞋一定是在空中掉落了，也许掉落在沙漠里，再也找不到了"。

既然美国采用了金本位，那么金本位的黄金时代也很快就要到来了。

美国黄金时代的终结

1896年以后，美国坚定地恪守金本位。在政治上，麦金莱积极扩张，于1898年发动美国和西班牙之间的战争，先后吞并了菲律宾和夏威夷，确立了美国在加勒比海的地位，增强了美国的国际影响力，终于使得美国成为世界列强之一。

随后，第一次世界大战爆发。美国在第一次世界大战中没有受到太大损失，反而赚了不少钱。而在第一次世界大战之后，美国经济进入了空前的繁荣阶段，也就是所谓的黄金时代。"黄金时代"

这个词值得回味，因为当时确实是美国使用金本位的时代，而如今我们在使用这个词的时候，可能已经忘记了"黄金"本身。很多新事物在这个时期出现或者成熟，比如福特汽车、广播电台、电影、爵士乐。引用美国作家弗朗西斯·斯科特·基·菲茨杰拉德（Francis Scott Key Fitzgerald）在《了不起的盖茨比》（*The Great Gatsby*）中的说法："新生代已经成熟，他们将发现，诸神已死，一切对人的信念都动摇了；他们所知道的一切是，美国正在走向历史上最盛大、最花哨的狂欢。"

当时的证券价格总是在涨，即使偶尔出现回落，也能在几个月内恢复。拉长时间段来看，这是一个长达十年的大牛市。人们觉得，即使从银行里高利率地把钱贷出来，投入股市，也能轻松获得20%以上的回报。耶鲁大学的费雪教授是当时最出名的美国经济学家，对美国股市抱有强烈的信心。当时，股市一涨再涨，也为他赢得了极好的名誉。

尤其是1929年以后，纽约股市突然像疯了一样，不断创下新高。即使有经验的经济学家和投资者也纷纷迷失方向。市面上有一本非常流行的传记，叫作《股票作手回忆录》（*Reminiscences of a Stock Operator*），主人公利弗莫尔堪称华尔街最伟大的投资者。他的策略很简单，就是做空，总能找到那些伪劣股票的漏洞。《股票作手回忆录》就是描述利弗莫尔的这段辉煌经历。可是，在他连续多年做空以后，1929年美国股市大涨，他实在忍不住了，开始转向做多。经济学家凯恩斯算是个悲观主义者，可他也在这波行情里开始做多。

这轮牛市在1929年10月达到顶峰。1929年10月24日，美国股市成交量突然放大，股价突然开始下跌，股市顿时陷入混乱之中。

这一天是星期四，所以在历史上被称为"黑色星期四"。纽约证券交易所总裁理查德·惠特尼（Richard Whitney）亲自购入股票，希望力挽狂澜。但是大厦将倾，独木难支。第二天，美国时任总统赫伯特·克拉克·胡佛（Herbert Clark Hoover）发表文章说："美国的基本企业，即商品的生产与分配，是立足于健全和繁荣的基础之上的。"但是，总统的声明无济于事。过了几天，到了1929年10月29日，也就是星期二，股市进一步全面下跌，道琼斯指数跌去12个百分点。这一天在历史上被称为"黑色星期二"。在一周之内，美国股市就跌去了30%。

"黑色星期四"与"黑色星期二"是20世纪20年代人们心中永远的痛，这种跌幅纪录直到几十年后才被打破。1987年10月19日，美国股市下跌22%，历史上称之为"黑色星期一"。也就是那一次之后，美国股市才制定了"熔断政策"，防止股市再度出现这种程度的暴跌。后来的故事，我们应该都知道了，美国股市在随后的40多年里都没有出现过暴跌导致熔断的情形，一直到2020年初，美国股市在石油危机和新冠疫情的双重打击下多次暴跌熔断。随后，美国股市很快就恢复了。而在1929年，美国股市则陷入长期低迷，并且进而导致了经济危机。

据统计，1929年10月29日到11月13日短短的两个星期内，美国总共有300亿美元的财富消失，这相当于美国在第一次世界大战中的总开支。再拉长几年来看，到1932年底，道琼斯指数相比高点已经下跌了84%，市值损失超过70%。美国股市一直到1954年才再次返回到1929年的最高点，这已经是25年以后的事情了。

1929年10月以后，美国经济也陷入低谷，物价大幅下跌，信贷极度萎缩，不良资产被清算，失业人口大幅增加。从1929年到

1933年这三年中,有5000家银行倒闭,至少13万家企业关门,汽车工业下降了95%。1929年,通用汽车公司的生产量从1929年的550万辆下降到了1931年的250万辆,缩减了一半多。

到1933年,美国工业总产量和国民收入暴跌了将近一半,美国经济水平倒退10年。从1929年第四季度到1933年第一季度,美国连续出现了14个季度的经济负增长。从失业率的角度来看,1929年的美国失业率仅为2.5%。而且在整个20世纪20年代,美国的失业人口从未超过10%。可在1931年,美国失业率达到20%,1933年的失业率更是达到了25%。直到第二次世界大战爆发前,美国的失业人口都没有低于15%。

1933年,富兰克林·德拉诺·罗斯福（Franklin Delano Roosevelt）当选美国总统,很快推出一系列政策,历史上称之为"罗斯福新政"。他是在1933年3月4日宣誓就职的,当时美国金融已经趋于崩溃,没有哪家银行还能兑付支票。罗斯福于1933年3月10日宣布停止黄金出口,于4月5日宣布停止美元兑付黄金,于4月19日宣布废除金本位。在美国延续了数十年的金本位就此结束。

当然,罗斯福新政除了金融政策以外,还包括一系列关于产业、劳动力的政策。在罗斯福新政的抢救之下,美国逐渐走出最困难的阶段。之后,1939年爆发的第二次世界大战产生了巨大的需求,这才最终帮助美国彻底走出大萧条。

美国大萧条的原因是什么

1929—1933年的大恐慌、大萧条,是经济学家最喜欢讨论的故事之一。有关大萧条的成因,我看到过无数种说法,而且不断有新的解释出现。我们这里简单介绍几种最主要、最有影响力的解释。

第一种解释是"产业结构说"。在1914—1918年的第一次世界大战期间,欧洲经济被严重破坏。战后的欧洲百废待兴,重建时必须向美国购买大量建设物资与生产设备,例如钢铁,这些生产资源的需求量十分巨大。正是在国外市场的强烈需求下,美国工业界迅速扩张生产,大量生产这些基础物资。到了十年以后,也就是1928年以后,欧洲的重建差不多告一段落,该复建的基础设施也都建好了,于是欧洲对美国的物资需求锐减。但是,美国的产能已经大幅扩张,不可能轻易调整。在海外市场急剧缩减之后,这些产业顿时面临需求不足问题。这些部门开始裁员,最终导致全面性的经济恐慌。

凯恩斯后来就主张这种解释。他把这种现象称为"有效需求不足"。当时,美国的很多需求来自海外。因为海外需求不足,美国出口需求就不足;因为各种心理原因,美国国内的群体的消费和投资也会不足。合并起来,美国的总需求就不足。美国股市崩溃就是人们信心崩溃的表现,是一根导火索,最终蔓延到经济的所有方面。

第二种解释是"金融结构说"。哈佛大学已故学者约翰·肯尼思·加尔布雷思（John Kenneth Galbraith）总结认为,20世纪20年代,美国公司的结构很不合理,控股公司和信托公司构成了庞大的体系,累积了系统性风险。原本只是提供金融贷款的商业银行,大多数变身成为"投资银行",代理股票上市业务。所以,银行和股市密不可分,成为共生互利的共同体。接着,市场又发展出新的金融手段,即投资信托。这些信托公司主要业务是做股票上市与代理投资,其掌握的资金"富可敌国",在股市里可以呼风唤雨。

每当股市有什么风吹草动,控股公司和信托公司的破坏力便被成倍地放大。从这个角度来看,美国金融业的风险控制极不合理,所以大萧条中有大批的银行宣告破产。再加上美国的收入分配不均，穷人原本就没有什么积累，消费结构很脆弱，大萧条一来就苦不堪言。而且，当时民众的经济学知识匮乏，不能理性看待市场，进一步加剧了市场的波动。

第三种解释是"货币政策说"。芝加哥大学的精神领袖弗里德曼认为，1929年大恐慌发生的最主要原因是，美联储在这段时间不恰当地减缩货币供给量，货币的冲击造成物价大跌、股市下跌，从而导致了世界性的灾难。

1929年，美国股市崩盘，这本身不一定有那么大的影响，并不必然会影响实体经济。但这样一个信号出来，原本大手大脚放贷的银行马上控制贷款，实体企业的资产负债表立即恶化，它们就陷入债务困境而倒闭。同时，美联储竟然也在这关键时刻紧缩货币，而不是放松货币，把货币政策弄反。这样一来，商业银行与实体企业一样也出现资产负债表恶化，最终因为大量挤兑而倒闭。实体企业与商业银行相互伤害，大量工人失业，最终演变成全面危机。在弗里德曼看来，持续多年的大萧条主要就是一场人祸，是因为美联储处置不当，面对一场小波动弄反了货币政策，才把一场小波动变成了大萧条。

第四种解释是"金本位体制说"。这种解释的代表人物是美国经济史学家艾肯格林，他把大萧条的原因归于金本位的普及。1900年以后，世界上主要的工业国家都已经采用金本位，放弃了金银复本位制。

金本位确实方便，但是它不知不觉地提高了国内和国际金融体系的脆弱性。美国经济本身的结构，确实存在不稳定性。而金本位的规定很僵硬，美元必须要与黄金自由兑换。决策者没能当机立断地退出金本位，这样就不能大量发行货币，从而无法避免银行被挤兑，最终纷纷倒闭。银行一倒闭，金融恐慌马上就散布开来。

这本来只是美国一个国家的事情。但是，全世界都采用金本位，这根金链条就把全世界都绑在了一起。金本位把美国初期不稳定的冲击放大以后传播到世界各地，就像火烧战船一样，谁也逃不了。所以，金本位可以说是1929—1933年世界性大恐慌的重要因素。全世界经济只要在放弃金本位之后，才可能逐渐迎来经济复苏。

最后，我们再来看两个学者在这场经济大萧条中的命运。耶鲁大学的费雪教授，一下子从美国人民崇敬的英雄，变成了滑稽的小丑。费雪在大萧条中几乎失去了所有的名誉和财富，最后连住处都没有了。耶鲁大学看在他为学校付出一辈子的分上，借了所房子给他住。他并没有放弃自己原先的观点，一直在继续研究大萧条，继续写出好几本书，所以，他仍是我非常敬佩的经济学家之一。而英国剑桥大学的凯恩斯，也在投资中损失惨重。凯恩斯是一个非常善于理财的经济学家，但是这次判断失误证明他也不是无所不能的。随后，凯恩斯就把精力投入学术研究中，深入研究货币理论，最终写出一本与之前货币理论截然不同的著作，也就是《就业、利息和货币通论》。这本书为凯恩斯赢得了空前的声誉，他算是经历了经济损失而获得了学术声誉。

参考文献

[1] Rockoff H. The "Wizard of Oz" as a Monetary Allegory[J]. Journal of Political Economy，1990，98(4)：739-760.
[2] 米尔顿·弗里德曼，安娜·J. 施瓦茨. 美国货币史：1867—1960[M]. 巴曙松，王劲松，等译. 北京：北京大学出版社，2009.

第 49 讲
什么是"废两改元"和法币改革

如今，人民币的最主要单位是元，例如100元、1000元。不知读者朋友们有没有想过，为什么人民币的单位会是"元"？我们在前面几讲介绍中国货币的时候，要么讨论铜钱，要么讨论银两。铜钱的单位是"文"，串起来的话也可以是"贯"，而白银的单位是"两"。那么，我们为什么要废弃"文"和"两"，改用"元"呢？

什么是"废两改元"

1910年，也就是宣统二年，清政府颁布了《币制则例》，承认银圆为合法货币，也计划大规模铸造银圆。但是，银圆还没来得及铸造，清政府就被推翻了，民国建立。1912年3月，南京临时政府发布的《币制纲要》，规定"元"为货币单位，民国采用汇兑本位。由于当时并没有想清楚货币改革的方向，第二年国务会议又重新确定，国家将使用银本位。

1914年，北洋政府公布《国币条例》。这个条例一直是后来货币改革的纲领性文件。《国币条例》明确银圆为合法货币单位，开始铸造发行标准化的银圆，也就是俗称的"袁大头"，但是银两并未明确废止。当时，学术界逐渐形成比较一致的看法，中国应该把施行金本位作为根本目标。但施行金本位需要一定的经济条件和经济实力，中国暂时还达不到，便以银本位为过渡阶段。

在《国币条例》施行以后，市面上流通的各种中外银币不断被收回改铸。政府统一发行的新银币，也就是刻有袁世凯头像的"袁大头"以及后来刻有孙中山头像的"孙小头"。这两种银币在全国各地通行无阻，逐步成为统一的交换媒介，在实际流通中取得了主导地位。1919年，上海钱业公会最终取消了墨西哥银圆的行市，仅剩下国币一种行情。

北洋政府的心思是，最好趁着这个机会"废两改元"，统一货币。但当时的历史环境是，军阀割据，各自为政，北洋政府的命令根本没有办法在各地落实。对于各地军阀而言，除了手里的军队以外，最重要的是两件事：一是财政，二是货币。财政就是税收，是军阀获取收入的根本渠道。发行货币则是各地军阀获取收入的直接手段。如果"废两改元"，发行货币的权力落入中央手中，货币怎么发、发多少都要听从中央，那么军阀凭什么还能割据一方呢？所以，"废两改元"这件事情，在中国统一之前是绝对推不动的。

当时，民间对于"废两改元"也存在不同的看法。一方强烈反对，主要代表是传统钱庄。民国初期，上海就有不下两百家钱庄。钱庄自古以来就是做银圆和白银汇兑生意的。不同成色的银圆、白银的流通，为钱庄提供了重要的套利空间。钱庄重要的利润来源就是在兑换中赚差价。如果"废两改元"，全国货币统一，钱庄的套利空间就不复存在了。

而另一方强烈支持"废两改元"，主要代表是新式银行。新式银行与企业关系密切，深知货币不统一对于企业生产经营以及贸易往来的影响。如果统一货币，消除了额外的交易费用，那么企业的贸易数量必定会极大增加，银行的利润也会随之增长。所以，新式银行的从业者就强烈支持"废两改元"，与传统钱庄形成对峙。

1917年，上海总商会的两位董事分别提出"废两改元"的意见书。1917—1920年，学界先后发表多篇文章对"废两改元"问题进行呼吁。1921年，全国银行公会、全国商会联合会、天津银行公会等组织正式向财政部提出"废两改元"建议。但在全国统一以前，这些建议只是纸上谈兵，不可能真正落实。

1926—1928年的北伐战争，也是统一全国的战争，对于中国货币制度改革非常重要。全国政治统一之后，国民政府终于可以着手处理全国的货币统一问题。1928年召开的全国经济会议与财政会议上通过决议，决定于1929年开始实施"废两改元"，但并未如期实现。因为要想"废两改元"，政府必须大规模铸造统一的最新银圆，并将其投放到市场，这才能推下去。可中央造币厂一直拖延，认为白银市价不合适，不利于铸币。

一直拖延到20世纪30年代初，国际上发生了一件大事。美国大萧条导致黄金价格上涨，各国物价下跌，纷纷陷入困境。而当时的中国并没有采用金本位，所以大萧条无法直接影响中国，中国主要使用白银。而全球黄金价格上升，白银价格必然下跌。金银的比价从1920年的1∶15直线下跌至1932年的1∶73，白银价格下跌至原来的约1/5。中国是当时世界上唯一的主要使用白银的大国，于是大量白银流入中国。1931—1933年，流入中国的加拿大、美国、墨西哥等主要产银国的白银数量，约占各国库存量的45%。白银价格下跌，给了中国一个天赐良机，可以以较低成本铸造银圆。

1933年3月，国民政府立法院通过并公布了《银本位币铸造条例》，重申银圆作为法定本位货币的地位。同年4月5日，财政部发布《废两改元令》，"兹定于四月六日起，所有公私款项之收付与订立契约、票据及一切交易，须一律改用银币，不得再用银两"，"仍用银两者在法律上无效"。税收征收的办法也随之修改，全部改为征收银圆，"各省市田赋正税，并附加等项，一律依照废两改元通案，切实废除两、石办法，改按标准国币征收"。国民政府指定的银圆一面是双桅帆船，一面是孙中山头像，民间俗称其为"船洋"。

那么，原本手里持有银两的人怎么办呢？"银两持有者可请求中央造币厂代铸银币，或到中央银行、中国银行、交通银行兑换银圆。"据陈存仁在《银元时代生活史》中回忆，当时很多人把手里收藏的历代银锭拿去银行兑换，还有一些人把地下埋的白银窖藏也挖出来送去银行。一时间，银行里充满了霉味。

经过一阵子手忙脚乱地兑换，白银终于退出了中国货币行列，全国币制统一到银圆上。这是清末就打算推行的货币改革，但是被辛亥革命打断了，后来又经历20余年的分裂和混乱，一直到1933年才终于实现。

什么是法币改革

可惜，我们的故事到这里只讲了一半。美国大萧条爆发，由于英国采用金本位，这才使得大萧条沿着金镣铐传播过来，一直烧到了英国。但是，英国在1931年果断放弃金本位，转而采用金银复本位，其他国家也纷纷效仿。1933年7月，世界主要用银国、产银国在伦敦召开经济会议，达成了《白银协定》，对各国白银的销售次序以及数量都做了限制，以此来稳定国际银价。这样一来，国际市场上的白银不再下跌，转而上扬。中国在大萧条之初所享受到的货币低估、利于出口的优势也不复存在。

尤其是美国货币制度的变动，对中国刚刚完成的"废两改元"造成了致命一击。美国本身也出产白银，有相当大的一个政治群体支持白银。但是，在金本位的黄金时代，白银支持者的声音很难被人听到。而美国大萧条爆发，罗斯福总统上台，给了白银支持者又一次机会。他们积极游说罗斯福总统收购白银，而罗斯福总统为了推行新政，也需要获得这个群体的支持。

当时，美国和中国国民政府的关系十分密切。在美国开始讨论《白银收购法案》的时候，中国已经知情，中国银行公会就曾致函美方表示强烈反对，但是没有任何效果。1934年6月，罗斯福总统签署了《白银收购法案》。该法案授权美国财政部在国内外市场收购白银，直到每盎司白银的市场价格达到1.29美元为止，或者财政部持有的白银储备的货币价值达到黄金储备货币价值的1/3为止。为了实现这个目标，美国财政部需要收购大量白银，必定进一步抬高白银价格。美国财政部也确实根据这个法案从事白银交易，一直持续到1961年。1963年，《白银收购法案》被废除。

1934年，在《白银收购法案》通过之后，当时的国民政府财政部部长孔祥熙心急如焚，不顾外交程序要求直接跟罗斯福总统交涉。罗斯福总统一向标榜自己对中国有深厚的感情，但在《白银收购法案》这件事上毫不动摇，拒绝孔祥熙的交涉。

《白银收购法案》的直接后果就是，世界市场上的白银价格急剧上涨。1933年，这一年里白银的价格就上涨了1倍。到了1935年4月，白银价格已经比1933年的最高价格上涨了2倍多。世界白银价格猛增，导致中国白银大量外流，银根紧缩，物价猛跌，经济陷入困境。虽然中国没有戴上金镣铐，躲过一劫，但是美国收购白银，把中国拖下了水。

1934年10月14日，中国开征10%的白银出口税，此外还要根据世界银价波动而征收平衡税，目的就是拦阻或减少白银的流出。但这只是中国政府一厢情愿的做法。因为中国征收白银税之后，只能阻挡合法正当的白银出口，却无法避免白银在地下的走私活动。白银的走私数量很难准确估计。据一项粗略的估计，1935年从中国流出的白银有1.5亿元到2.3亿元之多。在白银出口税实施之前，内地的白银主要流向上海，再从上海流向伦敦；在白银出口税实施之后，上海的白银开始倒流，流向内地，再从内地流向中国香港或者日本占领区，经中国香港或日本占领区走私出境。

白银不断外流而引发通货紧缩，一时间银根奇紧、金融梗阻、百业凋敝。金融恐慌由上海波及全国，几十家银行和上百家钱庄倒闭，企业纷纷停业、破产。这就是通货紧缩最典型的景象。中国在20世纪40年代遭遇了通货膨胀，大家都比较熟悉。可在此之前，也就是1935年前后，中国经历了严重的通货紧缩。此时，全世界已经度过大萧条最严重的阶段，经济处于逐步恢复阶段。而中国经济陷入深重危机，刚刚"废两改元"形成的统一货币制度也很难坚守。

在这种严峻的情形下，1935年10月，国民政府不得不下决心，废除刚刚建立的银本位，按照西方国家的做法发行法定纸币。纸币不能盯住金、银，自然只能盯住其他国家的货币。所以，国民政府一直在寻求英、美两国的支持，孔祥熙、宋子文与中央银行美国顾问杨格、英国财政部首席经济顾问李滋·罗斯等分头进行了秘密谈判，最后于1935年11月推出了一整套币制改革方案。1935年11月3日，财政部发布《财政部关于施行法币布告》，史称"法币改革"。法币改革的主要内容包括三点。

第一，政府垄断纸币的发行。从1935年11月4日起，以中央银行和已经由政府完全控制的中国银行、交通银行以及中国农民银行发行的钞票为无限法偿的货币。

第二，实行白银国有政策。禁止银圆流通，银圆及各种白银都要兑换成法币，已造好的带有孙中山头像的"船洋"也停止发行。白银全部收归国有，由中央银行掌管，在国外出售后充作法币的外汇储备。

第三，法币盯住英镑，建立固定汇率。中国政府将收兑的白银运往伦敦出售，换成英镑，存在伦敦作为维持法币汇价的准备金。

法币本身并没有法定的含金量，也不能兑换银币，但是可以自由买卖外汇。中国法币盯住英镑，意味着它已经被纳入了英镑体系之中，加入英镑集团。英国驻华公使随后发布英国国王敕令，要求在华英商接受法币，港英政府也放弃银本位制，汇丰、麦加利等银行率先答应交兑库存白银。

英国捷足先登，美国自然不肯善罢甘休。1936年5月，美国财政部部长小亨利·摩根索（Henry Morgenthau, Jr.）与中国代表陈光甫签订《中美白银协定》，规定由美国按照市场银价大量购买中国白银，中国用5000万盎司白银为担保，从美国银行取得2000万美元的贷款，将其作为法币的外汇储备存在美国银行。这样一来，法币与美元也形成了固定比价。

这一套币制改革是在极其复杂的背景下，以极其秘密、先斩后奏的方式谈判得来的。但是，它的意义很重大。法币改革使得中国废除了刚刚建立的银本位制，摆脱了国际银价涨跌的影响，统一了全国币制，增加了流通手段，扭转了通货紧缩局面，稳定了金融，有力地推动了商品经济的发展和国内统一市场的形成。但是，法币终究是纸币，很容易通货膨胀。尤其是在特殊的经济背景下，法币掌握在缺乏有力监督的政府手中，就有可能导致悲剧性的结果。

参考文献

[1] Ho T K, Lai C C. A Silver Lifeboat, Not Silver Fetters: Why and How The Silver Standard Insulated China from the 1929 Great Depression[J]. Journal of Applied Econometrics, 2016.

[2] 王永生. 三千年来谁铸币：50枚钱币串联的极简中国史[M]. 北京：中信出版社，2019.

第 50 讲

为什么金圆券臭名昭著

很多人害怕听到"通货膨胀"这几个字，闻之色变。每次遇到经济冲击，有人就会问我，是不是会发生通货膨胀。确实有这种可能，但也不一定，因为也有可能遭遇通货紧缩，需要具体分析。其实，从有金属货币的时候开始，不管使用铜币还是银币，我们就已经在接触通货膨胀了。在千百年的时间里，经济不是通货膨胀就是通货紧缩，老百姓都在货币问题上经历了许多。

当代主流的宏观经济学认为，最适宜老百姓生活的经济环境，可能就是比较温和的通货膨胀。因为温和的通货膨胀往往伴随着经济增长，只要经济增长，人民的生活就会变得更富裕，所以温和的通货膨胀是完全可以接受的。

通货膨胀与通货紧缩

最近，我看到一组20世纪80年代初期的上海物价数据。比如：现在的阳澄湖大闸蟹大概是80元一斤，在20世纪80年代只要0.7元一斤；现在的电影票大概是50元一张，而在20世纪80年代是0.3元一张。从这两种商品的价格来看，物价涨了100多倍。但是，我们从中感受到巨大的痛苦了吗？好像也没有，毕竟40年过去了，上海市民的平均收入也涨了100多倍，从当年的每月三四十元涨到现在的每月七八千元。

所以，温和的通货膨胀并不一定会导致巨大的痛苦。反过来，扼杀通货膨胀，就会导致通货紧缩，也会对人民的生活造成巨大的影响。我们之前介绍过美国大萧条。美国大萧条就是典型的通货紧缩，而不是通货膨胀。在那些年里，虽然美国的物价一直在下降，但是工厂倒闭，民众失业，即使物价很低，民众也买不起。通货紧缩也给民众带来了巨大的痛苦。

通货紧缩是不好的，而通货膨胀没什么不好，只要不是涨得太快太猛。最怕的就是物价在短时期内上涨许多，这叫作恶性通货膨胀。恶性通货膨胀的后果是极为可怕的，比如20世纪40年代的中国恶性通货膨胀就是如此。

我举一个湖南的例子。新中国成立前夕，浏阳东乡的一位农民在长沙太平街一家商号买了20斤皮棉。装袋的时候，他发现棉花里有一捆钞票，于是就一声不响地把钞票装进麻袋，背回家中。他自以为发了一点小财，暗自窃喜。可他到家以后，掏出这些法币，拿秤一称，发现这些钞票的价值远抵不上同等重量棉花的价值，亏了很多。在当时这种情况下，人们上街买东西的话，不得不随身携带大捆钞票，甚至要用车来装，这已成为当时一道奇特风景。物价飞涨使得老百姓手里的钱等同于一张废纸，甚至还抵不上一张废纸。据说当时有造纸厂以低面额的法币作为造纸的原料，最终竟能获利不少。在这种情况下，货币的购买力几乎化为乌有。

国民政府统治时期是如何从"废两改元"、法币改革，一直沦落到恶性通货膨胀的，我们需要一步一步地分析。张嘉璈先生写的《通胀螺旋》是关于这段历史非常权威的论述。张嘉璈，字公权，长期担任中国银行总经理。抗日战争时期，他担任铁道部部长，后来又担任过中央银行总裁、中央信托局理事长等职。张嘉璈是中国顶级的金融家，与金融、政治两个领域的高层都有非常密切的关系。顺便提一句，他们家也是名门。张嘉璈有个哥哥叫张君劢，是著名哲学家，是新儒家的代表人物之一。张嘉璈还有个妹妹叫张幼仪，张幼仪的前夫就是徐志摩。

张嘉璈在金融界、政界活跃多年后，于1949年5月移居澳大利亚，后来去了美国。他离开中国之后，痛定思痛，用英文写出了《通胀螺旋》这本书。20世纪80年代，这本书曾被翻译成中文，起名为《中国通货膨胀史（1937—1949年）》。前些年，这本书又被重新翻译，改回《通胀螺旋》。

法币的外汇底线失守

1935年，法币改革后，法币本身没有含金量，只是盯住外汇。所以，法币的币值和信用主要通过外汇来保障，通过中央银行无限制地买卖外汇来进行维持。稳定外汇汇率和保证兑换，可以说是法币制度的基础。

例如，在银本位制度下，当人们对某种钞票不信任的时候，人们就会把它兑换成白银，从而导致这种钞票不断贬值，最终不得不退出流通领域。而在法币制度下，当人们对某种钞票不信任的时候，我们就没有办法将其兑换成白银，只能抛售法币兑换英镑或美元。于是，政府需要稳定外汇兑换率，这就意味着政府不能随意增发货币。汇率是约束本国政府的最后防线。我们要想关心法币的价值，就必须从外汇市场入手。

1936年，国民政府刚刚推出法币没多久，就出现了"西安事变"。这件事情影响太大，人们曾一度怀疑法币的价值，大量抛售法币来兑换外汇。法币与外汇直接挂钩，那么汇率势必要下跌。面对这种危机，国民政府坚定地维持了既定汇率。这个动作很重要，一下子使法币的信用大大提高。1937年7月，抗日战争爆发，在之后的半年内，政府仍遵守1935年货币改革方案的规定，按照固定汇率无限制地出售外汇。到1938年3月，法币的汇率实际上仍然没有大的变动。

从1935年11月开始法币改革到1937年6月，法币发行额从5亿元左右激增至14亿元，在一年多的时间内增幅达1.8倍。法币的数量在不断增加，但是这一时期的物价不仅没有增加，反而有所下落，这与1933—1935年的通货紧缩和经济萧条存在密切关系。在通货紧缩时期，生产萧条，适度的增发货币对于经济是有利的。

但是，随着抗日战争的深入，中国被占领的城市越来越多，外汇市场必定被破坏。1938年3月，中央银行开始对外汇的购买实行全面控制。1938年6月，中央银行、中国银行、交通银行三家银行宣布，不再无限制地买卖外汇。如此一来，外汇黑市必定出现。到1938年底，法币的汇率下降了87%。

此后，国民政府先后成立了中英平准基金委员会、中美英平准基金委员会，对汇率进行调节。这些委员会的动作，使得法币的汇率从1939年中期到1941年底基本保持稳定，这也是相当不容易的。但珍珠港事件之后，美英对日本宣战，日本也借机占领了中国上海的租界，关闭了上海的外汇交易所。

从1937年8月开始，法币就再没有固定汇率了。这一条底线被突破，法币就陷入危机之中。尤其1942年以后，市场汇率和官价汇率更是开始出现巨大差距。自此以后，无论是理论上还是事实上，法币的外汇本位都遭到了破坏，法币变成了完全受政府支配的单纯的纸币。政府既然不再要求稳定外汇，就可以随意发行法币了。

从1941年开始，法币的发行额大大增加，而物价的上涨速度更甚于法币数量的增加。1947年底，法币的发行额比1937年6月增长了2.35万倍。对比一下，同期上海的物价上涨了8.38万倍，重庆的物价上涨了4.01万倍，全国总体的物价则上涨了10.34万倍。

即使是1947年，法币贬值的这种趋势仍在急剧恶化，丝毫没有缓解的倾向。当时战争又起，国民政府需要负担大量支出，根本不可能有精力来管理货币。到1948年8月，上海的物价指数进一步上涨到1937年上半年物价指数的500万倍。国民政府试图通过金圆券改革来挽救货币的崩溃，但金圆券在10个月的贬值程度，比法币在14年里的贬值程度还超过了100倍。

在急剧恶化的通货膨胀影响下，黄金、银圆、铜圆等金属货币又重新回到流通领域，广大农村地区则使用物物交易。抗日战争爆发之后，美元开始在中国市场上直接流通，并成为投机套汇和黑市交易的主要对象。战时，在中国后方的美元流通额达1亿美元左右，其中昆明、重庆、成都三地的美元流通额最多。由英国银行所发行的港币，在法币改革前的很长时期内，在华南地区就有很强的势力，估计前后有6亿元港币在中国境内流通。在这一流通总额中，华南地区占到了88%。

从法币到金圆券

抗日战争初期，中国广大老百姓几乎没怎么感受到通货膨胀，反应相当迟钝。张嘉璈认为，经济对于通胀压力的反应相对迟缓是由多种情况决定的。其中最重要的，可能是后方经济基础以农村为主，而农村物价在面临通胀刺激时远不如城市敏感。农村里很多东西是自给自足，经过很长一段时间才外出采购。在这样的大背景下，法币成功地撑过了抗日战争。

战争期间，物价上涨速度基本上由三个因素决定。

第一个因素是，战时状态下消费品供给受到波及的程度。战争期间，当然很多消费品供给受到了影响，但是大众有一个信念，那就是战争总会结束，所以民众在战时过一阵子苦日子是可以接受的。

第二个因素是，工资调整速度以及创造新的发放薪水方式。战争期间，民间调整工资的速度还算比较快，基本赶上了物价上涨速度。那时候，战情瞬息万变，大家签订合同、领取薪水，都追求"短平快"，一月一结，最好一周一结，不会有人像现在这样签订年薪合同。这样一来，薪水的调整就比较灵活了。而且战争期间，很多地方在发放薪水时，都有一部分以实物发放。这样也能降低通货膨胀的影响。

第三个因素是，公众的消费倾向，也就是公众获得薪水收入以后，将其用于消费的比例。战争期间，大多数人选择省吃俭用、勤俭持家，不会把过多薪水用于消费。

所以，本来法币在抗日战争期间发生了极为严重的通货膨胀，但是它的影响还没那么大。老百姓都乐观地期待战争过去，所以省吃俭用，减小了通货膨胀的危害。而抗日战争胜利以后，国民政府手中还持有相当数量的美元，又没收和接收了大量的敌伪资产。这可以说是国民政府整理法币的天赐良机。

但是，国民政府过度乐观了。他们发现，法币开始自动回流到原来的沦陷区了。抗日战争胜利以后，人们对法币的信心会增强，法币价值自然会有所回升，所以他们天真地以为法币的通货膨胀已经得到了解决。他们认为，法币不需要整顿，不需要施加约束，继续发行就好。国民政府很快就陷入内战之中。打仗一定是要花钱的，而最快获得军费的办法，就是大量印刷法币。抗日战争胜利时，法币的存量大约是5569亿元，而到了1948年8月，法币存量已经多达604万亿元，三年间的增长幅度就有1000倍左右。宋子文曾经设想抛售库存黄金，购回法币，这样能一定程度减少市面上流通的法币数量。但是，宋子文没有办法让印刷法币的机器停下来。只要市面上法币数量仍在快速增加，一切金融政策就都会失去效果。

1948年5月，王云五担任财政部部长，开始筹划解决法币严重通货膨胀的问题。王云五提出一套方案，也就是金圆券方案。国民政府要发行一种新型的货币——金圆券，以取代已经贬值的法币。按照王云五的设定，金圆券的发行总额为20亿元，并且有黄金储备作为后盾，1两黄金兑换200元金圆券，1两白银兑换3元金圆券，1枚银币兑换2元金圆券，1元美金兑换4元金圆券。

此外，国民政府还要强制收缴市面上的黄金、白银、外币，防止这些东西作为货币交易。中国公民私人拥有的金块、银块和外汇，均要上缴银行，兑换成金圆券，以便增加政府持有的"货币准备金"与外汇储备。国民政府还要管制物价,固定一些老百姓生活必需品的物价,不允许随意哄抬物价。国民政府还严厉禁止罢工与游行。只有这样多管齐下,国民政府才有可能扭转法币恶性通货膨胀的局面。如果国民政府真的做到这些承诺,那么金圆券的价值是可能守住的。

金圆券在刚发行时,其实挺值钱。1948年12月,当时南京有很多公共汽车,人们用1元的金圆券购买公共汽车车票,足能绕南京城转半圈。可是,当时国民政府的财政已经陷于绝境,三个月后就取消了发行限额,不顾20亿元的承诺,源源不断地开始印刷金圆券。

在金圆券发行之初,为限制民间黄金的自由交易,上海黄金交易所曾一度关闭,但黑市的交易一直没有停止。眼看以官价强制汇兑金银外币规定已是一纸空文,当局不得不于1948年11月颁布《修正人民所有金银、外汇处理办法》,这在一定程度上放开了金银、外币的自由交易。与此同时,上海黄金交易所恢复了营业。

1949年1月,金圆券的发行总额已经超过了200亿元,同年3月则达到2000亿元。到了1949年5月,金圆券竟然发行了68万亿元,而最初的承诺是20亿元,大家可以算算其中差了多少倍。金圆券发行过量引起了巨大恐慌,民众失去信心又让金圆券加速贬值。最后,一石大米的价格涨到了价值数亿元金圆券。

金圆券就这样崩溃了,而在根据地,另一种尚未统一的货币正在逐渐凝聚,那就是我们现在所使用的人民币。

人民币的形成过程

抗日战争刚结束时,每个根据地内部的货币发行与流通基本上已经统一,但是不同根据地之间的货币仍然不能相互流通。各地还出现了多种银行券，比如东北银行发行的东北银行券，关东银行发行的关东券，内蒙古银行发行的内蒙古银行券，长城银行发行的长城银行券，中州农民银行发行的中州币，南方人民银行发行的南方币，等等。但是，随着解放区的扩大，各地货币发行和流通逐步走向统一：先是各根据地与解放区的货币按一定的比价混合流通，最后统一为人民币。

1948年12月1日，中国人民银行在石家庄正式成立。中国人民银行是由华北银行、北海银行和西北农民银行合并成立的，而西北农民银行是由原陕甘宁边区银行和晋西北农民银行合并成立的。

中国人民银行成立后，立即发行了人民币，作为华北、华东和西北三个地区的基本货币进行流通。第一套人民币最低面值1元，最高5万元。1949年3月，人民币在中原区以1∶3的比例与中州币混合流通，逐渐开始吸纳其他货币。随着战争局势日趋明朗，中国人民银行从1949年5月开始，着手收兑各个解放区的货币，用人民币来兑换当地旧币。到1949年底，旧币的收兑工作基本完成，人民币基本上成为全国统一流通的货币。一直到1951年底，人民币才成为中国唯一合法货币。

当然，人民币的发行并非一帆风顺。从1948年底到1949年底，货币发行规模增长了160倍，至1950年2月更增长了270倍。作为法币的人民币也遭遇了一定规模的通货膨胀。为了防止人民币通货膨胀，中国政府制定了单一汇率制度，把人民币与美元的汇率固定下来，一直延续到20世纪70年代。

1955年，中国人民银行推出第二套人民币，取代第一套人民币。当时规定，第二套人民币的1元可以兑换第一套人民币的1万元。兑换结束后，新版的人民币等于把旧版的人民币抹去4个零，变成一种价值比较高的货币了。

  此后,人民币就一直沿用了下来。后来,中国人民银行又发行了好几套人民币,但只是更新纸币的外观,没有变动纸币的价值。目前,我们使用的是中国人民银行在1999年发布的第五套人民币,已经使用超过20年了。

参考文献

[1] 张嘉璈. 通胀螺旋:中国货币经济全面崩溃的十年:1939—1949[M]. 北京:中信出版社,2018.